大学生创新技能实训教程

主　编　原　杰　吕鹏举　闫水华
副主编　聂冰洋　王晓霞　艾　伯
主　审　蔡　锋　于美军

HEUP 哈爾濱工程大學出版社

内容简介

本书以全国大学生创新竞赛为平台，通过八年竞赛积累了大量的宝贵经验，在教学改革立项的基础上加工整理而成。全书采用易于学生接受的递进式的创新培养模式。

本书内容分为三大部分：第一部分初级基础；第二部分技能提高；第三部分思维与创新能力培养。

本书大胆创新，见解独到，以一些实用、有趣、广泛的联系生活的实例为出发点，通过对学生上机实验及课程设计内容的有机融合，培养学生逻辑思维和创造力。

本书适合作为普通高等学校和高职高专的各专业的学生使用的教材和学习参考书。

图书在版编目(CIP)数据

大学生创新技能实训教程 / 原杰，吕鹏举，闫水华主编. —哈尔滨：哈尔滨工程大学出版社，2017.4(2018.12 重印)
ISBN 978 - 7 - 5661 - 1485 - 3

Ⅰ. ①大… Ⅱ. ①原… ②吕… ③闫… Ⅲ. ①大学生 - 创造教育 - 教材 Ⅳ. ①G640

中国版本图书馆 CIP 数据核字(2017)第 074940 号

选题策划 吴振雷
责任编辑 张忠远 马毓聪
封面设计 博鑫设计

出版发行 哈尔滨工程大学出版社
社　　址 哈尔滨市南岗区南通大街 145 号
邮政编码 150001
发行电话 0451 - 82519328
传　　真 0451 - 82519699
经　　销 新华书店
印　　刷 北京中石油彩色印刷有限责任公司
开　　本 787 mm×1 092 mm 1/16
印　　张 13.5
字　　数 350 千字
版　　次 2017 年 4 月第 1 版
印　　次 2018 年 12 月第 2 次印刷
定　　价 32.00 元
http://www.hrbeupress.com
E - mail:heupress@hrbeu.edu.cn

前　言

如今，人类社会正经历由工业化社会向信息化社会过渡的变革。以数字化为特征的信息社会有两个显著特点：计算机技术迅速发展与广泛应用；创新的思想向一切领域渗透。为了适应这种社会的变革，各高校开设创新创业课程，组织学生参加各级各类的创新创业大赛。培养学生创新思想和创新能力，已经成为新形势下的必然趋势。

几年的学生竞赛的培训与指导工作的实践告诉我们：在大学生参加各级各类创新创业竞赛时，能为他们提供一个内容丰富，既理论完整又通俗易懂的实训平台，使学生少走弯路，是非常重要的。因此，我们在完善近十年创新创业大赛经验的基础上，综合和优化各类大赛之所长，提出了针对高校学生的创新的实用型教学模式——递进式教学模式，几年来收到学生满意度很高的评价，并在创新创业的大赛中获得许多佳绩，对今后指导和培训大学生参加各级各类的创新创业的竞赛都有指导和应用价值。

目前，国家颁布的《国家中长期教育改革和发展规划纲要（2010—2020 年）》中确定：坚持以人为本、全面实施素质教育是教育改革发展的战略主题，是贯彻党的教育方针的时代要求，其核心是解决好"培养什么人、怎样培养人"的重大问题，重点是面向全体学生、促进学生全面发展。根据这个要求，我们编写了这部应用性广、实用性强的教材。适合所有专业的大学生进行系统的学习。

首次编写此教材，难免有一些不尽如人意之处，还希望专家读者和广大教师提出宝贵的建议。借此机会对给予此教材支持和帮助的领导和专家表示诚挚感谢。

编　者

2017 年 1 月

目　录

初级篇

第1章　大学生创新创业常识

大学生创新创业实践除组织学生参加创新创业培训、讲座等相关活动外，主要包括创新创业计划项目和创新创业竞赛训练两部分内容。以创新创业计划项目促创新创业竞赛，从创新创业竞赛中选拔创新创业类人才重点发展。创新创业计划项目，包括创新创业项目申报、创新创业项目结题等，具体实施内容包括组织团队、制订计划、信息收集、成果评估、学分认定等；创新创业竞赛训练，包括赛前培训、赛中指导、赛后评估“三点一线”的长效训练计划。

1.1　创新创业计划项目

创新创业计划项目分为创新训练项目和创业训练项目两类。

创新训练项目指大学生团队或个人，在导师指导下，自主完成创新性研究项目设计、研究条件准备和项目实施、研究报告撰写、成果（学术）交流等工作。创新训练项目应当具备一定的新颖性和创新点。

创业训练项目指大学生团队或个人，在导师指导下，由学生在项目实施过程中扮演一个或多个具体的角色，通过编制商业计划书、开展可行性研究、模拟企业运行、参加企业实践、撰写创业报告等工作，达到创业模拟训练的目的。创业训练项目应当具备对于大学生进入社会后进行创业活动的针对性。

1.1.1　创新创业计划项目申请

申请创新创业计划项目，需按要求完成项目申报。以黑龙江省大学生创新创业训练计划立项项目为例，项目申报分为撰写创新创业训练计划项目申请书、完成创新创业训练计划项目网上报名两个步骤，组织专家评审后，省教育厅按期公布立项名单。

1.1.2　创新创业计划项目结题

根据不同创新创业计划项目立项通知的要求，主管部门按期组织创新创业计划项目结题验收工作。对于弄虚作假、工作无任何进展的团队，要及时终止项目运行。

1. 结题验收内容

结题验收内容包括项目开展情况、项目研究过程、项目取得成果、项目经费使用情况、存在的问题和解决方法、项目的收获和体会等六个方面。

2. 验收方式

结题验收工作一般采用学校验收和主管部门复审两种方式进行，项目验收结论评定一般分为优秀、良好、合格、不合格四个等级。

3. 验收要求

一般分为材料要求和时间要求两类，同时注重宣传总结。材料要求须提供数据翔实的总结报告，认真分析项目开展情况、完成情况、成效成果及遇到的问题。时间要求须在主管部门要求时间内完成,对于个别未能完成研究计划的项目,须填写“项目延期申请书”详细说明延期原因,经主管部门审核通过后方可延期。

1.1.3 创新创业计划项目项目申请书撰写

1. 题目来源

(1)指导教师的课题或想法;

(2)学生的个人兴趣。

2. 选题方法

(1)依据兴趣、爱好选择大方向;

(2)在方向领域内查询资料;

(3)分析参考资料,选择要做的题目;

(4)咨询指导老师。

3. 立项方法

(1)学习生活发现一个问题或有一个想法;

(2)在方向领域内查阅分析资料;

(3)确定必要性和可行性,选择要做的题目;

(4)咨询指导老师。

4. 注意事项

(1)题目的难易程度和规模适中;

(2)注重应用性和创新性;

(3)有一定的工作量;

(4)考虑现实条件的限制。

5. 申请书的基本组成部分

(1)基本情况;

(2)立项依据;

(3)经费预算;

(4)指导教师推荐意见;

(5)学院意见;

(6)学校评审组专家意见;

(7)学校意见。

6. 立项依据

(1)申请理由:突出团队的知识基础和能力,注重前期工作。

(2)项目训练的目的:简述项目的意义;知识、能力、素养方面的提高;理论、应用、产品、论文、专利等最终成果。

(3)项目训练的主要内容:围绕核心内容,按照逻辑和层次来写,注意详略得当。

(4)项目的独创性、竞争优势及可行性分析:结合调研结果来简要说明独创性与竞争优势;结合文献资料论述实现方法和路线的可行性;现有基础和条件的可行性,以及对不具备条件的解决方法。

(5)项目市场前景预测:推广应用的领域;市场现状和发展趋势分析,可能推广数量(空间);可能产生的经济和社会效益。

(6)项目分工及角色扮演:结合团队成员特长进行分工;注意与“申请理由”中的内容的一致性。

(7)项目进度安排:根据主要内容和起止时间细化阶段任务;阶段目标为经过该阶段研究应取得的阶段成果,目标应具体、量化,具有可考核性。

项目申请书模板如图1-1、图1-2和图1-3所示。

附件2:

项目编号:________

黑龙江大学生创新创业训练计划项目
立项申请书

所属高校(盖章):________
项目名称:________
项目类别　□创新训练　□创业训练
负责人:________
指导教师:________
所属学科:________
起止时间:________
项目经费:________
填表日期:________

黑龙江省教育厅制

填　表　说　明

一、立项申请书应按照本表格要求,逐项认真填写,内容必须实事求是,表达明确严谨,空缺处要填“无”。
二、“所属学科”按一级学科列出,跨学科最多写三个。
三、“项目成员”按照实际参与项目实施的人员填写。
四、材料规格:用A4纸双面打印(复印),左侧装订。
五、材料报送:申报材料需纸质材料和电子文档一并提交。

图1-1　项目申请书模板(1)

项目名称					
所在院			所在学科		
截止时间			使用实验室		
项目成员	□发明、设计	□基础性研究	□应用性研究	□社会调研	
项目资源					
项目负责人	姓名	学号			联系电话
项目组成员					
指导就行	姓名	职称职务	所在单位	联系电话	

一、项目实施的目的、意义

二、项目研究现代与分析

三、项目研究内容和目标

图1-2　项目申请书模板(2)

四、项目技术概括（方法）与进度
五、项目预测成果及说明

六、

支出科目	金额	备选
合计:		

七、审核意见:	
指导教师意见	指导教师签字: 年　月　日
学校专家组意见	指导教师签字: 年　月　日
学校审核意见	指导教师签字: 年　月　日
教育厅审核意见	指导教师签字: 年　月　日

图1－3　项目申请书模板(3)

1.1.4　小结

(1)写好申请书,只要做到两个字,即“真”和“实”;

(2)用语一定要规范、准确,具有一定的专业性;

(3)阐述的逻辑性、条理性和一致性要好,例如最好每点一小段,每段第一句就是主旨句;

(4)避免低级错误。

1.2　创新创业竞赛

为全面深入贯彻落实“大众创业,万众创新”政策精神,国家鼓励学生积极参加各级各类大学生创新创业竞赛。

1.2.1　创新创业竞赛级别

1. 国家级或国际学科和创新创业竞赛(A类竞赛)

其指由国家政府行政主管部门或全国性专业学术团体(或专业教学指导委员会)组织、主办(或承办)的全国性创新创业竞赛以及其他具有全球和全国影响的举办多届且赛制正规的创新创业竞赛项目。

2. 省级或行业学科和创新创业竞赛(B类竞赛)

其指由省级政府行政主管部门或省级专业学术团体(或专业教学指导委员会)组织、主办(或承办)的全省性或跨省区的创新创业竞赛项目。

3. 校级或市级学科和创新创业竞赛(C 类竞赛)

其指由市级政府行政主管部门组织、主办(或承办)的创新创业竞赛和经学校主管部门同意由各学院主办的校级创新创业竞赛以及行业企业主办的创新创业竞赛项目。

1.2.2　创新创业竞赛类别

为实现国家“大众创业,万众创新”战略,激发大学生创造力,各部委、厅局积极举办各类创新创业竞赛,其中国家 A 类赛事主要包括全国大学生数学建模竞赛、“挑战杯”全国大学生系列科技学术竞赛和中国“互联网 +”大学生创新创业大赛三种,本节主要介绍后两者。

1. “挑战杯”全国大学生系列科技学术竞赛

“挑战杯”全国大学生系列科技学术竞赛是由共青团中央、中国科协、教育部和全国学联共同主办的全国性的大学生课外学术实践竞赛,分为“挑战杯”中国大学生创业计划竞赛和“挑战杯”全国大学生课外学术科技作品竞赛两个项目。这两个项目的全国竞赛交叉轮流开展,每个项目每两年举办一届。

(1)“挑战杯”中国大学生创业计划竞赛

“挑战杯”中国大学生创业计划竞赛起源于美国,又称商业计划竞赛,是风靡全球高校的重要赛事。它借用风险投资的运作模式,要求参赛者组成优势互补的竞赛小组,提出一项具有市场前景的技术、产品或者服务,并围绕这一技术、产品或服务,以获得风险投资为目的,完成一份完整、具体、深入的创业计划。竞赛采取学校、省(自治区、直辖市)和全国三级赛制,分预赛、复赛、决赛三个赛段进行。

(2)“挑战杯”全国大学生课外学术科技作品竞赛

“挑战杯”全国大学生课外学术科技作品竞赛(以下简称“‘挑战杯’竞赛”)是由共青团中央、中国科协、教育部、全国学联和地方政府共同主办,国内著名大学、新闻媒体联合发起的一项具有导向性、示范性和群众性的全国竞赛活动。自 1989 年首届竞赛举办以来,“挑战杯”竞赛始终坚持“崇尚科学、追求真知、勤奋学习、锐意创新、迎接挑战”的宗旨,在促进青年创新人才成长、深化高校素质教育、推动经济社会发展等方面发挥了积极作用,在广大高校乃至社会上产生了广泛而良好的影响,被誉为当代大学生科技创新的“奥林匹克”盛会。竞赛的发展得到党和国家领导同志的亲切关怀,江泽民同志为“挑战杯”竞赛题写了杯名,李鹏、李岚清等党和国家领导同志题词勉励。

“挑战杯”全国大学生系列科技学术竞赛申报参赛的作品必须是距竞赛终审决赛当年 7 月 1 日前两年内完成的学生课外学术科技或社会实践活动成果,可分为个人作品和集体作品。申报个人作品的,申报者必须承担申报作品 60% 以上的研究工作,作品鉴定证书、专利证书及发表的有关作品上的署名均应为第一作者,合作者必须是学生且不得超过两人;凡作者超过三人的项目,或者作者不超过三人但无法区分第一作者的项目,均须申报集体作品。集体作品的作者必须均为学生。凡有合作者的个人作品或集体作品,均按学历最高的作者划分至本专科生、硕士研究生或博士研究生类进行评审。申报参赛的作品分为自然科学类学术论文、哲学社会科学类社会调查报告和学术论文、科技发明制作三大类。自然科学类学术论文作者限本专科生。哲学社会科学类社会调查报告和学术论文限定在哲学、经济、社会、法律、教育、管理六个学科内。科技发明制作类分为 a,b 两类:a 类指科技含量较高、制作投入较大的作品;b 类指投入较少,且为生产技术或社会生活带来便利的小发明、小制作等。

“挑战杯”中国大学生创业计划竞赛由各省(自治区、直辖市)针对各高校评审推报的作品,组织本地预赛或评审,并在“创青春”全国大学生创业大赛官方网站(http://www.chuangqingchun.net/)进行校级、省级参赛项目网络报备和申报;全国复赛,由全国评委会对各省(自治区、直辖市)报送项目进行评审,按照章程规定,评出若干参赛项目进入决赛。项目申报材料包括项目申报表、项目计划书、项目展示介绍视频等。此外:(1)对于经授权的发明创造、专利或专有技术,申报时需提交具有法律效力的发明创造、专利或专有技术所有人的书面授权许可、项目鉴定证书、专利证书等复印件;(2)对于申报已创业类项目的,申报时需提交相关证明材料(含单位概况、法定代表人或经营者情况、营业执照复印件、税务登记证复印件、组织机构代码复印件、开户许可证、财务报表等);(3)对于涉及章程第三章第十八条相关内容的项目,申报时需提供所规定材料。

2. 中国“互联网+”大学生创新创业大赛

中国“互联网+”大学生创新创业大赛由教育部、中央网信办、国家发改委、工信部、人社部、国家知识产权局、中国科学院、中国工程院、团中央和地方政府共同主办,旨在深化高等教育综合改革,激发大学生创造力,培养造就“大众创业、万众创新”生力军;推动赛事成果转化和产学研用紧密结合,促进“互联网+”新业态形成,服务经济提质增效升级;以创新引领创业、创业带动就业,推动高校毕业生更高质量创业就业。重在把大赛作为深化创新创业教育改革的重要抓手,引导各高校主动服务创新驱动发展战略,积极开展教学改革探索,把创新创业教育融入人才培养,切实提高高校学生的创新精神、创业意识和创新创业能力。

3. 中国“互联网+”大学生创新创业大赛

各参赛团队进行报名,各高校组织校级初赛,省教育厅组织省级复赛,遴选获奖项目推荐参加全国决赛。初赛参赛团队须登录“全国大学生创业服务网”(http://cy.ncss.org.cn)进行报名,也可通过大赛APP(名称为“大创空间”)或大赛微信公众号(名称为“大学生创业服务网”)任一方式进行报名。校级初赛的比赛环节、评审方式由各高校自行决定,各高校对本校报名的项目进行评审遴选;省级复赛参赛材料为项目计划书,初创组和成长组参赛团队还须提交组织机构代码证、营业执照复印件及其他佐证材料(专利、著作、政府批文、鉴定材料等),现场决赛参加创意组现场答辩的团队需准备10分钟的陈述和5分钟的回答问题,参加初创组和成长组的团队需准备15分钟的陈述和10分钟的回答问题;全国总决赛全国大赛评审委员会对入围全国决赛的项目进行第一轮网上评审,择优选拔120个项目进行下一轮现场决赛,决出金、银奖。

1.2.3 创业计划书

参加各类创新创业竞赛,需提交创业计划书。一份相对完整的创业计划书一般由封面、目录、正文和附录四部分组成。

1. 封面

封面是阅读者最先看到的,正面内容应包括企业名称、创办人姓名、联系方式、邮箱、办公地址、日期等,反面或扉页应附有创业计划的保密须知。

2. 目录

目录就是正文的索引,按照章节顺序逐一排列并对应页码。

3. 正文

正文是创业计划的核心内容，包括摘要、主体和结论三大部分。

(1)摘要

摘要是创业计划的引文，也是创业计划的总纲，让阅读者对创业计划的内容有直观的、整体的认知，所以摘要须体现创业计划的精华和品质。一般包括企业基本情况、企业竞争力、企业市场概述、企业营销策略、企业管理策略、创业项目的财务计划、团队情况等方面的综合概述。

(2)主体

主体是核心部分，需要将创业计划的各个内容具体展开，把考虑周全的各项内容清晰有条理地表达出来，具体内容大致包括企业描述、产品或服务、市场分析、管理团队、研发与生产、营销策略、竞争分析、财务分析、风险与对策、退出策略等。

(3)结论

结论是对创业计划展现内容的总结式概括，与摘要首尾呼应，体现了创业计划的完整性，一般包括写作团队分工介绍、写作过程中的感受、创业项目的后期执行设想等。

4. 附录

附录是对主体内容的补充，把证明自己创业项目的各种参考资料、数据分析情况和各种资质呈现出来，以便阅读者参考和清晰地理解创业项目。一般包括专利证书或专利授权证书、技术说明、企业营业执照、商业合同、市场调查问卷、企业管理制度以及项目有关的获奖证书等。

创业计划主体部分建议篇幅为 20 ~ 25 页，由于篇幅有限，附录是对创业项目内容很好的补充。

表 1－1 和表 1－2 为创业计划的内容框架。

表 1－1　创业计划的内容框架(1)

项目内容	描述方向
企业描述	1. 企业名称 2. 企业简史 3. 使命陈述 4. 产品服务 5. 企业现状 6. 启动资金 7. 法律形式 8. 选址描述
产品或服务	1. 产业分析 2. 产品分析
市场分析	1. 目标市场 2. 顾客分析 3. 竞争描述 4. 市场开拓

表 1－1(续)

项目内容	描述方向
竞争分析	1. 现有竞争 2. SWOT 分析 3. 竞争优势
研发与生产	1. 研发计划 2. 生产计划

表 1－2　创业计划的内容框架(2)

项目内容	描述方向
管理团队	1. 组织形式 2. 核心团队 3. 服务机构
营销策略	1. 销售策略 2. 价格策略 3. 分销策略 4. 促销策略
财务分析	1. 资源需求分析 2. 融资计划 3. 预计财务报表及投资回报
风险与对策	1. 市场风险 2. 技术风险 3. 资金风险 4. 管理风险 5. 风险应对

1.3　大学生数学建模竞赛

1.3.1　东三省大学生数学建模联赛

为了提高学生的综合素质、增强创新意识、培养学生应用数学知识解决实际问题的能力，激发学生学习数学的积极性，同时选拔参加全国数学建模竞赛的队员，由东三省数学建模联赛组委会主办东三省数学建模联赛，该赛每年 4 月下旬举行 。

1.3.2　中国大学生医药数学建模竞赛

中国大学生医药数学建模竞赛是一个由大学生参与的大型的课外科技活动。组织开展大规模竞赛，旨在培养提高医药类及相关专业大专院校本专科学生的数学应用和科研实践能力。该竞赛每年 5 月举行（一般在中旬某个星期，共 7 天），竞赛面向全国大专院校本专科大学生，竞赛分医药类本科组、医药类专科组、非医药类本科组、非医药类专科组四个组别，本科组竞赛所有竞赛范围内的大学生均可参加，专科组竞赛只有专科生（包括高职、高专生）可以参加。

1.3.3　全国大学生数学建模竞赛

全国大学生数学建模竞赛是中国工业与应用数学学会主办的面向全国大学生的群众性科技活动，目的在于激励学生学习数学的积极性，提高学生建立数学模型和运用计算机技术解决实际问题的综合能力，鼓励广大学生踊跃参加课外科技活动，开拓知识面，培养创造精神及合作意识，推动大学数学教学体系、教学内容和方法的改革。竞赛题目一般来源于工程技术和管理科学等方面经过适当简化加工的实际问题，不要求参赛者预先掌握深入的专门知识，只需要学过高等学校的数学课程。题目有较大的灵活性供参赛者发挥其创造能力。参赛者应根据题目要求，完成一篇包括模型的假设、建立和求解、计算方法的设计和计算机实现、结果的分析和检验、模型的改进等方面的论文（即答卷）。竞赛评奖以假设的合理性、建模的创造性、结果的正确性和文字表述的清晰程度为主要标准。

（1）全国统一竞赛题目，采取通信竞赛方式，以相对集中的形式进行。

（2）竞赛每年举办一次，一般在 9 月份某个周末前后的三天内举行。

（3）大学生以队为单位参赛，每队 3 人（须属于同一所学校），专业不限。竞赛分本科、专科两组进行，本科生参加本科组竞赛，专科生参加专科组竞赛（也可参加本科组竞赛），研究生不得参加。每队可设一名指导教师（或教师组），从事赛前辅导和参赛的组织工作，但在竞赛期间必须回避参赛队员，不得进行指导或参与讨论，否则按违反纪律处理。

（4）竞赛期间参赛队员可以使用各种图书资料、计算机和软件，在国际互联网上浏览，但不得与队外任何人（包括在网上）讨论。

（5）竞赛开始后，赛题将公布在指定的网址供参赛队下载，参赛队在规定时间内完成答卷，并准时交卷。

（6）参赛院校应责成有关职能部门负责竞赛的组织和纪律监督工作，保证本校竞赛的规范性和公正性。

1.3.4　美国大学生数学建模竞赛

美国大学生数学建模竞赛（MCM/ICM），是一项国际级的竞赛项目，更是现今各类数学建模竞赛的鼻祖。MCM/ICM 是 Mathematical Contest in Modeling 和 Interdisciplinary Contest in Modeling 的缩写，即“数学建模竞赛”和“交叉学科建模竞赛”。

MCM 始于 1985 年，ICM 始于 2000 年，竞赛的主持者是美国数学及其应用联合会（COMAP），并得到美国运筹及工业和应用数学协会、美国工业与应用数学学会、美国数学协会等多个组织的赞助。MCM/ICM 着重强调研究问题、解决方案的原创性、团队合作、交流以及结果的合理性。

MCM 的每个参赛队由 3 名队员和 1 名指导教师组成，比赛为期 4 天，每次只有两个考题，每队只需任选 1 题。在 4 天的参赛时间内参赛者可以使用包括计算机、软件包、教科书、杂志和手册等资源。比赛时要求就选定的赛题每个队在连续 4 天的时间里写出论文，它包括：问题的适当阐述；合理的假设；模型的分析、建立、求解、验证；结果的分析；模型优缺点讨论等。数学建模竞赛宗旨是鼓励大学师生对范围并不固定的各种实际问题予以阐明、分析并提出解法，通过这样一种方式鼓励师生积极参与并强调实现完整的模型构造的过程。以竞赛的方式培养学生应用数学进行分析、推理、证明和计算的能力；用数学语言表达实际问题及用普通人能理解的语言表达数学结果的能力；应用计算机及相应数学软件的能力；独立查找文献，自学的能力，组织、协调、管理的能力；创造力、想象力、联想力和洞察力。它还可以培养学生不怕吃苦、敢于战胜困难的坚强意志，培养自律、团结的优秀品质，培养正确的数学观。

美国大学生数学建模竞赛共设置五个奖项，分别为 Outstanding Winner，Finalist，Meritorious Winner，Honorable Mentions，Successful Participant。在我国，约定俗成地将这五个奖项分别对应为特等奖、特等奖候选奖、一等奖、二等奖、三等奖。

美国大学生数学建模竞赛每年的比赛时间一般定在2月初，需要通过官方网站报名，而且需要有固定的指导教师。一般各大高校均会组织感兴趣的同学进行赛前培训以及报名、交费等事宜。

数学建模论文格式要求如表1－3所示。

表1－3　数学建模论文格式要求

内容	说明
论文题目	三号黑体，居中
一级标题	四号黑体，居中
正文	正文一律采用小四号宋体，单倍行距。论文从第三页开始编写页码，页码必须位于每页页脚中部，用阿拉伯数字“1”开始连续编号
首页	论文题目和作者的专业、班级、姓名、学号
第二页	论文题目和摘要
问题提出	叙述问题内容及意义
基本假设	写出问题的合理假设
建立模型	详细叙述模型、变量、参数代表的意义和满足的条件及建模的思想
模型求解	求解、算法的主要步骤
结果分析与检验	误差分析
模型评价	优缺点及改进意见
参考文献	限公开发表文献，指明出处；参考文献在正文引用处用方括号标示参考文献的编号，如[1][2]等；参考文献按正文中的引用次序列出
附录	计算框图、原程序及打印结果

【思考题】

1. 请结合自己的专业自选题材创建一个创新项目表。

2. 大学生“双创”（大众创业，万众创新）工作的意义何在，其核心是什么？

第2章　能力训练导航

2.1　如何培养大学生核心能力

高度竞争性的未来社会中真正可靠的保证:只能是我们的能力。核心能力是存在于一切职业中,从事任何工作都需要的能力。

大学阶段大学生能力分为职业特定能力、行业通用能力、核心能力。每个具体的职业、工种岗位和工作,都会对应着一些特定能力。从整体上讲,存在着每个人都需要的、从事任何职业或工作都离不开的能力,这就是核心能力。

以医学院校的学生为例:

特定能力——专业能力(医学、药学)

通用能力——计算机能力,英语口语、写作和交流能力

核心能力——融合现代信息技术、数学技能与能力

例如:如何品尝葡萄酒?面对此问题,每一个学生的解决问题的方法和手段是不同的,如何引导学生正确解决问题的方式方法,使学生在解决问题的同时得到能力的提高,这才是我们培养学生核心能力的关键所在。

2.2　如何培养学生的创新思维与创新能力

大学教育是知识创新、传播和应用的主要基地,也是培养创新精神、创新人才的摇篮。当代中国教育改革的一项重要任务就是在全面推进素质教育的过程中实施创新教育,培养学生的创新意识和创新精神,开发创新潜力,提高创新能力。创新是一个民族的灵魂,是一个国家兴旺发达的不竭动力。因此,在大学创新创业的课程教学与竞赛指导中,教师通过有效的方法、途径培养学生的创新思维和创新能力已经成为教学的一个核心问题。

第一,让学生积极主动探求知识,发挥创造性。尊重学生的爱好、个性和人格,以平等、友善、宽容的态度对待学生,使学生最大化地发挥创造潜能。

第二,创设宽松和谐、竞争合作的氛围,营造创造性思维的环境。

第三,鼓励大学生大胆探索、发现问题、质疑问题,在解决问题中实现创新思维能力的发展。

例如:如何在一张16开的纸上钻一个洞,使其身体从洞中钻过去?

2.3　大学生团队协作能力的培养

随着知识经济时代的到来和社会主义现代化建设事业的加快发展,当代社会对人际交往与合作的要求越来越高,许多企事业单位都期望大学毕业生具有团队精神。微软公司前副总裁李开复博士所提出的招聘人才的三大素质,其中就包括团队精神。然而,我们常常从用人单位得到这样的信息:不少毕业生专业上是合格的,但在敬业精神和团队协作能力

上却表现得不尽如人意。这一问题的出现值得我们教育工作者认真反思，培养受社会欢迎的具有良好团队精神的大学毕业生，是我们的职责和神圣使命。为此，我们的教育就要进行改革和重新设计。

团结协作精神，在许多论著中又被称为“团队精神”或“团队意识”。所谓团队精神，是指组织成员对组织感到满意与认同，自觉地以组织的利益和目标为重，在各自的工作中尽职尽责，自愿并主动与其他成员积极协作、共同努力奋斗的意愿和作风。而对于大学生这一特殊社会群体而言，其所需要具备的团队精神或言大学生团队精神应包含三个层面的内容。

首先是团队的凝聚力。团队精神表现为团队强烈的归属感和一体性，每个成员都能强烈感受到自己是团队当中的一分子，自觉地把个人工作和团队目标联系在一起。

其次是团队的合作意识。团队成员间相互帮助、互相关怀，大家彼此共同提高。在一个团队中，只有每个成员都能最大限度地发挥自己的潜力，并在共同目标的基础上协调一致，才能发挥团队的整体威力，产生整体大于各部分之和的协同效应。

再次是团队的高昂士气。它体现了团队成员对团队事务的态度，表现为团队成员对团队事务的尽心尽力及全方位的投入。

第一，从大学生的集体活动中锻炼团队协作精神。

第二，从创新创业竞赛中培养大学生的团队协作精神。

第三，从大学生的社团活动和文化生活中养成团队协作的定势。

无论是学校的教学中心工作，还是课外活动和校园文化以及教育工作的方方面面，学校都应以培养学生合作精神，发展协作能力为导向。使学生在教育教学活动中体验、领会、理解到相互尊重、爱护、支持，学会宽容、学会妥协、学会“双赢”等团队精神的素质内涵。

近几年的全国大学生数学建模竞赛试题如表 2－1 所示。

表 2－1　近几年的全国大学生数学建模竞赛试题

年份	A 题	B 题	C 题	D 题
2011	城市表层土壤重金属污染分析	交巡警服务平台的设置与调度优化分析	企业退休养老制度的改革	天然肠衣搭配问题
2012	葡萄酒的评价	太阳能小屋的设计	脑卒中发病环境因素分析与干扰	机器人避障问题
2013	车道被占用对城市道路通行能力的影响	碎纸片的拼接复原	古塔的变形	公共自行车服务系统
2014	嫦娥三号软着陆问题轨道设计与控制策略	创意平板折叠桌	生猪养殖的经营管理	储药柜的设计分析模型
2015	太阳影子的定位	“互联网＋”时代的打车难补贴政策的分析与探讨	月上柳梢头	众筹筑屋规划方案设计

面对论文实例，需要我们通力协作，发挥各自所长和才智，才能出色圆满地完成任务。

中级篇

第3章　初级技能实训

3.1　论文的写作与排版

论文是专业性、探索性很强的文章,它的基本任务是探索未知,具体讲就是提出问题、解决问题。同时,论文既是能力的体现,也是对外学术交流的平台。

材料是写好论文的基础,观点是论文的灵魂,文字是论文的外在表现。材料和观点是论文的内容,文字是论文的形式。形式是表现内容的,内容要通过形式来表现。三者的完美结合是内容和形式的统一。材料来源于实验。设计的好坏直接影响材料获得的效率与质量。一篇优秀的论文总要有新现象、新处理、新效果、新观点,要有不同的立场和观点,要通过实践反复论证、认识和探索真理,才能不断创新。

3.1.1　书写论文的要求

1. 摘要

(1)问题的重述

①介绍重点词开头

例:"Hand move" irrigation, a cheap but labor-intensive system used on small farms, consists of a movable pipe with sprinkler on top that can be attached to a stationary main.

②直接指出问题

例:We find the optimal number of tollbooths in a highway toll-plaza for a given number of highway lanes: the number of tollbooths that minimizes average delay experienced by cars.

(2)解决这个问题的伟大意义

反面说明。如果没有……

Without implementing defensive measure, the university is exposed to an expected loss of $8.9 million per year.

(3)总的解决概述

①通过什么方法解决什么问题

例:We address the problem of optimizing amusement park enjoyment through distributing Quick Passes (QP), reservation slips that ideally allow an individual to spend less time waiting in line.

②实际问题转化为数学模型

例:A. We formulate the problem as a network flow in which vertices are the locations of escorts and wheelchair passengers.

B. A native strategy would be to employ the minimum number of escorts to guarantee that all passengers reach their gates on time.

③将问题分阶段考虑

例:We divide the jump into three phases: flying through the air, punching through the stack, and landing on the ground.

(4)在什么模型中/ 建立了什么模型

①主流模型

例:A. We formulate a differential model to account for the rates of change of these uses, and how this change would affect the overall consumption of water within the studied region.

B. We examined the mathematical effects of… We developed a detailed…(simulation methodology) to test our ideas and to quantify the differences between (among) different…(strategies).

C. Based on (write your basis,such as the theory of supply and demand), we establish a model (such as differential equation system that includes demand, supply).

D. To (write the aims), we establish a criterion (write the criterion).

②非主流模型

例:A. We build a model to determine how to lay out the pipe each time the equipment is moved.

B. We determine…

C. We build a model to determine…

D. We formulate a model for… By analyzing…and examining…

(5)分析模型(使用什么数据、怎么做,一般三句话)

①历史数据

例:Using historical data from the United States, we determine initial conditions for our model.

②计算机模拟

例:A. this model leads to a computer simulation of catch-can tests of the irrigation system and…

B. Software packing reaches…by calculating and comparing…

③运用数据模拟

例:A. to ground this model in reality, we incorporate extensive demographic data and run…

B. We fit the modified model to data (such as 1970 – 2003). We conclude that (write the last conclude).

④详细分析

例:A. We physically characterize the system that…

B. We provide a strategy (write the logical strategy).

C. The…model is (efficient, intuitive, and flexible) and could be applied to…

D. To meet the needs of people today without, we establish a criterion of rational(合理的标准) oil allocation(分配).

(6)总结该模型的结果/得到什么结论

①说明不是最优但能产生作用

例:We show that this strategy is not optimal but can be improved by assigning different numbers…

②说明如果用这个模型,结果如何

例:A. If Delta Airlines were to utilize the naÏve strategy at Atlanta International Airport, the cost would be…

B. We modify the model to reflect (some trend such as exponentially increasing…) and generalize the model to (other field).

C. Our results are summarized in the formula for the optimal number B of tollbooths for…

③通过其上情况的列举得到的结论

例:For various situations, we propose an optimal solution.

④得出了结论

例:A. We elicit that a conclusion.

B. We conclude with a series of recommendations for how best to…

⑤进一步说明其他因素对模型的影响

例:In addition to the model, we also discuss policies for…

⑥用真实数据检验模型

例:To demonstrate how our model works, we apply it to…

(7)总的结论

①说明结论的可行性

例:Our suggested solution, which is easy to implement, includes a detailed timetable and the arrangement of pipes.

②说明算法的广泛性

例: A. Our algorithm is broad enough to accommodate various airport concourses, flight schedules, and flight delays.

B. Our analysis began by determining what factor impact…, Our conclusions are presented…

③说明模型可用于其他领域

例:A. Since our model is based on… it can be applied to (other domain).

B. In addition to the model, we also discuss…

总之,写摘要时应包括六个方面:问题、方法、模型、算法、结论、特色(创新)。简而言之,摘要应该体现你用了什么方法,解决了什么问题,得出了什么结论。

2. 问题重述

这一部分没有过多的要求,一般是直接复制赛题的原文就行了,但在时间充裕的情况下可以适当归纳总结。这一部分叫 Background(背景)或者 Introduction(介绍),因此可以写一些这个问题的相关背景知识。

3. 模型假设

假设的条件一般可以从题目中挖掘。需要注意的两点是:①对我们所解决问题本身没有影响(或影响比较小)但可以使模型得到简化的因素应该在假设中体现;②不能为了简化问题而大量假设(使求解问题本身与原题意不符),因此应注意假设的“量”与“度”。

4. 符号说明

在论文中不可避免地会出现大量的数学符号,因此在这部分里应把这些符号做一个简要的说明,可以从符号、类型(变量,常量)、单位、含义几个方面来说明符号。

需要注意的是,单位量纲要统一,含义解释要准确、清楚。

5. 问题分析

在这部分中确定用什么方法建立模型。总之,问题分析在整个论文中起到承上启下的作用,是写作者综合水平的体现。

6. 模型建立

模型的建立是将原问题抽象成用数学语言的表达式,其建立方式会由于对问题的理解和着眼点不同而不同。近年来我国的数学建模竞赛题主要有两个方向,即概率统计问题和运筹优化问题。

7. 模型求解

模型求解的方式很多,但一般多用软件编程求解,在这里建议大家多用数学软件求解,相关软件(MATLAB,Mathematic)至少应熟悉一种。还应学会一些专用软件,比如说解概率统计问题的 Excel,SPSS,解运筹优化问题的 LINGO 等。

尽量用不同方法求解,这既能反映出思维比较开阔,也能间接地验证所求解结果的正确性。此外,应给出主要算法的一些简要步骤,以及处理或简化问题的方式,并适当应用表格或图像说明。

8. 模型的优缺点

在我们的模型假设中,忽略了一些对问题影响的次要因素,这或多或少地使问题得到了简化,但必然会产生一些误差;解决问题的方法是很多的,在论文中可能只用了其中的一两种方法,思维可能显得比较局限;另外,模型本身也会有它的优势和缺陷。因此,我们在这部分应该做的工作主要有下面三点:

(1)是否能用其他方式或方法解决;

(2)模型的优缺点分析;

(3)模型的误差分析或灵敏度分析。

做好上面的工作,既是对原问题的补充说明,更表现一种思维的严谨和逻辑的严密,使论文一气呵成,显得很完备。

9. 模型的评价与推广

由于文章本身的局限性,在这里可以对一些问题做更深入的探讨,这是论文又一亮点,实力比较强的队伍可以在这一部分充分发挥。这部分对于整个论文的作用在于画龙点睛。另外,我们对问题的探讨与延拓方式是多种多样的,可以把假设的条件适当放宽来考虑问题,也可以对算法做出改进,等等。一般情况下,在这里做定性的分析就够了,最后主要对问题的横向和纵向两方面进行发散。

10. 参考文献

这里注意一下格式问题,参赛要求有明确规定:

(1)书籍的表述方式:[编号]作者,书名,出版地:出版社,出版年。

(2)期刊论文的表述方式:[编号] 作者,论文名,杂志名,卷期号:起止页码,出版年。

(3)网上资源的表述方式:[编号]作者,资源标题,网址,访问时间。

11. 附录

相关程序及运行结果。

3.1.2　论文的排版

论文格式规范国家标准具有一定的通用性和普适性，是论文格式的主要依据。论文格式的规范化就要求对论文进行排版处理，使论文按要求标准化和统一化。

1. 奇偶页页眉显示不同内容

在专业出版的书籍中，常常看到书籍中奇偶页的页眉会显示不同的内容，以方便读者快速查找资料。而在 Microsoft Office Word 2000（以下简称 Word 2000）中，用户也可以很方便地在文档奇偶页的页眉中显示不同的内容。

打开需要设置页眉格式的 Word 文档，选择“文件”菜单中“页面设置”命令打开“页面设置”对话框，接着单击“版式”选项卡，在“页眉和眉脚”选项区中将“奇偶页不同”复选框选中，最后单击“确定”按钮结束设置。

选择“视图”菜单中“页眉和页脚”命令，将视图切换到页眉和页脚视图方式。这时可以看到光标在奇数页页眉编辑区中闪烁，输入奇数页页眉内容；单击“页眉和页脚”工具栏上的“显示下一项”按钮，将光标移到偶数页页眉编辑区，输入偶数页页眉内容。

2. 在页眉中显示章编号及章标题

要想在 Word 文档中实现在页眉中显示该页所在章的章编号及章标题，首先必须在文档中对章标题使用统一的章标题样式，并且对章标题使用多级符号进行自动编号，然后按照如下的方法进行操作。

选择“视图”菜单中“页眉和页脚”命令，将视图切换到页眉和页脚视图方式。选择“插入”菜单中的“域”命令打开“域”对话框，从“类别”列表框中选择“链接和引用”，然后从“域名”列表框中选择“StyleRef”域。单击“选项”命令，打开“域选项”对话框，单击“域专用开关”选项卡，从“开关”列表框中选择“\ n”开关，单击“添加到域”按钮，将开关选项添加到域代码框中。单击“样式”选项卡，从“名称”列表框中找到章标题所使用的样式名称，如“标题1”样式名称，然后单击“添加到域”按钮。单击“确定”按钮将设置的域插入到页眉中，这时可以看到在页眉中自动出现了该页所在章的章编号及章标题。

3. 修改页眉中的画线格式

用户选择在文档中使用页眉后，在页眉中就会出现一条横贯页面的画线。如果对系统设置的画线格式不满意，可以采用下面的方法进行修改。

方法 1：选择“视图”菜单中“页眉和页脚”命令，将视图切换到页眉和页脚视图方式。将光标定位到页眉位置处，选择“格式”菜单中的“边框和底纹”命令，打开“边框和底纹”对话框，单击“边框”选项卡，在“边框”设置页面中可以看到页眉使用的是宽度为“0.75 磅”的单实线。

如果需要修改页眉中的画线格式，可在此对话框中对边框的线型、颜色、宽度等项目进行修改。例如将画线由单实线改为双实线时，首先在“线型”下拉列表中选择“双实线”，然后在预览区域中单击两次下线按钮，即可将线型更改成双实线。

如果不想在页眉中使用画线，只需在“设置”中选择“无”边框格式即可。

方法 2：在 Word 2000 中页眉中使用的画线格式是由页眉样式中的设置所决定的，如果想永久改变在页眉中所使用的画线的格式，只要在页眉样式中对画线格式进行修改就可以了。

选择“格式”菜单中的“样式”命令打开“样式”对话框，在“样式”列表框中选择“页眉”，然后单击“更改”按钮打开“更改样式”对话窗口。

单击“格式”按钮,在弹出的菜单中选择“边框”选项打开“边框和底纹”对话框,然后按照方法1所介绍的操作方法修改页眉中的画线格式。修改结束后,单击“确定”按钮返回“更改样式”对话窗口。

将“添至模板”复选框选中,将样式添至附于活动文档的模板,以便使修改后的页眉样式可用于基于该模板新建的文档。单击“确定”按钮返回“样式”对话框,单击“应用”按钮结束设置。

此后只要在文档中使用页眉,在页眉中就会自动应用经过修改后的画线格式。

4. 在任意位置插入页码

一般情况下我们都是在Word文档页面的上方或者下方位置插入页码。其实在Word 2000中,就可以在Word文档页面中的任意位置插入页码。例如可以在页面左右页边中插入页码。

选择“视图”菜单中“页眉和页脚”命令,将视图切换到页眉和页脚视图方式。单击“绘图”工具栏上的“文本框”按钮,然后拖动鼠标在文档中任意位置绘制一个文本框。

单击“页眉和页脚”工具栏上的“插入页码”按钮,这时在文本框中就出现了该页所在的页码。此外,还可以在文本框中添加其他说明文字,为文本框设置边框和底纹效果等。

采用此方法设置的页码对该文档中所有的页面都有效。

5. 解决Word页码设置问题

通常在装订打印的文件、论文和书籍时,要求封面不显示页码,而页码“1”要从第三页也就是正文起始页开始显示。

第一步,将光标移到封面最后一行的末尾处(切记必须如此执行,不然封面和正文会连续显示页码),执行“插入”→“分隔符”命令,弹出“分隔符”对话框,选择“分节符”类型中的“连续”一项,单击“确定”按钮。

第二步,删除第二页产生的空行,然后可以把光标移到第二页任意位置,执行“插入”→“页码”命令,在随后出现的“页码”对话框中单击“格式”按钮,在“页码编排”一栏中选择“起始页码”。

第三步,按两次“确定”按钮后,退出“页码”对话框,这时会看到封面和第二页的页码均为“1”,移动光标返回到首页,再次进入到“页码”对话框中,去掉“首页显示页码”复选即可。

如此一来,我们就可以在一个文档中实现从正文页开始显示页码“1”,而不必将封面和正文做成两个文档。

3.2 Word中的公式编辑器

在Word文档中,打开“插入”菜单,选择“对象”命令,弹出“对象”对话框,在“新建”选项卡的“对象类型”列表框中找命令,查看有无“Microsoft 公式”这个选项,如果没有就需要安装了。

3.2.1 安装公式编辑器

安装公式编辑器的具体步骤如下:把Microsoft Office的安装盘插入光驱,在“资源管理器”中双击安装盘中的“Setup”图标,打开“Microsoft Office XP 安装”对话框,由于已经安装了 Word 程序,因此弹出的是“维护模式选项”(默认的选择是“添加或删除功能”),单击“下一步”按钮,进入到“为所有 Office 应用程序和工具选择安装选项”这一步,在“要安装的功能”列表框中单击“Office 工具”前的加号展开目录,然后右键单击子目录中的“公式编辑器”图标,在弹出的快捷菜单中单击“从本机运行”命令。随后单击“更新”按钮,开始自动安装公式编辑器。

3.2.2 打开公式编辑器

当打开“对象”对话框后,在“对象类型”中可以找到“Microsoft 公式”这个选项,说明该功能已经被正确安装了。

选中“Microsoft 公式 3.0”选项,然后单击“确定”按钮,即可以打开公式工具栏。在公式工具栏上有 19 个按钮,包括了 8 类符号、大小希腊字母和 9 类模板,如分式符号、积分符号、求和符号等。此外,在工具栏上还有一个写公式的“公式框”等。

3.2.3 插入化学公式

化学公式看上去很复杂,但有了公式编辑器,输入就很轻松了。例如 3 价的铁离子与苯酚的反应式,它由字母、数字、上标、下标、箭头和括号组成。其中字母、数字和正负号可以从键盘上输入,其他的就要用公式编辑器输入了。

首先把光标定位在要插入公式的地方,然后打开公式工具栏,在公式框中输入铁离子的“Fe”,然后给它加上 3 价的上标。插入上标要用到公式工具栏中的“下标和上标模板”,单击“下标和上标模板”按钮打开模板。从模板中可以看出,每一个符号都由一个灰色的方框(或是虚框)和一个黑色的小方块两部分组成,其中黑色的小方块表示当前要输入的上标或下标,而灰色的方框(或是虚框)表示上标或下标前面的文本。它们的不同之处在于:由灰色的方框和黑色的小方块组成的符号,我们只需填写上(下)标;而对于虚框和黑色小方块构成的符号,上(下)标和其前面的文本都需要我们填写。

提示:当光标指向不同符号的时候,状态栏上会显示相应符号的功能。

在“下标和上标模板”中单击第一个符号,在“Fe”的右上角出现了一个虚框,在虚框中输入“3 +”,然后按一下键盘上的方向键“→”,使光标恢复正常位置。继续输入,并按照上面的方法输入苯酚的下标。

接下来需要在反应式中插入反应箭头,这需要在“箭头符号”中选择右箭头。“箭头符号”模板中包括了不同的箭头符号,可以选取左右箭头作为反应符号,可以使用上下箭头表示化学反应产生的气体或者沉淀,还可以使用推导符号表示因果关系。反应式中的方括号和圆括号要用到“围栏模板”。单击“围栏模板”按钮,在打开的模板中单击第二个符号,插入方括号。在方括号中可以输入文本,然后用同样的方法插入圆括号。最后把剩余的内容输入到公式框,在公式框外单击鼠标左键完成公式的编写,并关闭公式工具栏。如果发现输入的公式有错误,就在公式上双击打开公式工具栏进行修改。

3.2.4 插入数学公式

1. 代数公式

一个一元二次不等式的求根公式在 Word 中是怎么写出来的呢? b 的平方可以用我们

上面介绍的方法来完成，平方根、分式和小于等于符号就要用到公式工具栏上的“关系符号”“分式和根式模板”“运算符号”了。

在Word文档中把光标定位于需要插入公式的位置，打开公式工具栏。一元二次不等式求根公式首先需要输入的就是分式。打开“分式和根式模板”，选用模板中提供的“标准尺寸的竖分式”符号。插入“标准尺寸的竖分式”符号后，在公式框中出现了分式，它的上下各有两个虚框用来分别输入分子和分母，使用键盘上的上下方向箭头可以在分母和分子之间来回切换。分子中的“平方根”符号也在“分式和根式模板”中。插入“平方根”符号后，其中的“4ac”中如果想使用点乘号可以在“运算符号”模板中选择“数学点”符号。“运算符号”模板中包括了加号、减号、乘号、除号、循环加等多种运算符号。左边的式子完成后，我们要插入一个小于等于号。打开“关系符号”模板，单击“小于等于”符号即可。最后，重复上述过程输入下边的分式，在公式框外单击鼠标左键，一元二次不等式的求根公式就完成了。

2. 集合关系

集合关系也是我们经常会遇到的。有些集合关系涉及带上下标的并集，要输入希腊字母、并集符号和省略号，这些都可以用公式工具栏上的符号来完成。

在Word文档中把光标定位于要插入这个集合关系的位置，打开公式工具栏。首先插入带上下标的并集。单击“乘积和集合论模板”按钮，选择“带中下标和中上标极限的并集”符号。插入并集符号后，在它的右侧和上下有三个虚框，表示我们需要在这三个位置输入内容。光标首先停留在符号的右侧，用键盘上的方向键可以移动光标的位置，完成上限和下限的输入。输入希腊字母时要用到工具栏上的“希腊字母(小写)”和“希腊字母(大写)”两个模板。在等式右侧仍要输入并集符号，但这个并集符号与左边的稍有不同；不需要在它的上下或右侧输入内容。我们用“集合论模板”中的并集符号即可，等式中的省略号可以用“间距和省略号”模板中的“省略号”符号。另外，在公式框中编写公式时，空格键不起作用。要在公式中插入空格，必须使用“间距和省略号”模板中的间距符号，它提供了几种间距不同的符号。经过上面的操作，就完成了集合关系的输入。

3. 几何推导

数学里还有一类几何题我们会经常遇到，如两角相等的推导过程，这里我们没有用过的符号是“因为”“所以”“角度”“垂直”等。“因为”和“所以”是几何题推导时经常要用到符号。在“逻辑符号”模板中提供了这两个符号。垂直符号和角度符号我们可以在“其他符号”模板中找到。输入完第一行后，回车。为了格式好看，第二行要空一个字符。前面讲过间距符号，在“间距和省略号”模板中选择“全身间距”符号，然后就可以输入“OA = OB”了。

最后要提一下几何中经常使用的三角形符号，前面可以用“希腊字母(大写)”模板中的“Delta”符号来表示。

3.2.5 插入物理公式

物理公式的输入与数学公式类似，这里只说说常见的矢量符号。如怎样插入“F”上面的箭头呢？在公式工具栏中有一个“修饰符号”模板，输入“F”后，在模板上选择“右简式箭头”符号即可在力“F”的顶上添加一个矢量箭头了。

在公式工具栏中还可以使用“底线和顶线模板”添加矢量箭头，方法是先在模板中选择

“右箭头顶线”符号,然后输入“F”。它与用“修饰符号”模板添加矢量箭头的区别是:使用“修饰符号”模板添加箭头之后,矢量符号和矢量箭头是分开的,可以单独删除箭头;而使用“底线和顶线模板”添加箭头后,二者是一个整体,要删除时会同时删除掉。

3.2.6 改变公式的格式

我们介绍的公式中,字母和数字有的是斜体,有的是正体。Word 能自动地把字母设为斜体,而数字却仍是正体。实际上,同 Word 中的普通文本一样,公式中的字符是否用斜体,是否用粗体,以及上下标字号的大小,都可以由用户自己来决定。

当我们在公式框中编辑公式时,Word 窗口的工具栏有些变化,只留下菜单栏,其中的内容也有些变化。先打开“样式”菜单,在其中单击“定义”命令打开“样式”对话框,原来默认的情况下,“变量”和“小写希腊字母”都是“斜体”。在这个对话框里就可以指定公式中哪一部分可以是“斜体”,哪一部分“加粗”。

我们再来看看如何改变公式的字体。在“尺寸”菜单中单击“定义”命令打开“尺寸”对话框,可以看到对公式的不同符号都有一个默认的尺寸设置。如果把光标指向左侧的“下标/上标”并单击,右侧的预览框中就会显示下标和上标是公式中的哪一部分。改变尺寸只需在文本框中输入一个新的磅值即可。

3.2.7 利用一些特殊的公式符号来排版

公式编辑器主要是为数学、物理、化学的公式设计的。但是,其中有些符号我们可以用来设计出规整的版面。比如关于“大脑的分工”的概要就是用公式编辑器做出来的。

这个结构图主要用到了“矩阵模板”和“标签箭头模板”。具体的做法是:在 Word 文档中定位光标,打开“公式”工具栏,在公式框中输入“大脑”,插入“围栏模板”中的“左大括号”。为了让版面看上去整齐,我们用矩阵的形式来排列“右脑”和“左脑”。单击打开“矩阵模板”,找到“2 行 1 列的矩阵”符号,单击插入公式中,大括号的右侧出现上下两个虚框,分别输入“右脑”和“左脑”,使用键盘上的方向键可以在两个虚框间移动。输入完成后,把光标定位在“右脑”的右面,我们要播入一个右箭头,箭头上面还要写上字。这就要用到“标签箭头模板”了,单击打开这个模板,选择“带上端文字插槽的右箭头”符号,于是在公式中插入一个右箭头,并在它的上方有个虚框,用来输入“控制功能”几个字。在箭头的右侧同样插入一个大括号,然后同样用矩阵来排列大括号中的文字,只是矩阵的行列数和上面不同。

3.2.8 Word 公式编辑器应用技巧

1. 在公式中添加空格

在使用 Word 公式编辑器编辑公式时无法直接通过按空格键来添加空格,此时同时按下“Ctrl + Shift + 空格键”即可加入空格,也可选择公式编辑器工具栏中形如“a b”的符号加入不同宽度的空格。

2. 加快公式编辑器启动速度

在 Word 新文档第一次使用“公式编辑器”时,要费上好大一会儿工夫才能看到它的真面目。单击“插入/对象”命令,打开“对象”对话框。向下拖动“对象类型”中右侧的滑块,找到“Microsoft 公式 3.0”选项,选定后,单击“确定”按钮,公式编辑窗口才出现。如果每次建立一个新公式都要经过这一步,实在是很麻烦。不过,如果将启动"公式编辑器"命令放到工具栏上,只要单击"公式编辑器"按钮,就可立即打开它了。单击"工具/自定义"命令,在"自定义"对话框中的"命令"选项中,选中"类别"下的"插入",然后在"命令"下找到"公式编辑器",将它拖到工具栏成为工具按钮即可。

如果给启动"公式编辑器"设置了快捷键,启动时也非常快。通过菜单"视图/工具栏/自定义",打开"自定义"对话框,通过按钮"键盘",再打开"自定义键盘"对话框,在类别下选择"插入",指定命令下选择"Insert Equation",把输入点移到"请按快捷键"输入框中,通过按键输入相应的快捷键。以后启动,只要按快捷键就可快速启动公式编辑器。

3. 加快公式输入速度

在输入大量公式的过程中,如果只用鼠标输入样板(如根号、积分、矩阵等)与符号(希腊字母、数学运算符等),肯定会频繁交换使用鼠标与键盘,在这个时候如果适当地使用常用样板与符号的快捷键,一定会使输入速度加快不少。如根号用"Ctrl + R",上标用"Ctrl + H",积分用"Ctrl + I"等。快捷键可在"公式编辑器"的"目录/参考信息/键盘"一项中找到。

3.3 文献检索

文献检索(Information Retrieval)是指根据学习和工作的需要获取文献的过程。文献是指具有历史价值的文章和图书或与某一学科有关的重要图书资料,随着现代网络技术的发展,文献检索更多是通过计算机技术来完成。文献分为零次文献、一次文献、二次文献和三次文献。

检索是指从文献资料、网络信息等信息集合中查找到自己需要的信息或资料的过程,通常使用搜索引擎。

3.3.1 检索方法/步骤

推荐使用中国知网(China National Knowledge Internet,CNKI)进行文献检索。在网址栏输入"http://www.cnki.net/"即可登录中国知网首页,如图 3-1 所示。根据需求选择数据库,如图 3-2 和图 3-3 所示。(这里选择中国学术期刊网络)

若已知所需检索的文章名称,或者明确所查找文章的其他信息,只需要在下拉菜单中选择查找信息,在其后输入检索信息,即可准确地查找到所需文章,如图 3-3 所示。

若检索信息并不完善,就需要通过分部检索、模糊搜索来缩小目标范围,最终锁定查找内容。

例如,如果想检索一篇关于沥青路面性能衰变规律的文章以便于评估各个阶段的路面性能状况,但并不知道文章的具体名称,可选用分部检索、模糊搜索的方法,如图 3-4 所示,首先检索路面性能衰变规律类的文章。

图3－1　CNKI首页

图3－2　选择数据库(1)

图3－3　选择数据库(2)

选择查找信息，在其后输入检索信息，即可准确地查找到所需文章，如图 3 - 4 所示。

例如，如果想检索一篇关于生物医学工程的文章，但并不知道文章的具体名称，可选用分部检索、模糊搜索的方法，如图 3 - 5 所示。

图 3 - 4　检索信息

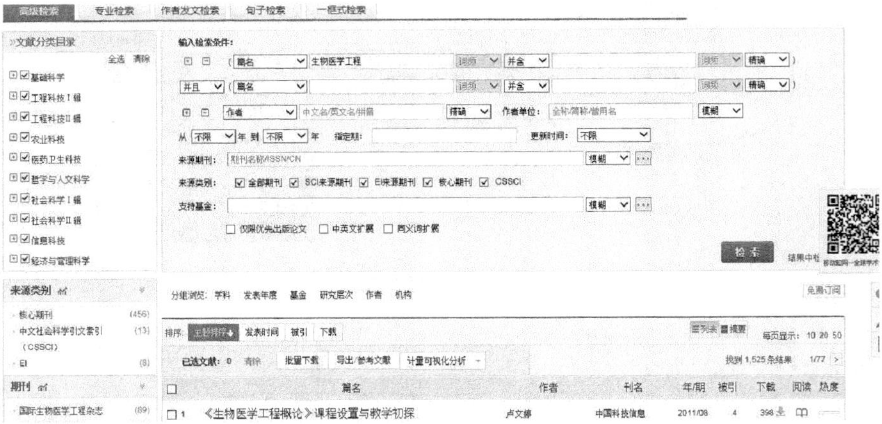

图 3 - 5　分部检索、模糊搜索

3.3.2　网络学术资源的概念及分布

1. 定义

网络学术资源指与学术研究有关的互联网中的资源。

2. 分布范围

(1) 政府信息：指国际组织、各国政府及其相关部门所发布的信息。

(2) 科研信息：专业学术机构(学会、协会、研究所等)所设立的网站及其相关信息。

(3) 教育信息：大学所设立的网站及相关信息。

(4) 文化信息：各类信息媒体的网站、世界各地图书馆的数字化馆藏。

3. 网络学术资源的特点

(1)信息发布自由,信息来源广泛。

(2)信息量极大,传播范围极广。

(3)信息内容庞杂,质量不一。

(4)具有多媒体和超级链接特性以及交互性。

(5)网络信息的使用与提供信息的站点的软硬件和服务有关。

3.3.3 网络学术资源的主要类型

(1)数据库资源。

(2)学术网站资源。

(3)电子出版物资源。

(4)组织机构资源。

(5)学术研究相关资源。

3.3.4 网络学术资源的主要类型

1. 数据库资源

(1)图书馆提供的 OPAC 目录。

(2)光盘数据库。

(3)网络数据库。

2. 学术网站资源

学术网站资源主要指提供各类科学信息的学科性网站。

3. 电子出版物资源

(1)电子图书。

(2)电子期刊。

(3)电子报纸。

(4)参考工具书。

3.3.5 网络学术资源检索

1. 搜索引擎

首先察看每个搜索引擎的帮助文件或有关资料。根据检索目的选择适合的搜索引擎。

选择高级搜索功能,精心构造检索表达式,采用词组提高查准率,选用同义词提高查全率。

2. 专业检索工具

图书的检索,报刊的检索,论文的检索,灰色文献的检索,参考工具的检索。

3. 重点学科导航的利用

检索途径如下。

(1)CALIS 联合目录。

(2)网上图书馆。

(3)网上书店。

(4)报刊的检索。

第 4 章　软件技能实训

4.1　Excel 图表的创建与拟合

图表对问题的研究具有说服力。图表可以更加直观、有效地表达数据信息，帮助用户迅速掌握数据的发展趋势和分布状况，有利于分析、比较和预测数据。

4.1.1　图表生成

(1)选择“插入”菜单中“图表”命令，如图 4－1 所示。

(2)根据需求，选取相应的“图表类型”，如图 4－2 至图 4－4 所示。

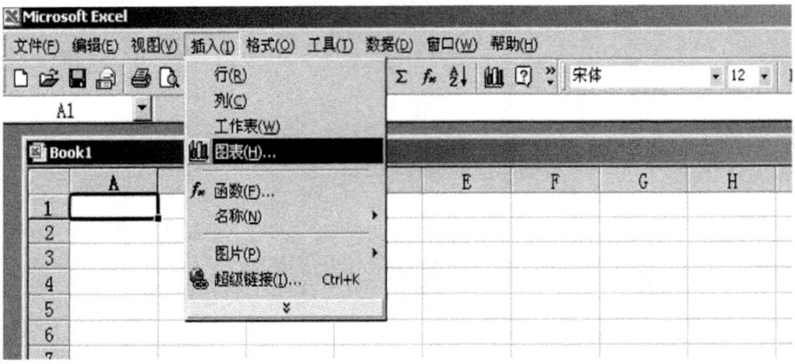

图 4－1　图表生成(1)

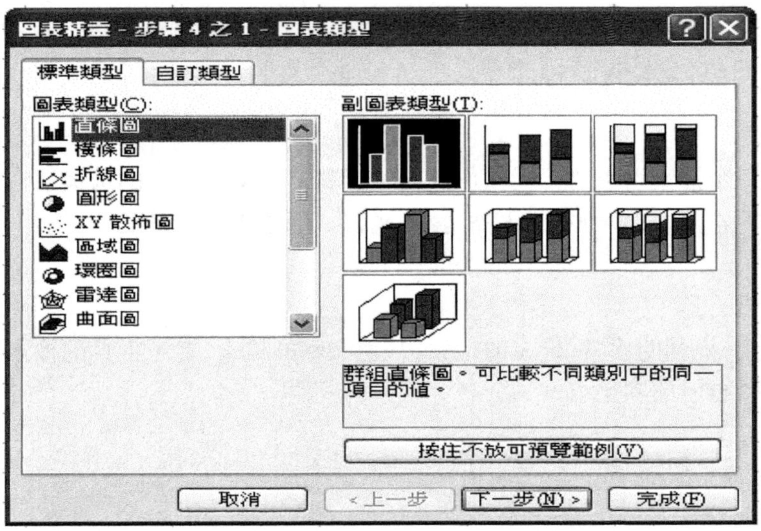

图 4－2　图表生成(2)

(3)点击“数据区域”,选择制图数据,如图4－4所示。

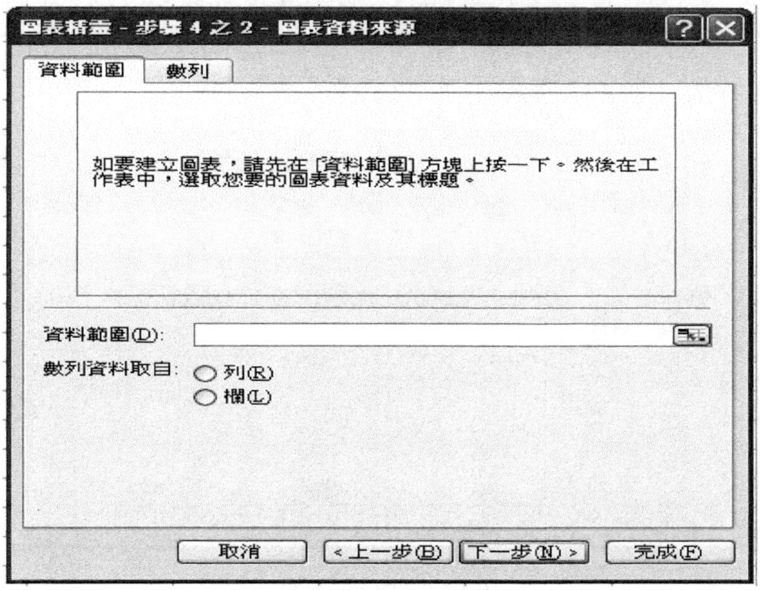

图4－3 图表生成(3)

图4－4 图表生成(4)

选定不连续区域的方法:

(1)先选定第一个区域,再按住“Ctrl”键选定第二个区域,点击“下一步”按钮,如图4－5和图4－6所示。

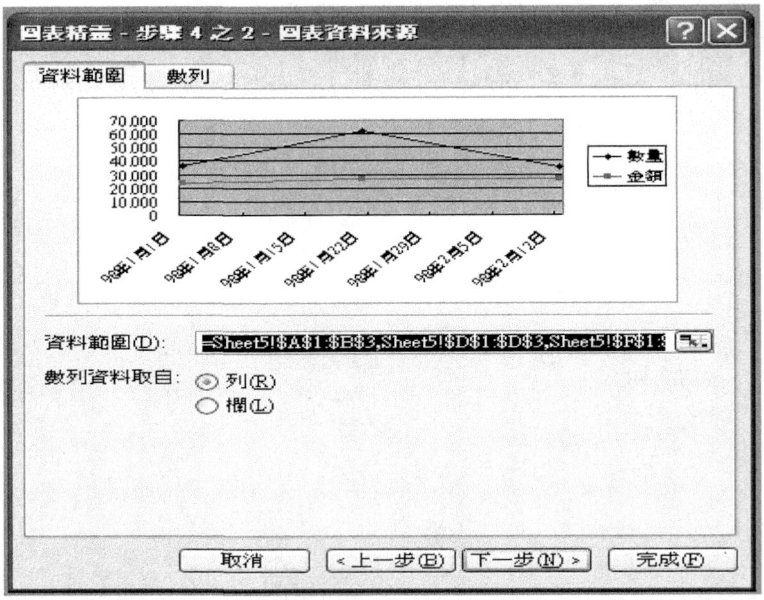

图 4 - 5　图表生成(5)

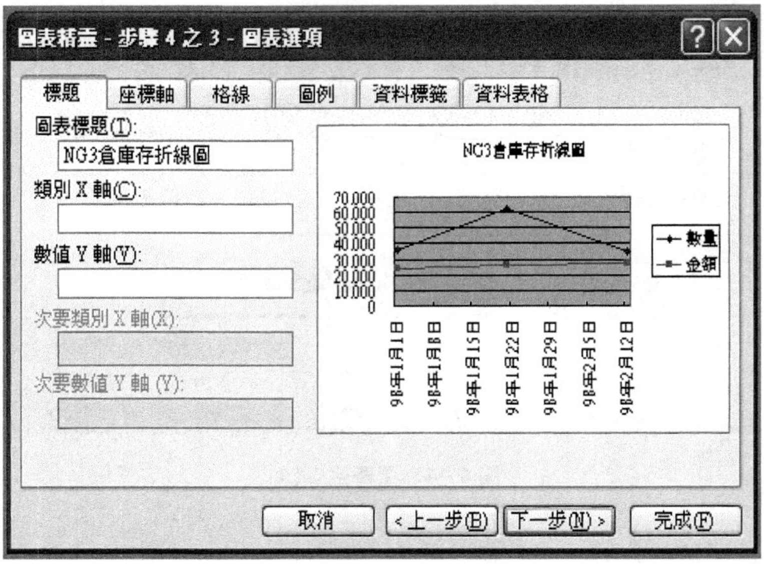

图 4 - 6　图表生成(6)

(2)点击“图例”界面,选择图标位置,如图 4 - 7 所示。

(3)点击“下一步”生成图表,如图 4 - 8 所示。

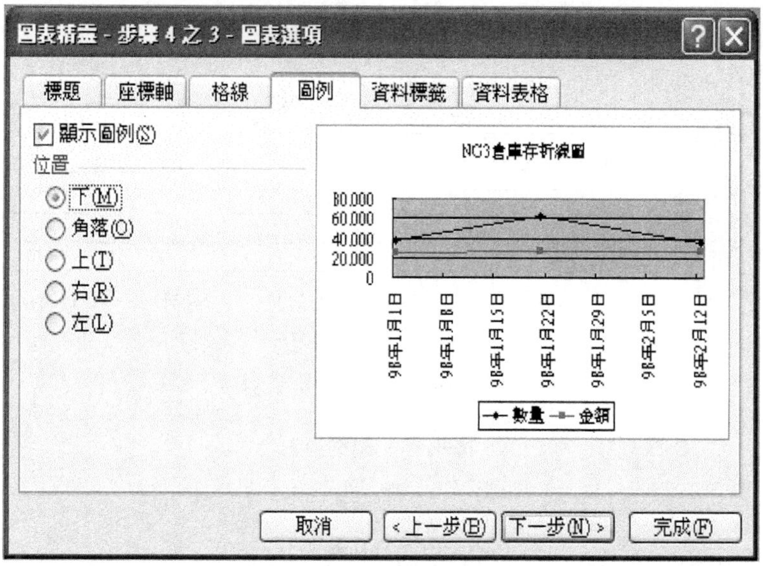

图 4 –7　图表生成(7)

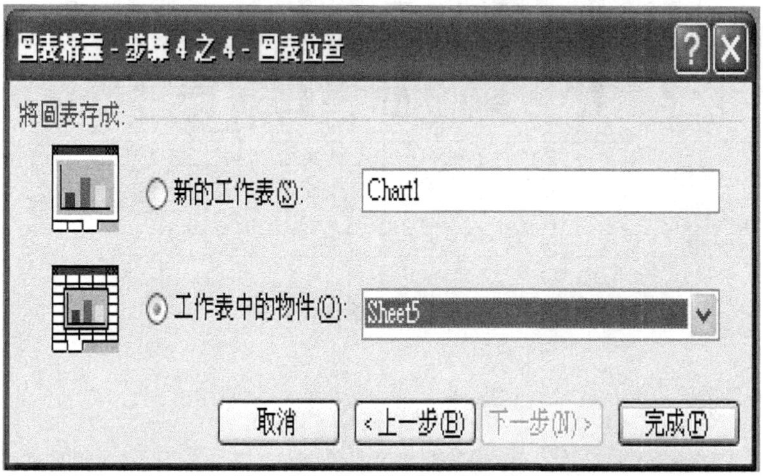

图 4 –8　图表生成(8)

选取“图表类型”不同,可生成不同图例,如图 4 –9、图 4 –10、图 4 –11 所示。

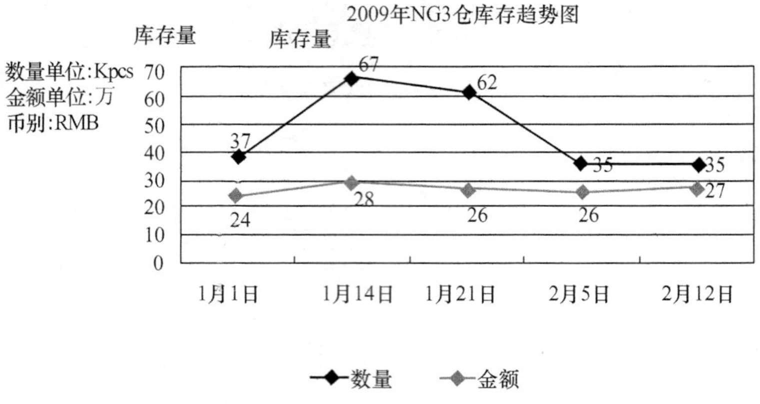

图 4－9　图例(1)

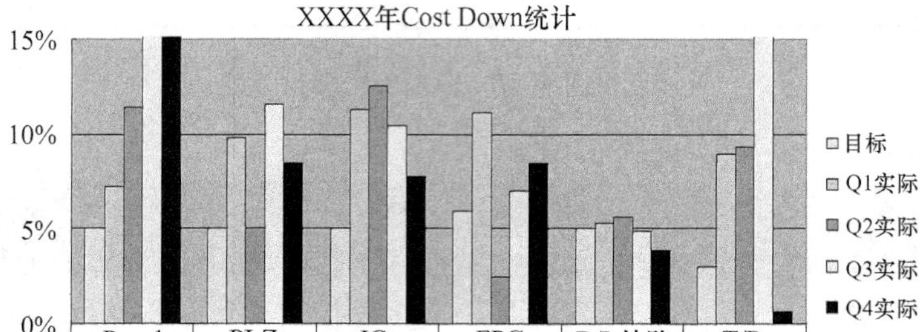

	Panel	PLZ	IC	FPC	B/L外购	T/P
目标	5.0%	5.0%	5.0%	5.0%	5.0%	3.0%
Q1实际	7.2%	9.8%	11.3%	11.1%	5.3%	9.0%
Q2实际	11.4%	5.0%	12.5%	2.5%	5.7%	9.3%
Q3实际	27.0%	11.6%	10.4%	7.0%	4.9%	20.1%
Q4实际	27.7%	8.5%	7.8%	8.4%	3.9%	0.7%

图 4－10　图例(2)

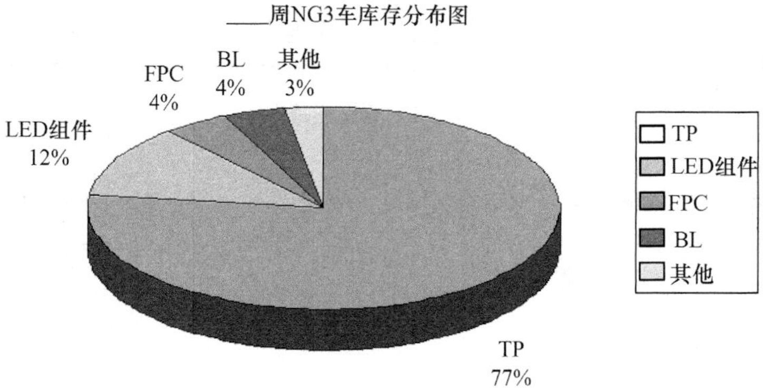

图 4－11　图例(3)

4.1.2　Excel 线性拟合

打开有样本数据的 Excel 文件,点击“插入”→“图表”,这样就打开了图表向导,然后在图表向导中选择“散点图”,再点击“下一步”按钮,如图 4－12 所示。

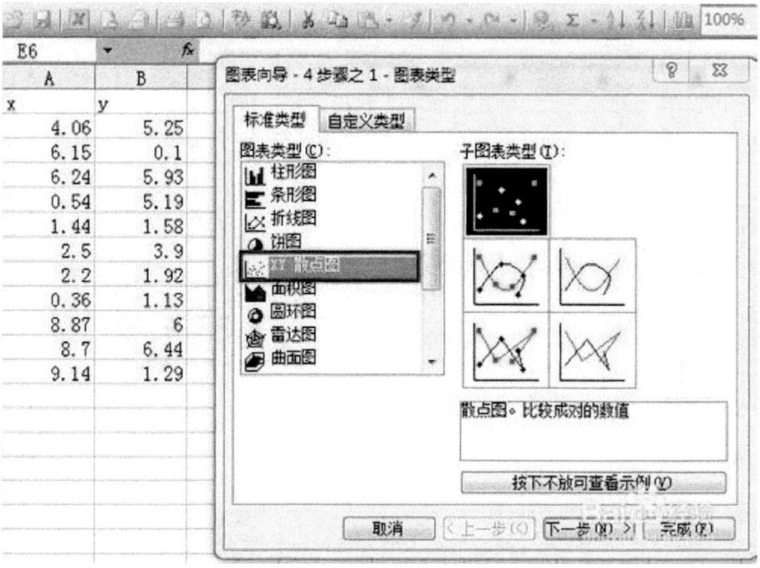

图 4－12　选择图表类型

选择图表的源数据。这里点击“数据区域”末尾的按钮,可以把样本数据选入,如图 4－13所示。如果自变量(X 值)和因变量(Y 值)在坐标系中颠倒,那么还可以通过“系列”选项卡来调整,如图 4－14 所示。

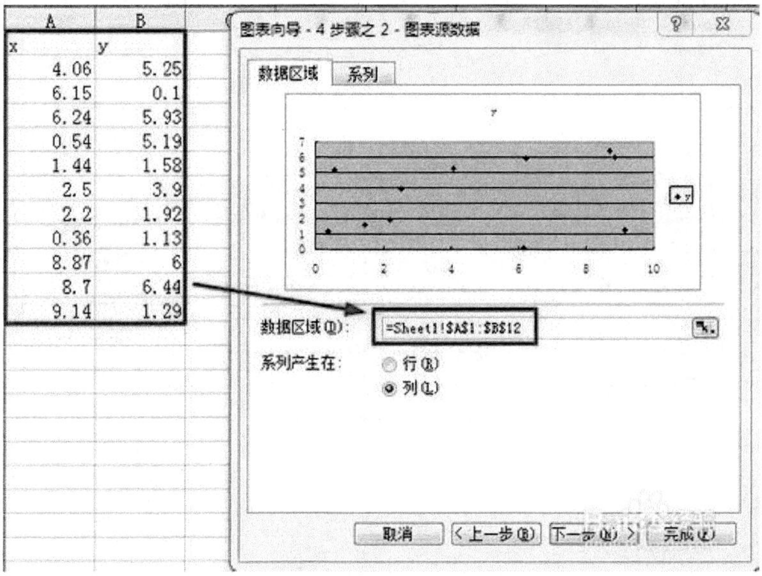

图 4－13　选择图表的源数据

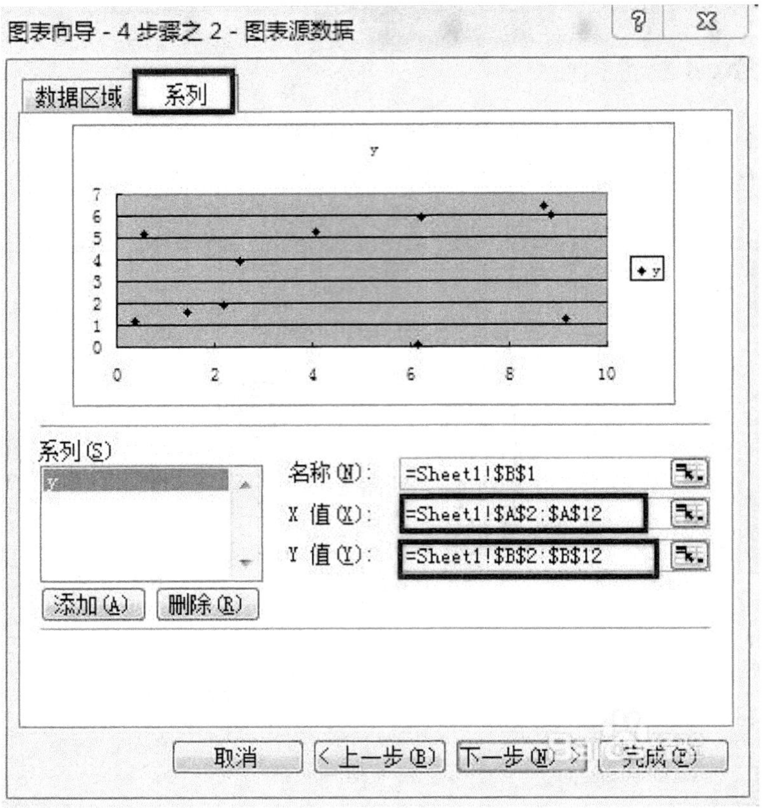

图 4-14 “系列”选项卡

接着就进入了“图表选项”,这里主要是对坐标轴和标题进行命名,但是此次主要是为了拟合,所以这里可以不做过多设置。

所有设置完成后就生成了一幅散点图,然后在散点上右击,选择“添加趋势线”,如图 4-15 所示。

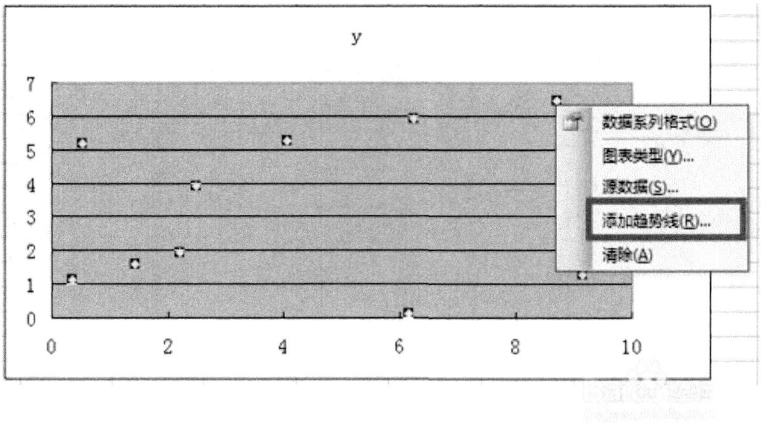

图 4-15 选择“添加趋势线”

在“添加趋势线”的选框中，有一个“类型”选项卡，选择“线性”，如图4－16所示。而在“选项”选项卡里面，我们选择“显示公式”和“显示R的平方值”，如图4－17所示。

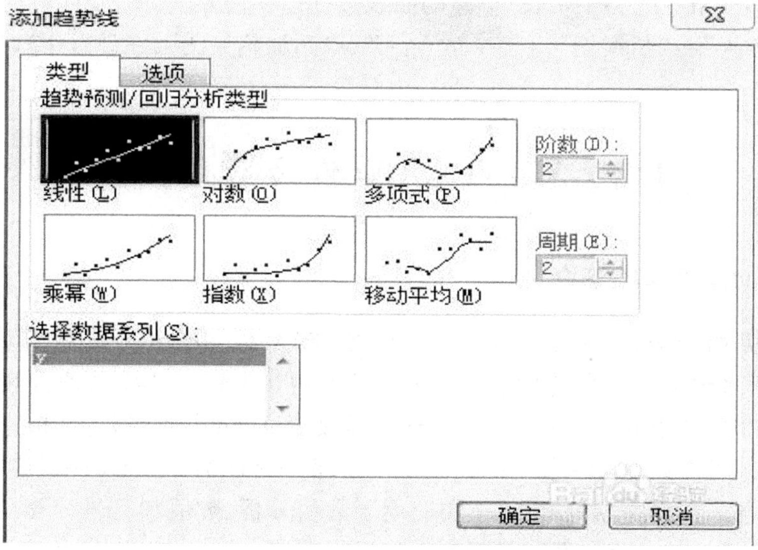

图4－16　选择趋势线类型

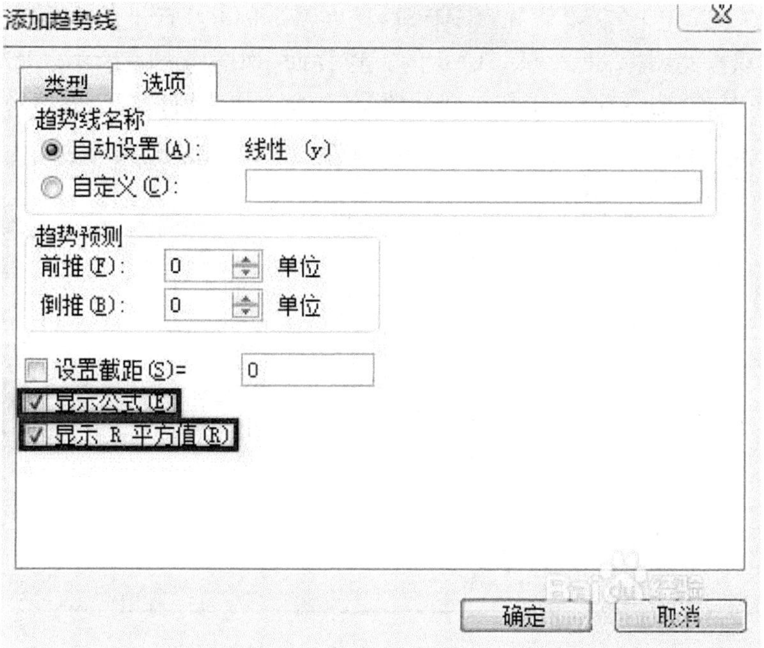

图4－17　趋势线选项设置

点击“确定”，然后从图中可见一个公式和R值。这个公式表示的是这些散点的拟合线函数，而R值表示散点数据的线性相关性。

4.1.3 Excel 非线性拟合

1. 新建一个 Excel 表格，将自己创建的曲线数据逐一输入。

2. 点击“插入”→“折线图”→“XY 散点图”→“添加趋势图”，在设置中选择自己需要的趋势线类型。

4.2 MATLAB 软件及应用实例

4.2.1 MATLAB 简介

MATLAB 是由美国 MathWorks 公司于 20 世纪 80 年代初推出的一套以矩阵计算为基础的适合多学科、多种工作平台的功能强劲的大型软件。MATLAB 将数值计算、可视化和编程功能集成在非常便于使用的环境中，具有编程效率高、用户使用方便、扩充能力强、移植性好等特点。经过 MathWorks 公司的不断完善，目前 MATLAB 已经发展成为国际上最优秀的高性能科学与工程计算软件之一，主要应用于数值分析、数值和符号计算、工程和科学绘图、控制系统的设计与仿真以及财务和金融工程等领域。

4.2.2 MATLAB 软件的工作环境

假定在计算机里已经安装了 MATLAB 软件，在 Windows 桌面上就会出现 MATLAB 的图标。鼠标左键双击此图标，进入 MATLAB 的工作界面，如图 4－18 所示。MATLAB 的工作界面由菜单、工具栏、命令窗口、工作空间管理窗口、命令历史窗口和当前目录窗口组成。

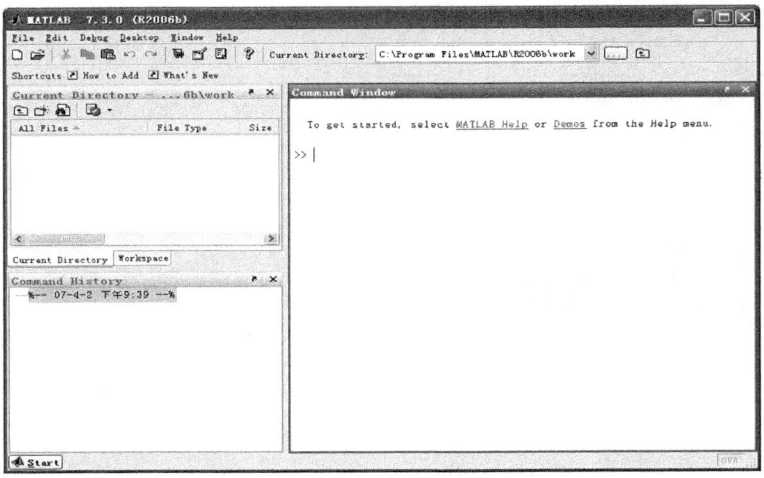

图 4－18 MATLAB 工作界面

1. 菜单和工具栏

MATLAB 的菜单和工具栏界面与 Windows 程序的界面类似，只要稍加实践就可以掌握其功能和使用方法。

2. 命令窗口（Command）

MATLAB 命令窗口是用来接受 MATLAB 命令的窗口。在命令窗口中直接输入命令，可以实现显示、清除、储存、调出、管理、计算和绘图等功能。MATLAB 命令窗口中的符号“> >”为运算提示符,表示 MATLAB 处于准备状态。在提示符后输入一段程序或一段运算式后按回车键,MATLAB 会给出计算结果并将其保存在工作空间管理窗口中,然后再次进入准备状态。

3. 工作空间管理窗口(Workspace)

工作空间管理窗口显示当前 MATLAB 的内存中使用的所有变量的变量名、大小和数据结构等信息,数据结构不同的变量对应着不同的图标。

4. 命令历史窗口(Command History)

命令历史窗口显示所有执行过的命令。在默认设置下,该窗口会保留自 MATLAB 安装后使用过的所有命令,并表明使用的时间。利用该窗口,一方面可以查看曾经执行过的命令;另一方面,可以重复利用原来输入的命令,只需在命令历史窗口中直接双击某个命令,就可以执行该命令。

5. 当前目录窗口(Current Directory)

当前目录窗口显示当前目录下所有文件的文件名、类型和最后修改时间。

4.2.3 MATLAB 软件常用命令

MATLAB 软件常用命令如表 4 -1 所示。

表 4 -1 MATLAB 软件常用命令

who	显示当前工作空间中的所有变量名
whos x	显示工作空间中的变量 x 的大小、数据类型
clc	清除命令窗口中的所有内容
disp(x)	显示变量 x 的内容
cd	显示当前工作目录
quit(exit)	退出 MATLAB
save 文件名	把工作空间中的变量保存在当前 MATLAB 目录下的文件中
help 命令名	help <命令名>:查询所列命令的帮助信息

4.2.4 MATLAB 软件的基本操作

1. 矩阵的建立

(1)输入矩阵以“[ ]”为其标志,即矩阵的元素应在“[ ]”的内部,此时 MATLAB 才将其识别为矩阵。

例:A = [1,2,3;1,1,1;4,5,6]。

(2)矩阵的同行元素之间可由空格或逗号分隔,行与行之间用分号或回车符分隔。

(3)矩阵大小可不预先定义。

(4)若不想获得中间结果,在“[ ]”后可用分号结束。

(5)无任何元素的空矩阵也合法。

(6)矩阵元素可以为运算表达式。

例:b = [sin(2pi/3),log(9),tanh(6)]。

2. 矩阵的运算

(1)矩阵的加减法:A ± B。

(2)矩阵的乘法:A × B。

(3)矩阵的除法:矩阵除法有左除"\"和右除"/"两种。方程 $\boldsymbol{AX}=\boldsymbol{B}$ 的解用 $X=A\backslash B$ 表示,方程 $\boldsymbol{XA}=\boldsymbol{B}$ 的解用 $X=B/A$ 表示。

(4)方阵的逆运算:inv(A).

(5)方阵的行列式:det(A).

(6)方阵的乘方运算:当 p 为正整数时,A^p 表示矩阵 $\boldsymbol{A}$ 自乘 p 次;当 p 为负整数时,A^p 表示矩阵 $\boldsymbol{A}^{-1}$ 自乘 $|p|$ 次,此时要求 $\boldsymbol{A}$ 可逆。

(7)矩阵的秩运算:rank(A)。

(8)矩阵的特征值和特征向量:eig(A)。

下面我们用 MATLAB 软件来求解。

【例 4-1】 求非奇异矩阵 $\boldsymbol{A}=\begin{bmatrix}1 & 3 & 6\\ 2 & 5 & 8\\ 3 & 9 & 11\end{bmatrix}$ 的逆。

```
A = [1,3,6;2,5,8;3,9,11];
Z = inv(A)
Z =
    -2.4286      3.0000      -0.8571
    0.2857      -1.0000   0.5714
    0.4286       0           -0.1429。
```

4.2.5 MATLAB 的图形功能

在进行数值计算的过程中,为了直观地认识计算结果,可以通过 MATLAB 的图形功能将计算结果图形化。MATLAB 是通过描点、连线来作图的,因此,在作二维图形和三维图形之前,必须先取得该图形上一系列点的坐标,然后利用 MATLAB 函数作图。下面着重介绍二维图形和三维图形的作法。

1. 二维图形基本绘图命令

(1)制图(plot)

绘制二维图形最常用的命令是 plot。对于不同形式的输入,该函数可以实现不同的功能。

①当 plot 函数仅有一个输入变量时:plot(X)

如果 X 为实向量,则以 X 的索引坐标作为横坐标,以 X 的各元素作为纵坐标绘制图形,如图 4-19 所示。

②当 plot 函数有两个输入变量时:plot(X,Y)

当 X 和 Y 为向量时,X 和 Y 的维数必须相同,而且同时为行向量或同时为列向量。此时以第一个向量的分量为横坐标,以第二个向量的分量为纵坐标,绘制图形,如图 4-20 所示。

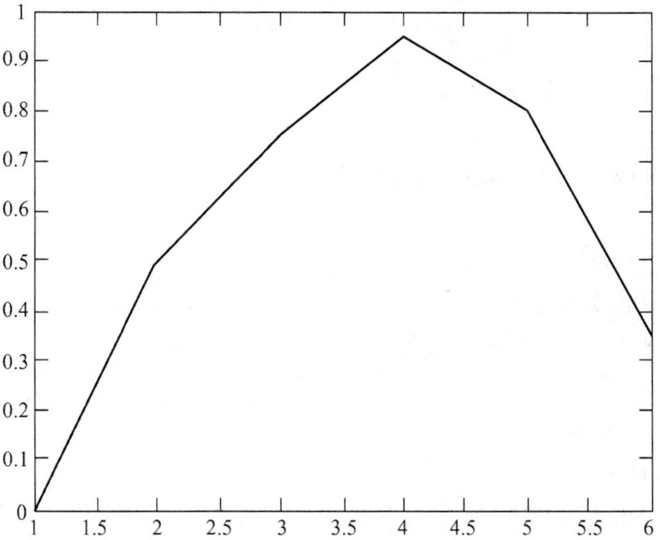

图 4-19 plot 函数仅有一个输入变量的例子

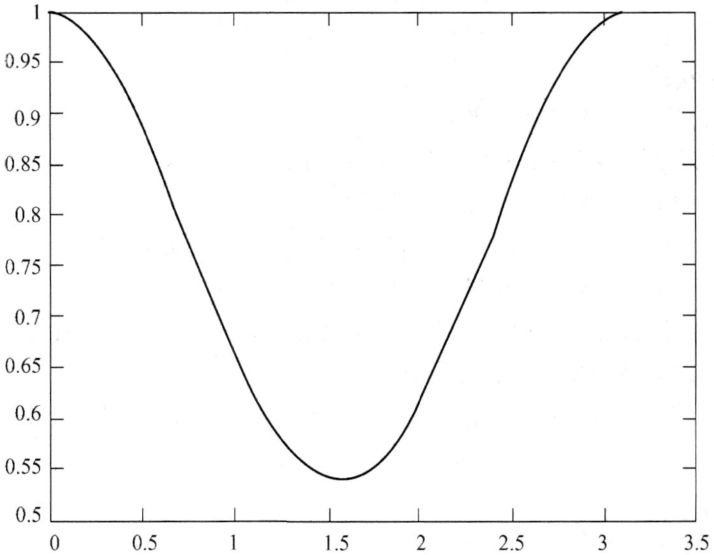

图 4-20 plot 函数有两个输入变量的例子

【例 4-2】 仅有一个输入变量的 plot 函数。

```
X =[0 0.5 0.75 0.95 0.8 0.35];
    plot(X)      %(图 4-19 )
```

【例 4-3】 有两个输入变量的 plot 函数。

```
X =0:0.01 * pi:pi;
    Y = cos(sin(X));
    plot(X,Y)        %(图 4-20)
```

其中,"%"后为注释说明。

(2)子图(subplot)

在绘图过程中,经常需要将几个图形在同一图形窗口中表示出来,但又不在同一个坐标系中绘制,此时要用到函数 subplot。其调用格式为

subplot(m,n,p)

将一个图形窗口分割成 m×n 个小窗口,可以通过参数 p 分别对若干子绘图区域进行操作,子绘图区域的编号为按行从左至右编号。如果 p 是一个向量,则创建一坐标轴,包含所有罗列在 p 中的小窗口。

【例 4-4】 在四个子图中绘制不同的三角函数图。

```
x =0:0.1 * pi:2 * pi;
subplot(2,2,1)      %第 1 个绘图子域
plot(x,sin(x), '- * '); axis([0 2 * pi  -1 1]); title('sin(x)')
subplot(2,2,2)      %第 2 个绘图子域
plot(x,cos(x), '-o'); axis([0 2 * pi  -1 1]); title('cos(x)')
subplot(2,2,3)      %第 3 个绘图子域
plot(x,2 * sin(x). * cos(x),'-x');axis([0,2 * pi, -1,1]);title('2sin(x)cos(x)')
subplot(2,2,4)      %第 4 个绘图子域
plot(x, sin(x)./cos(x),' - h');axis([0 2 * pi  -1 1]);title('sin(x)/cos(x)')
%(图 4-21)
```

2. 三维图形基本绘图命令

(1)plot3 命令

与 plot 类似,plot3 是三维绘图的基本函数,调用格式如下。

①plot3(x,y,z)

其中 x,y,z 为同维向量。绘制一条以向量 x,y,z 为 X,Y,Z 轴坐标值的空间曲线。

②plot3(X,Y,Z)

若 X,Y,Z 均为 $m \times n$ 的矩阵,将绘制 n 条曲线,其第 j 条曲线是以 X,Y,Z 矩阵的第 j 列分量为 X,Y,Z 轴坐标值的空间曲线。

③plot3(X,Y,Z,s)

s 为定义线型、颜色等的字符串。

④plot3(x1,y1,z1,s1,x2,y2,z2,s2,…)

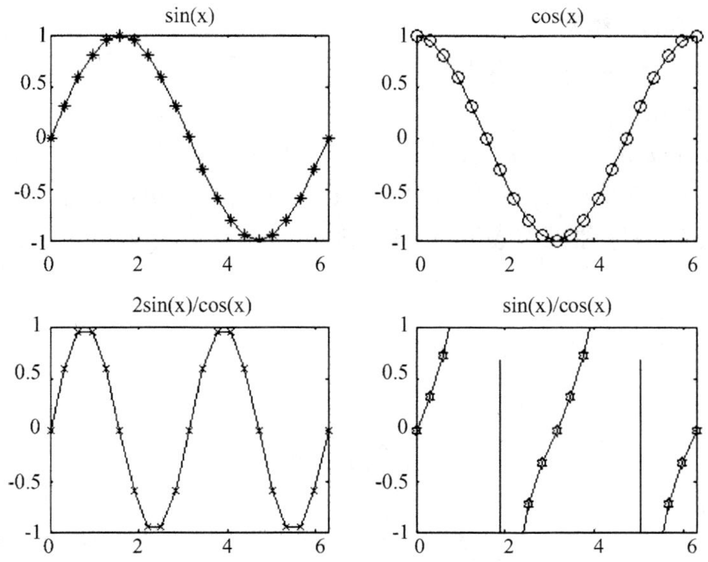

图 4-21 在四个子图中绘制不同的三角函数图

【例 4-5】 绘制螺旋线图

```
x = 0:pi/50:10 * pi;
    plot3(cos(x),sin(x),x) %绘制螺旋线图(图 4-22)。
```

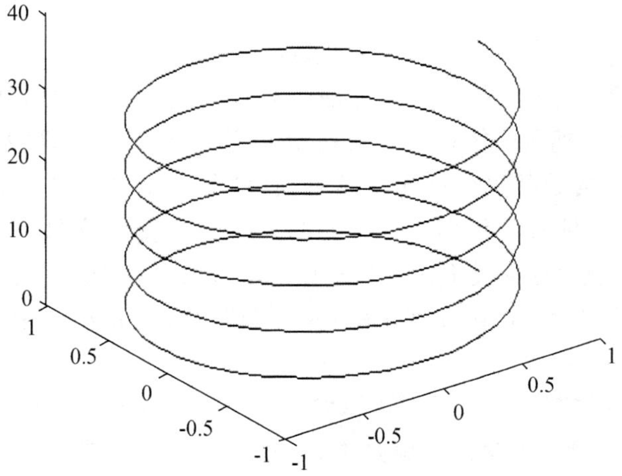

图 4-22 螺旋线图

(2)mesh 网图函数命令

mesh 命令可以绘出某一区间内完整的曲面,而不是单根曲线。

调用格式为

mesh(X,Y,Z)

【例 4-6】 绘制三维网络。

```
x = -4:0.25:4;y = x;
[X Y] = meshgrid(x,y); % 三维图形的 X,Y 数组
a = sqrt(X.^2 + Y.^2) + eps; Z = sin(a)./a; % 加 eps 是防止出现 0/0
mesh(X,Y,Z) % 三维网格表面(图 4-23)。
```

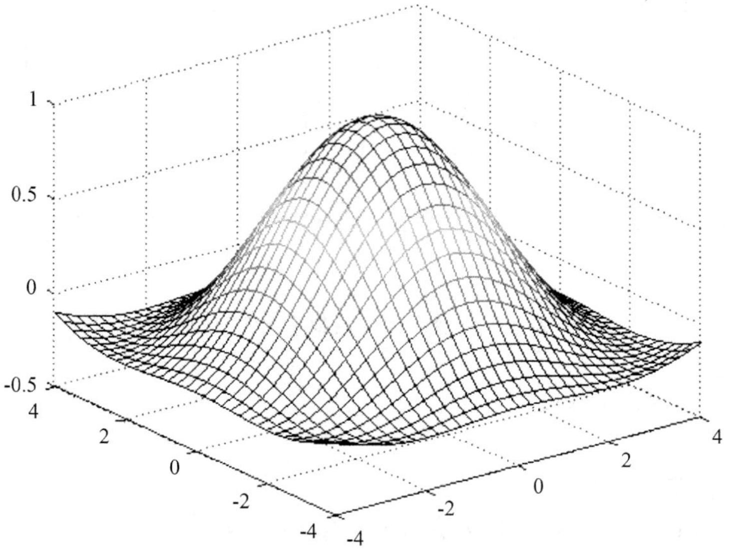

图 4-23 三维网络

知识拓展

M 文件

MATLAB 有两种工作方式:一种是在命令窗口中输入命令,MATLAB 会立即执行并显示结果;另一种就是把所要执行的一系列命令编制成文件,MATLAB 会自动地按照文件中的命令和语句,按顺序执行并显示结果,这种命令集成文件必须以"M"为扩展名,这就是 M 文件。M 文件有两种形式,命令 M 文件和函数 M 文件。M 文件具有语法简单、调试容易和人机交互性强等优点,不需要 end 语句作为 M 文件的结束标志;在运行此文件之前,需要把它所在目录加到 MATLAB 的搜索路径上去,或将文件所在目录设为当前目录。

另外,命令 M 文件在运行过程中可以调用 MATLAB 工作域内所有的数据。而且,所产生的所有变量均为全局变量。也就是说,这些变量一旦生成,就一直保存在工作空间中,直到执行"clear"或"quit"时为止。

4.2.6 MATLAB 的帮助系统

MATLAB 为用户提供了非常完善的帮助系统,例如在线帮助、帮助窗口以及 MATLAB 演示等。通过使用帮助菜单或在命令窗口中输入帮助命令,可以很容易地获得 MATLAB 的帮助信息,进一步学习 MATLAB。

1. 命令窗口查询帮助系统

在命令窗口查询帮助系统最常用的命令是 help。通过 help 命令,可以在命令窗口获得在线帮助。调用格式如下:

①help

在命令窗口列出所有主要的基本帮助主题。

②help/

在命令窗口列出所有的运算符和特殊字符。

2. 联机帮助系统

直接单击 MATLAB 主窗口的“?”按钮或选定“Help”菜单的前四项中的任意一项,进入 MATLAB 的联机帮助系统。

3. 联机演示系统

选择 MATLAB 主窗口菜单的“Help”→“Demos”,或在命令窗口输入“demos”,或直接在帮助页面上选择“Demos”选项,都可以进入联机演示系统。通过联机演示系统,用户可以直观、快速地学习 MATLAB 某个工具箱的使用方法。

知识链接

MATLAB 的发展历程

MATLAB 由 MATrix 和 LABoratory 两词的前三个字母组合而成。20 世纪 70 年代后期,时任美国新墨西哥大学计算机科学系主任的 Cleve Moler 教授为了减轻学生编程负担,设计了一组调用 LINPACK 和 EISPACK 库程序的“通俗易用”的接口,此即用 FORTRAN 编写的萌芽状态的 MATLAB。

经历几年的校际间的流传,在 Little 的推动下,由 Little,Moler,Steve Bangert 合作,于 1984 年成立了 MathWorks 公司,并把 MATLAB 正式推向市场。从这时起,MATLAB 的内核采用 C 语言编写,而且除原有的数值计算能力外,还新增了数据图视功能。

MATLAB 以商品形式出现后,仅短短几年,就以其良好的开放性和运行的可靠性,使原先控制领域里的封闭式软件包(如英国的 UMIST,瑞典的 LUND 和 SIMNON,德国的 KEDDC)纷纷被淘汰,而改以 MATLAB 为平台加以重建。进入 20 世纪 90 年代,MATLAB 已经成为国际控制界公认的标准计算软件。

MATLAB 语言的发展使计算机在数学领域的应用越来越广泛,为培养学生能力和提高教学质量提供了强有力的支持和保障。

4.2.7 MATLAB 的应用实例

1. 极限的 MATLAB 求解

MATLAB 中求解极限的命令为 limit,具体格式如下。

①limit(s,x,inf)

返回符号表达式当 x 趋于无穷大时表达式 s 的极限。

②limit(s,x,a)

返回符号表达式当 x 趋于 a 时表达式 s 的极限。

【例 4-7】 求$\lim\limits_{x\to\infty}\dfrac{3x^3-2x-1}{2x^3-x^2+1}$。

解:根据题意,编译程序有

```
syms x   %是定义符号变量的命令，被定义的多个变量之间用空格隔开。
limit((3*x^3-2*x-1)/(2*x^3-x^2+1),x,inf)
ans =
      3/2
```

【例 4-8】 求$\lim\limits_{x\to\infty}\dfrac{\sin x}{x}$。

解:根据题意,编译程序有

```
syms x
limit(sin(x)/x,x,inf)
ans =
      0
```

【例 4-9】 验证极限$\lim\limits_{x\to\infty}\dfrac{\sin x}{x}=1$的正确性。

解:根据题意,编译程序有

```
syms x
limit(sin(x)/x,x,0)
ans =
      1
```

2. 导数的 MATLAB 求解

【例 4-10】 已知函数 $y=x^3+2\sin x-1x$,求 y'。

解:MATLAB 中求解极限的命令为 diff,具体格式为

diff(s,x,n)

返回符号表达式 s 对自变量 x 的 n 阶导数。

根据题意,编译程序有

```
syms x
diff(x^3 +2 * sin(x) - log(x))
ans =
3 * x^2 +2 * cos(x) - 1/x
```

【例 4－11】 已知函数 $y = e^x(\sin x + \cos x)$，求 y' 及 $y'|_{x=0}$。

解：根据题意，编译程序有

```
syms x
diff(exp(x) * (sin(x) +cos(x)))
ans =
        exp(x) * (cos(x) +sin(x)) +exp(x) * (cos(x) - sin(x))
2 * exp(0) * cos(0)
ans =
        2
```

【例 4－12】 药物被病人服用后，并非全部药物剂量都被有效吸收，为了测量血液系统中有效药物的总量，需要监测尿中药物排除的速率。因机体内某些因素的影响，药物在尿液中排泄的速率在不断地变化，已知某药物的标准排除量函数为

$$D(t) = \frac{1}{k}e^{-kt} - t - \frac{1}{k}(k > 0，称为消除常数)$$

问题：如何计算尿中药物排除的速率？

解：由导数定义，尿液中药物排除速率为

```
syms t k
diff(k^(-1) * exp(-(k * t)) * (-t - k^(-1)),t)
ans =
 - exp(-k * t) * (-t - 1/k) - 1/k * exp(-k * t)
```

【例 4－13】 某生物种群在出生 1～9 个月中，其体重 W 与月龄 t 的关系 $W(t) = a \cdot b^{0.3t}$（其中 a，b 为常数），问该生物体重增长速率的变化率。

解：由题意，该生物体重增长速率为

```
syms a b t
diff(a * b^(0.3 * t),t)
ans =
3/10 * a * b^(3/10 * t) * log(b)
```

速率的变化率是 $W(t)$ 函数的二阶导数，则

```
diff(a * b^(0.3 * t),t,2)
ans =
9/100 * a * b^(3/10 * t) * log(b)^2
```

3. 不定积分的 MATLAB 的求解

int(s,v):以 v 为自变量,对被积函数或符号表达式 s 求不定积分。

【例 4-14】 计算不定积分 $\int x^4 \mathrm{d}x$。

解:根据题意,编译程序有

```
syms x c
int(x^4) + c
ans =
1/5 * x^5 + c
```

【例 4-15】 计算不定积分 $\int \sin(4x+3)\mathrm{d}x$。

解:根据题意,编译程序有

```
syms x c
int(sin(4 * x +3)) + c
ans =
        - cos(4 * x  +  3)/4 + c
```

【例 4-16】 计算不定积分 $\int (\cos^2(ax) + x^b)\mathrm{d}x$。

解:根据题意,编译程序有

```
syms x a b c
int((cos(a * x)^2 + x^b)) + c
ans =
1/a * (1/2 * cos(a * x) * sin(a * x) + 1/2 * a * x) + x^(b + 1)/(b + 1) + c
```

4. 定积分的 MATLAB 求解

int(s,v,a,b):求定积分运算,a,b 分别表示定积分的下限和上限。

【例 4-17】 计算定积分 $\int_4^5 \frac{1}{4(x-1)(x-2)(x-3)}\mathrm{d}x$。

解:根据题意,编译程序有

```
syms x
d=1/((x-1)*(x-2)*(x-3));
int(d,x,4,5)
ans =
-3/2*log(3)+5/2*log(2)
```

【例 4-18】 计算定积分 $\int_0^2 \frac{xe^2}{(x+1)^2}dx$。

解:根据题意,编译程序有

```
syms x
d=(x*exp(x))/(x+1)^2;
int(d,x,0,2)
ans =
     exp(2)/3-1
```

5. 线性代数的 MATLAB 的求解

线性代数知识体系中常用的 MATLAB 的命令如下。

(1)transpose(A):符号矩阵的转置。

(2)determ(A):符号矩阵的行列式。

(3)det(A):符号矩阵的行列式。

(4)inv(A):符号矩阵求逆。

(5)rank(A):符号矩阵求秩。

【例 4-19】 求矩阵 $\begin{bmatrix} 1 & 2 & 3 \\ 4 & 5 & 6 \\ 7 & 8 & 0 \end{bmatrix}$ 的秩。

解:根据题意,编译程序有

```
A=[1,2,3;4,5,6;7,8,9];
rank(A)
ans =
     2
```

【例 4-20】 求解方程组 $\begin{cases} 3x_1+x_2+x_3=2 \\ x_1+x_2+2x_3=3 \\ x_1-x_2=-1 \end{cases}$ 的解。

解:根据题意,编译程序有

```
A = [3,1,1;1,1,2;1, -1,0];
b = [2,3, -1]';
X = A\b
X =
        0
   1.0000
   1.0000
```

【例 4-21】 大学生在饮食方面存在很多问题,多数大学生不重视吃早餐,日常饮食也没有规律。为了身体的健康需要注意日常饮食中的营养,大学生每天的配餐中需要摄入一定的蛋白质、脂肪和碳水化合物,表 4-2 给出了三种食物提供的营养以及大学生正常所需的营养(它们的质量以适当的单位计量)。

表 4-2 三种食物提供的营养以及大学生正常所需的营养

营养	单位食物所含的营养			所需营养量
	食物一	食物二	食物三	
蛋白质	36	51	13	33
脂肪	0	7	1.1	3
碳水化合物	52	34	74	45

试根据这个问题建立一个线性方程组,并通过求解方程组来确定每天需要摄入上述三种食物的量。

解:设 x_1, x_2, x_3 每天分别为食物一、食物二、食物三的摄入量,则由表中的数据可得到下列线性方程组:

$$\begin{cases} 36x_1 + 51x_2 + 13x_3 = 33 \\ 7x_2 + 1.1x_3 = 3 \\ 52x_1 + 34x_2 + 74x_3 = 45 \end{cases}$$

根据题意,编译程序有

```
A = [36 51 13;0 7 1.1;52 34 74];
B = [33;3;45];
X = inv(A) * B
X =
   0.2772
   0.3919
   0.2332
```

由以上的计算可知,每天摄入 0.277 2 个单位的食物一,0.391 9 个单位的食物二,

0.233 2个单位的食物三就可以保证健康饮食了。

6. 微分方程的 MATLAB 的求解

s = dsolve('方程 1','方程 2',…,'初始条件 1','初始条件 2',…,'自变量')

【例 4 - 22】 求微分方程 $y' = ay + b$ 通解。

解微分方程的 MATLAB 程序为

```
s = dsolve('Dy = a * y + b')
```

运行后得通解为

```
y = - b/a + exp(a * x) * C1
```

7. 概率论在 MATLAB 的应用实例

【例 4 - 23】 某工厂生产的一种医疗元件的平均使用寿命为 1 000 h,且医疗元件寿命服从 $\theta = 400$ 的指数分布,试求 $P(1\ 000 < x < 1\ 200)$ 的概率。

解:MATLAB 中指数概率分布命令为 expcdf,具体格式为 P = expcdf(X,MU),这里的 MU 为指数分布的参数 θ。

根据题意,编译程序有

```
P1 = expcdf(1200,400) % P1 = P(X < 1200)
```

输出结果为

```
P1 =
0.9502
P2 = expcdf(1000,400) % P2 = P(X < 1000)
```

输出结果为

```
P2 =
0.9179
```

所以 $P(1\ 000 < x < 1\ 200) = P(x < 1\ 200) - P(x < 1\ 000) = P1 - P2 = 0.032\ 3$

【例 4 - 24】 假设某医学院校对临床医学专业的高等数学科目进行能力测试,测试成绩总分为 100 分,下面给出该专业 30 名医学生的测试成绩分别为 64,67,75,79,85,60,89,92,84,76,93,70,62,88,69,71,81,76,87,61,83,64,73,82,79,65,86,72,87,90,试求出这 30 名医学生的高等数学测试成绩的期望和方差。

解:这 30 名医学生的高等数学测试成绩的期望为

$$E(X) = (64 + 67 + 75 + 79 + 85 + 60 + 89 + 92 + 84 + 76 + 93 + 70 + 62 + 88 + 69 + 71 + 81 + 76 + 87 + 61 + 83 + 64 + 73 + 82 + 79 + 65 + 86 + 72 + 87 + 90)/30 = 77$$

$E(X^2)=6\,027.066\,7$,

$D(X)=E(X^2)-(E(X))^2=98.066\,7$

MATLAB 中期望命令为 Mean,具体格式为 EX = Mean(X);方差命令为 var,具体格式为 DX = var(X,1)。

根据题意,编译程序有

```
X=[64,67,75,79,85,60,89,92,84,76,93,70,62,88,69,71,81,76,87,61,83,64,
73,82,79,65,86,72,87,90];
EX = Mean(X)
```

输出的期望的结果为

```
EX =
    77
DX = var(X,1)
```

输出的方差的结果为

```
DX =
    98.0667
```

8. 多元函数的 MATLAB 的求解

【例 4-25】 某药厂生产两种药品 a 和 b,生产 x 件 a 药品和 y 件 b 药品总成本 $C(x,y)=200\,000+2x^2+xy+y^2$(元),两种药品在市场上销量很好,但限于资金只有 760 000 元人民币,若药厂想争取到最大销量,两个药品的产量应各多少?

解:根据题意,构造拉格朗日函数

$$F(x,y,z)=x+y+z(560\,000-2x^2-xy-y^2)$$

根据题意,编译程序有

```
syms x y z
L = x + y + z * (560000 - 2 * x^2 - x * y - y^2);
dLdx = diff(L,x)
dLdy = diff(L,y)
dLdz = diff(L,z)
[x,y,z] = solve(dLdx,dLdy,dLdz)
```

输出结果为

$x=200,y=600,z=\frac{1}{1\,400}$(去掉负值)。

根据问题的实际意义及驻点的唯一性可知,当药厂生产 200 件 a 药品和 500 件 b 药品时，市场的销量最大。

知识链接

中英文词汇对照索引

制图(Plot)
子图(Subplot)
矩阵(Matrix)
线性方程组(Systems of linear equations)
命令窗口(Command)
工作空间管理窗口(Workspace)
命令历史窗口(Command History)
当前目录窗口(Current Directory)

4.2.8 上机练习

1. 判断题

(1)在 MATLAB 语言中，Subplot 是彗星图的命令。(　　)

(2)在 MATLAB 语言中 inv(A)代表求逆矩阵。(　　)

(3)1984 年成立了 MathWorks 公司，并把 MATLAB 正式推向市场。(　　)

(4)MATLAB 提供了两种创建符号变量和表达式的函数 sym 和 syms。(　　)

(5)通过 M 文件建立矩阵，该方法适用于建立尺寸较大的矩阵。(　　)

2. 选择题

(1)下列变量名中________是合法的。

A. char_1，i，j　　B. x * y，a. 1　　C. x\y，a1234　　D. end，1bcx

(2)已知 a = 0:4，b = 1:5，下面的运算表达式出错的为________。

A. a + b　　B. a. /b　　C. a' * b　　D. a * b

(3)积分表达式 $\int_0^{\frac{\pi}{2}}\int \cos(x)\,dt\,dx$ 的实现使用下面的________命令。

A. int(int(cos(x)),0,pi/2)

B. int(int(cos(x),'t'),0,pi/2)

C. int(int(cos(x)),'t',0,pi/2)

D. int(int(cos(x),'t',0,pi/2))

(4)已知 x 为一个向量，计算 lnx 的 MATLAB 命令是计算________。

A. ln(x)　　B. log(x)　　C. Ln(x)　　D. lg10(x)

(5)运行以下命令：

```
>> x = [1 2 3;4 5 6];
>> y = x + x * i
>> plot(y)
```

则在图形窗口中绘制________条曲线。

A. 3　　B. 2　　C. 6　　D. 4

(6) subplot(2,1,1)是指________的子图。

A. 两行一列的上图　　B. 两行一列的下图

C. 两列一行的左图　　D. 两列一行的右图

3. 填空题

(1) MATLAB 是____________的缩写，意为“矩阵实验室”，是当今美国很流行的科学计算软件。

(2) MATLAB 是以________为基本编程单位的程序设计语言。

(3) 已知 x = 0:10 ，则 x 有________个元素。

(4) 数组的乘、除、乘方运算符号为矩阵相应运算符后面加________。

(5) 在 MATLAB 的命令窗口中执行________命令，将命令窗口的显示内容清空。

(6) mesh 函数命令是绘制________图。

4. 计算题

(1) 设线性方程组为：

$$\begin{cases} x_1 + 2x_2 + 3x_3 + 9x_4 = 5 \\ 2x_1 + 2x_2 + 5x_3 + 4x_4 = 2 \\ 3x_1 + 5x_2 + x_3 + 5x_4 = 3 \\ 7x_1 + 4x_2 + 2x_2 - 10x_4 = 8 \end{cases}$$

该线性方程组对应系数矩阵是满秩矩阵，可直接采用逆矩阵方法求解。

(2) 矩阵 $\boldsymbol{A} = \begin{bmatrix} 4 & 2 & -6 \\ 7 & 5 & 4 \\ 3 & 4 & 9 \end{bmatrix}$，计算 $\boldsymbol{A}$ 的行列式和逆矩阵。

(3) 求极限 $\lim\limits_{x \to 1} \dfrac{4x - 3}{x^2 + 2x - 4}$。

(4) 求函数导数 $y = 2a\sin bx$ 导数。

(5) 计算定积分 $s = \int_0^{\frac{\pi}{2}} m\sin nx\,\mathrm{d}x$ 。

5. 绘图题

(1) 绘制口服一定计量某种药物后，其血药浓度 c 与时间 t 的关系可表示为 $c = 40(\mathrm{e}^{-0.2t} - \mathrm{e}^{-2.3t})$ 二维曲线。

(2) 绘制 $z = t \cdot \sin(t) \cdot \cos(t)$ 三维曲线。

(3) 在区间 $0 \leqslant x \leqslant 2\pi$ 内，绘制正弦曲线 $y = \sin(x)$，其程序为

```
x = 0:pi/100:2 * pi;
y = sin(x);
plot(x,y)
```

(4) 同时绘制正、余弦两条曲线 $y_1 = \sin(x)$ 和 $y_2 = \cos(x)$，其程序为

```
x = 0:pi/100:2 * pi;
y1 = sin(x);
y2 = cos(x);
plot(x,y1,x,y2)
```

（5）用不同线型和颜色重新绘制图形,其程序为

```
x = 0:pi/100:2 * pi;
y1 = sin(x);
y2 = cos(x);
plot(x,y1,'go',x,y2,'b-.')
```

（6）在坐标范围 $0 \leqslant x \leqslant 2\pi$，$-2 \leqslant y \leqslant 2$ 内重新绘制正弦曲线,其程序为

```
x = linspace(0,2 * pi,60);生成含有 60 个数据元素的向量 X
y = sin(x);
plot(x,y);
axis ([0 2 * pi  -2 2]);设定坐标轴范围
```

（7）为正弦、余弦曲线增加图例,其程序为

```
x = 0:pi/100:2 * pi;
y1 = sin(x);
y2 = cos(x);
plot(x,y1,x,y2, '--');
legend('sin(x)','cos(x)');
```

（8）在一个图形窗口中同时绘制正弦、余弦、正切、余切曲线,程序为

```
x = linspace(0,2 * pi,60);
y = sin(x);
z = cos(x);
t = sin(x)./(cos(x) + eps);
ct = cos(x)./(sin(x) + eps);
subplot(2,2,1);
plot(x,y);
title('sin(x)');
axis ([0 2 * pi  -1 1]);
```

```
subplot(2,2,2);
plot(x,z);
title('cos(x)');
axis ([0 2*pi -1 1]);
subplot(2,2,3);
plot(x,t);
title('tangent(x)');
axis ([0 2*pi -40 40]);
subplot(2,2,4);
plot(x,ct);
title('cotangent(x)');
axis ([0 2*pi -40 40]);
```

(9)静态螺旋线

```
a=0:0.1:20*pi;
h=plot3(a.*cos(a),a.*sin(a),2.*a,'b','linewidth',2);
axis([-50,50,-50,50,0,150]);
grid on
set(h,'erasemode','none','markersize',22);
xlabel('x 轴');ylabel('y 轴');zlabel('z 轴');
title('静态螺旋线');
```

(10)旋转抛物面

```
b=0:0.2:2*pi;
[X,Y]=meshgrid(-6:0.1:6);
Z=(X.^2+Y.^2)./4;
meshc(X,Y,Z);
axis('square')
xlabel('x 轴');ylabel('y 轴');zlabel('z 轴');
title('旋转抛物面');
```

或直接用

```
ezsurfc('(X.^2+Y.^2)./4')
```

(11)椭球

```
ezsurfc('(5 * cos(u)) * sin(v)','(3 * sin(u)) * sin(v)','4 * cos(v)',[0,2 * pi,0,2 * pi])
axis equal
grid on
xlabel('x 轴');ylabel('y 轴');zlabel('z 轴');
title('椭球');
```

(12)单叶双曲面

```
ezsurf('4 * sec(u) * cos(v)','2. * sec(u) * sin(v)','3. * tan(u)',[ -pi./2,pi./2,0,2 * pi])
axis equal
grid on
xlabel('x 轴');ylabel('y 轴');zlabel('z 轴');
title('单叶双曲面');
```

(13) 绘制 $y = |1\,000\sin(4x)| + 1$ 的双对数坐标图,程序为

```
x = [0:0.1:2 * pi];
y = abs(1000 * sin(4 * x)) + 1;
loglog(x,y); 双对数坐标绘图命令
```

(14)绘制 $\sin(2\theta)\cos(2\theta)$ 的极坐标图,程序为

```
theta = [0:0.01:2 * pi];
rho = sin(2 * theta). * cos(2 * theta);
polar(theta,rho); 绘制极坐标图命令
title('polar plot');
```

4.3 LINGO 软件对线性模型的优化

LINGO 是用来求解线性和非线性优化问题的简易工具。LINGO 内置了一种建立最优化模型的语言,可以简便地表达大规模问题,利用 LINGO 高效的求解器可快速求解并分析结果。

4.3.1 LINGO 快速入门

当在 Windows 下开始运行 LINGO 系统时,会得到类似图 4 – 24 的一个窗口。

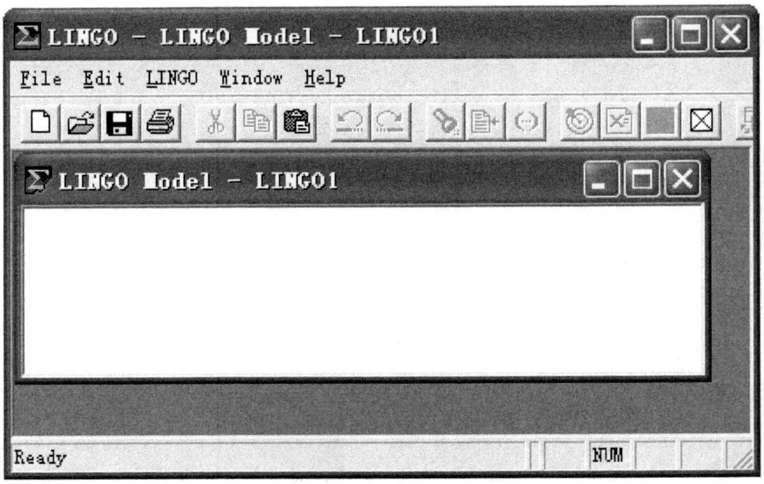

图 4-24 LINGO 窗口

外层是主框架窗口,包含了所有菜单命令和工具条,其他所有的窗口将被包含在主窗口之下。在主窗口内的标题为“LINGO Model - LINGO1”的窗口是 LINGO 的默认模型窗口,建立的模型都要在该窗口内编码实现。下面举两个例子。

【例 4-26】 如何在 LINGO 中求解如下的 LP 问题:

$$\min \quad 2x_1 + 3x_2$$

$$s.t.\begin{cases} x_1 + x_2 \geqslant 350 \\ x_1 \geqslant 100 \\ 2x_1 + x_2 \leqslant 600 \\ x_1 + x_2 \geqslant 0 \end{cases}$$

在模型窗口中输入如下代码:

```
min = 2 * x1 + 3 * x2;
x1 + x2 > = 350;
x1 > = 100;
2 * x1 + x2 < = 600;
```

然后点击工具条上的按钮即可。

【例 4-25】 使用 LINGO 软件计算 6 个发点 8 个收点的最小费用运输问题。产销单位运价表 4-3 所示。

表 4-3 产销单位运价表

		销地								产量
		B1	B2	B3	B4	B5	B6	B7	B8	
产地	A1	6	2	6	7	4	2	5	9	60
	A2	4	9	5	3	8	5	8	2	55
	A3	5	2	1	9	7	4	3	3	51
	A4	7	6	7	3	9	2	7	1	43
	A5	2	3	9	5	7	2	6	5	41
	A6	5	5	2	2	8	1	4	3	52
销量		35	37	22	32	41	32	43	38	

使用 LINGO 软件，编制程序如下：

```
model:
! 6 发点 8 收点运输问题;
sets:
  warehouses/wh1..wh6/: capacity;
  vendors/v1..v8/: demand;
  links(warehouses,vendors): cost, volume;
endsets
! 目标函数;
  min = @ sum(links: cost * volume);
! 需求约束;
  @ for(vendors(J):
    @ sum(warehouses(I): volume(I,J)) = demand(J));
! 产量约束;
  @ for(warehouses(I):
    @ sum(vendors(J): volume(I,J)) < = capacity(I));

! 这里是数据;
data:
  capacity = 60 55 51 43 41 52;
  demand = 35 37 22 32 41 32 43 38;
  cost = 6 2 6 7 4 2 9 5
      4 9 5 3 8 5 8 2
      5 2 1 9 7 4 3 3
      7 6 7 3 9 2 7 1
```

```
        2 3 9 5 7 2 6 5
        5 5 2 2 8 1 4 3;
  enddata
  end
```

然后点击工具条上的按钮即可。

4.3.2 LINGO 中的集

对实际问题建模的时候,总会遇到一群或多群相联系的对象,比如工厂、消费者群体、交通工具和雇工等。LINGO 允许把这些相联系的对象聚合成集(sets)。一旦把对象聚合成集,就可以利用集来最大限度地发挥 LINGO 建模语言的优势。

现在我们将深入介绍如何创建集,并用数据初始化集的属性。学完本节后,对基于建模技术的集如何引入模型会有一个基本的理解。

1. 为什么使用集

集是 LINGO 建模语言的基础,是程序设计最强有力的基本构件。借助于集,能够用一个单一的、长的、简明的复合公式表示一系列相似的约束,从而可以快速方便地表达规模较大的模型。

2. 什么是集

集是一群相联系的对象,这些对象也称为集的成员。一个集可能是一系列产品、卡车或雇员。每个集成员可能有一个或多个与之有关联的特征,我们把这些特征称为属性。属性值可以预先给定,也可以是未知的,有待于 LINGO 求解。例如,产品集中的每个产品可以有一个价格属性;卡车集中的每辆卡车可以有一个牵引力属性;雇员集中的每位雇员可以有一个薪水属性,也可以有一个生日属性等。

LINGO 有两种类型的集:原始集(primitive set)和派生集(derived set)。

一个原始集是由一些最基本的对象组成的。

一个派生集是用一个或多个其他集来定义的,也就是说,它的成员来自于其他已存在的集。

3. 模型的集部分

集部分是 LINGO 模型的一个可选部分。在 LINGO 模型中使用集之前,必须在集部分事先定义。集部分以关键字"sets:"开始,以"endsets"结束。一个模型可以没有集部分,或有一个简单的集部分,或有多个集部分。一个集部分可以放置于模型的任何地方,但是一个集及其属性在模型约束中被引用之前必须被定义。

注意:用"[ ]"表示该部分内容可选。下同,不再赘述。

Setname 是用来标记集的名字,最好具有较强的可读性。集名字必须严格符合标准命名规则:以拉丁字母或下画线(_)为首字符,其后由拉丁字母(A ~ Z)、下画线、阿拉伯数字(0,1,…,9)组成总长度不超过 32 个字符的字符串,且不区分大小写。

注意:该命名规则同样适用于集成员名和属性名等的命名。

Member_list 是集成员列表。如果集成员放在集定义中,那么对它们可采取显式罗列和隐式罗列两种方式。如果集成员不放在集定义中,那么可以在随后的数据部分定义它们。

（1）当显式罗列成员时，必须为每个成员输入一个不同的名字，中间用空格或逗号隔开，允许混合使用。

【例4－28】 可以定义一个名为 students 的原始集，它具有成员 John，Jill，Rose 和 Mike，属性有 sex 和 age：

```
sets:
   students/John Jill, Rose Mike/: sex, age;
endsets
```

（2）当隐式罗列成员时，不必罗列出每个集成员。可采用如下语法：

setname/member1..memberN/[: attribute_list];

这里的 member1 是集的第一个成员名，memberN 是集的最末一个成员名。LINGO 将自动产生中间的所有成员名。LINGO 也接受一些特定的首成员名和末成员名，用于创建一些特殊的集，如表4－4所示。

表4－4　一些特殊的集

隐式成员列表格式	示例	所产生集成员
1..n	1..5	1,2,3,4,5
StringM..StringN	Car2..Car14	Car2,Car3,Car4,…,Car14
DayM..DayN	Mon..Fri	Mon,Tue,Wed,Thu,Fri
MonthM..MonthN	Oct..Jan	Oct,Nov,Dec,Jan
MonthYearM..MonthYearN	Oct2001..Jan2002	Oct2001,Nov2001,Dec2001,Jan2002

（3）集成员不放在集定义中，而在随后的数据部分来定义。

【例4－29】

```
! 集部分;
sets:
   students:sex,age;
endsets
! 数据部分;
data:
   students,sex,age = John 1 16
                      Jill 0 14
                      Rose 0 17
                      Mike 1 13;
enddata
```

注意：开头用感叹号（!），末尾用分号（;）表示注释，可跨多行。

在集部分只定义了一个集 students，并未指定成员。在数据部分罗列了集成员 John，Jill，Rose 和 Mike，并对属性 sex 和 age 分别给出了值。

集成员无论用何种字符标记，它的索引都是从 1 开始连续计数。在 attribute_ list 可以指定一个或多个集成员的属性，属性之间必须用逗号隔开。

可以把集、集成员和集属性同 C 语言中的结构体作个类比。如下所示：

集 $\longleftrightarrow$ 结构体

集成员 $\longleftrightarrow$ 结构体的域

集属性 $\longleftrightarrow$ 结构体实例

LINGO 内置的建模语言是一种描述性语言，用它可以描述现实世界中的一些问题，然后再借助于 LINGO 求解器求解。因此，集属性的值一旦在模型中被确定，就不可能再更改。在 LINGO 中，只有在初始部分中给出的集属性值在以后的求解中可更改。这与前面并不矛盾，初始部分是 LINGO 求解器的需要，并不是描述问题所必需的。

setname 是集的名字。parent_set_list 是已定义的集的列表，多个时必须用逗号隔开。如果没有指定成员列表，那么 LINGO 会自动创建父集成员的所有组合作为派生集的成员。派生集的父集既可以是原始集，也可以是其他的派生集。

【例 4－30】

```
sets:
  product/A B/;
  machine/M N/;
  week/1..2/;
  allowed(product,machine,week):x;
endsets
```

LINGO 生成了三个父集的所有组合共八组作为 allowed 集的成员，如表 4－5 所示。

表 4－5　allowed 集的成员

编号		成员
1		(A,M,1)
2	2	(A,M,2)
3	3	(A,N,1)
4	4	(A,N,2)
5	5	(B,M,1)
6	6	(B,M,2)
7	7	(B,N,1)
8	8	(B,N,2)

成员列表被忽略时，派生集成员由父集成员所有的组合构成，这样的派生集称稠密集。

如果限制派生集的成员,使它成为父集成员所有组合构成的集合的一个子集,这样的派生集称稀疏集。同原始集一样,派生集成员的声明也可以放在数据部分。一个派生集的成员列表有两种方式生成:①显式罗列;②设置成员资格过滤器。当采用方式①时,必须显式罗列出所有要包含在派生集中的成员,并且罗列的每个成员必须属于稠密集。使用前面的例子,显式罗列派生集的成员:

```
allowed(product,machine,week)/A M 1,A N 2,B N 1/;
```

如果需要生成一个大的、稀疏的集,那么显式罗列就很讨厌。幸运的是许多稀疏集的成员都满足一些条件以和非成员相区分。我们可以把这些逻辑条件看作过滤器,在 LINGO 生成派生集的成员时把使逻辑条件为假的成员从稠密集中过滤掉。

【例 4-31】

```
sets:
   ! 学生集:性别属性 sex,1 表示男性,0 表示女性;年龄属性 age. ;
  students/John,Jill,Rose,Mike/:sex,age;
  ! 男学生和女学生的联系集:友好程度属性 friend,[0,1]之间的数。;
  linkmf(students,students)|sex(&1) #eq# 1 #and# sex(&2) #eq# 0: friend;
  ! 男学生和女学生的友好程度大于 0.5 的集;
  linkmf2(linkmf) | friend(&1,&2) #ge# 0.5 : x;
endsets
data:
  sex,age = 1 16
            0 14
            0 17
            0 13;
  friend = 0.3 0.5 0.6;
enddata
```

注意:如果派生集 B 的父集是另外的派生集 A,那么上面所说的原始父集是集 A 向前回溯到最终的原始集,其顺序保持不变,并且派生集 A 的过滤器对派生集 B 仍然有效。因此,派生集的索引个数是最终原始父集的个数,索引的取值是从原始父集到当前派生集所作限制的总和。

总的来说,LINGO 可识别的集只有两种类型:原始集和派生集。

在一个模型中,原始集是基本的对象,不能再被拆分成更小的组分。原始集可以由显式罗列和隐式罗列两种方式来定义。当用显式罗列方式时,需在集成员列表中逐个输入每个成员。当用隐式罗列方式时,只需在集成员列表中输入首成员和末成员,而中间的成员由 LINGO 产生。

另一方面,派生集由其他的集来创建。这些集被称为该派生集的父集(原始集或其他的派生集)。一个派生集既可以是稀疏的,也可以是稠密的。稠密集包含了父集成员的所有组合(有时也称为父集的笛卡儿乘积)。稀疏集仅包含了父集的笛卡儿乘积的一个子集,可通过显式罗列和成员资格过滤器这两种方式来定义。显式罗列方法就是逐个罗列稀疏集的成员。成员资格过滤器方法通过使用稀疏集成员必须满足的逻辑条件从稠密集成员中过滤出稀疏集的成员。不同类型集的关系如图 4 –25 所示。

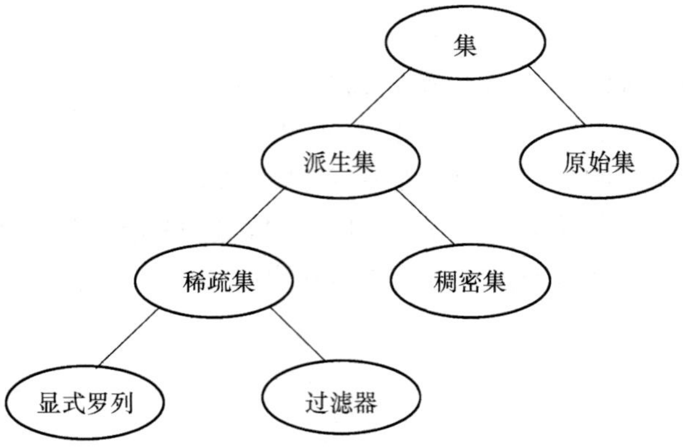

图 4 –25　不同类型集的关系

4.3.3　LINGO 函数

有了前几节的基础知识,再加上本节的内容,就能够借助于 LINGO 建立并求解复杂的优化模型了。

LINGO 有以下 9 种类型的函数。

基本运算符:包括算术运算符、逻辑运算符和关系运算符。

数学函数:包括三角函数和常规的数学函数。

金融函数:LINGO 提供的两种金融函数。

概率函数:LINGO 提供了大量与概率相关的函数。

变量界定函数:这类函数用来定义变量的取值范围。

集操作函数:这类函数对集的操作提供帮助。

集循环函数:遍历集的元素,执行一定的操作的函数。

数据输入输出函数:这类函数允许模型和外部数据源相联系,进行数据的输入输出。

辅助函数:各种杂类函数。

1. 基本运算符

这些运算符是非常基本的,甚至可以不认为它们是一类函数。事实上,在 LINGO 中它们是非常重要的。

(1)算术运算符

算术运算符是针对数值进行操作的。LINGO 提供了 5 种二元运算符:

^　乘方

*　乘

/　除

+　加

-　减

LINGO 唯一的一元算术运算符是取反函数“ - ”。

这些运算符的优先级由高到低为：

高　-（取反）

　　^

　　* /

低　+ -

运算符的运算次序为从左到右按优先级高低来执行。运算的次序可以用圆括号“( )”来改变。

（2）逻辑运算符

在 LINGO 中，逻辑运算符主要用于集循环函数的条件表达式中，用来控制在函数中哪些集成员被包含，哪些被排斥；在创建稀疏集时用在成员资格过滤器中。

LINGO 具有 9 种逻辑运算符：

#not#　否定该操作数的逻辑值，#not#是一个一元运算符。

#eq#　若两个运算数相等，则为 true；否则为 flase。

#ne#　若两个运算符不相等，则为 true；否则为 flase。

#gt#　若左边的运算符严格大于右边的运算符，则为 true；否则为 flase。

#ge#　若左边的运算符大于或等于右边的运算符，则为 true；否则为 flase。

#lt#　若左边的运算符严格小于右边的运算符，则为 true；否则为 flase。

#le#　若左边的运算符小于或等于右边的运算符，则为 true；否则为 flase。

#and#　仅当两个参数都为 true 时，结果为 true；否则为 flase。

#or#　仅当两个参数都为 false 时，结果为 false；否则为 true。

这些运算符的优先级由高到低为：

高　#not#

　　#eq#　#ne#　#gt#　#ge#　#lt#　#le#

低　#and#　#or#

（3）关系运算符

在 LINGO 中，关系运算符主要是被用在模型中，来指定一个表达式的左边是否等于、小于等于或者大于等于右边，形成模型的一个约束条件。关系运算符与逻辑运算符“#eq#”“#le#”“#ge#”截然不同，前者是模型中该关系运算符所指定关系的为真描述，而后者仅仅判断一个该关系是否被满足：满足为真，不满足为假。

LINGO 有三种关系运算符：“ = ”“ < = ”和“ > = ”。LINGO 中还能用“ < ”表示小于等于关系，“ > ”表示大于等于关系。LINGO 并不支持严格小于和严格大于关系运算符。然而，如果需要严格小于和严格大于关系，比如让 A 严格小于 B：

$$A < B$$

那么可以把它变成如下的小于等于表达式：

$$A + \varepsilon <= B$$

这里 ε 是一个小的正数,它的值取决于模型中 A 小于 B 多少才算不等。

下面给出以上三类操作符的优先级:

高 #not# -(取反)

^

*/

+ -

#eq# #ne# #gt# #ge# #lt# #le#

低 <= = >=

2. 数学函数

LINGO 提供了大量的标准数学函数:

@abs(x)	返回 x 的绝对值。
@sin(x)	返回 x 的正弦值,x 采用弧度制。
@cos(x)	返回 x 的余弦值。
@tan(x)	返回 x 的正切值。
@exp(x)	返回常数 e 的 x 次方。
@log(x)	返回 x 的自然对数。
@lgm(x)	返回 x 的 gamma 函数的自然对数。
@sign(x)	如果 x<0 返回 -1;否则,返回 1。
@floor(x)	返回 x 的整数部分。当 x>=0 时,返回不超过 x 的最大整数;当 x<0 时,返回不低于 x 的最大整数。
@smax(x1,x2,…,xn)	返回 x1,x2,…,xn 中的最大值。
@smin(x1,x2,…,xn)	返回 x1,x2,…,xn 中的最小值。

3. 金融函数

目前 LINGO 提供了两个金融函数。

(1) @fpa(I,n)

返回如下情形的净现值:单位时段利率为 I,连续 n 个时段支付,每个时段支付单位费用。若每个时段支付 x 单位的费用,则净现值可用 x 乘以@fpa(I,n)算得。@fpa 的计算公式为

$$\sum_{k=1}^{n} \frac{1}{(1+I)^k} = \frac{1-(1+I)^{-n}}{I}$$

净现值就是在一定时期内为了获得一定收益在该时期初所支付的实际费用。

【例 4-32】 贷款买房问题

贷款金额 50 000 元,贷款年利率 5.31%,采取分期付款方式(每年年末还固定金额,直至还清)。问:拟贷款 10 年,每年需偿还多少元?

LINGO 代码如下:

```
50000 = x * @fpa(.0531,10);
```

答案是 x=6 573.069(元)。

(2) @ fpl(I,n)

返回如下情形的净现值:单位时段利率为 I,第 n 个时段支付单位费用。@ fpl(I,n)的计算公式为

$$(1+I)^{-n}$$

可以发现这两个函数间的关系:

$$@fpa(I,n) = \sum_{k=1}^{n} @fpl(I,k)$$

4. 变量界定函数

变量界定函数实现对变量取值范围的附加限制,共4种:

@ bin(x)　　限制 x 为 0 或 1。

@ bnd(L,x,U)　　限制 L≤x≤U。

@ free(x)　　取消对变量 x 的默认下界为 0 的限制,即 x 可以取任意实数。

@ gin(x)　　限制 x 为整数。

在默认情况下,LINGO 规定变量是非负的,也就是说下界为 0,上界为 +∞。@ free 取消了默认的下界为 0 的限制,使变量也可以取负值。@ bnd 用于设定一个变量的上下界,它也可以取消默认下界为 0 的约束。

4.3.4 LINGO WINDOWS 命令

1. 文件菜单(File Menu)

(1)新建(New)

从文件菜单中选用"新建"命令、单击"新建"按钮或直接按"F2"键可以创建一个新的"Model"窗口。在这个新的"Model"窗口中能够输入所要求解的模型。

(2)打开(Open)

从文件菜单中选用"打开"命令、单击"打开"按钮或直接按"F3"键可以打开一个已经存在的文本文件。这个文件可能是一个 Model 文件。

(3)保存(Save)

从文件菜单中选用"保存"命令、单击"保存"按钮或直接按"F4"键用来将当前活动窗口(最前台的窗口)中的模型结果、命令序列等保存为文件。

(4)另存为(Save As...)

从文件菜单中选用"另存为..."命令或按"F5"键可以将当前活动窗口中的内容保存为文本文件,其文件名为在"另存为..."对话框中输入的文件名。利用这种方法可以将任何窗口的内容如模型、求解结果或命令保存为文件。

(5)关闭(Close)

在文件菜单中选用"关闭"(Close)命令或按"F6"键将关闭当前活动窗口。如果这个窗口是新建窗口或已经改变了当前文件的内容,LINGO 系统将会提示是否想要保存改变后的内容。

(6)打印(Print)

在文件菜单中选用"打印"(Print)命令、单击"打印"按钮或直接按"F7"键可以将当前活动窗口中的内容发送到打印机。

(7)打印设置(Print Setup...)

在文件菜单中选用"打印设置..."命令或直接按"F8"键可以将文件输出到指定的打印机。

(8)打印预览(Print Preview)

在文件菜单中选用"打印预览..."命令或直接按"Shift + F8"键可以进行打印预览。

(9)输出到日志文件(Log Output...)

从文件菜单中选用"Log Output..."命令或按"F9"键打开一个对话框,用于生成一个日志文件,它存储接下来在"命令窗口"中输入的所有命令。

(10)提交 LINGO 命令脚本文件(Take Commands...)

从文件菜单中选用"Take Commands..."命令或直接按"F11"键就可以将 LINGO 命令脚本(command script)文件提交给系统进程来运行。

(11)引入 LINGO 文件(Import Lingo File...)

从文件菜单中选用"Import Lingo File..."命令或直接按"F12"键可以打开一个 LINGO 格式的模型文件,然后 LINGO 系统会尽可能把模型转化为 LINGO 语法允许的程序。

(12)退出(Exit)

从文件菜单中选用"Exit"命令或直接按"F10"键可以退出 LINGO 系统。

2. 编辑菜单(Edit Menu)

(1)恢复(Undo)

从编辑菜单中选用"恢复"(Undo)命令或按"Ctrl + Z"组合键,将撤销上次操作、恢复至其前的状态。

(2)剪切(Cut)

从编辑菜单中选用"剪切"(Cut)命令或按"Ctrl + X"组合键可以将当前选中的内容剪切至剪贴板中。

(3)复制(Copy)

从编辑菜单中选用"复制"(Copy)命令、单击"复制"按钮或按"Ctrl + C"组合键可以将当前选中的内容复制到剪贴板中。

(4)粘贴(Paste)

从编辑菜单中选用"粘贴"(Paste)命令、单击"粘贴"按钮或按"Ctrl + V"组合键可以将粘贴板中的当前内容复制到当前插入点的位置。

(5)粘贴特定(Paste Special...)

与上面的命令不同,此命令可以用于剪贴板中的内容不是文本的情形。

(6)全选(Select All)

从编辑菜单中选用"Select All"命令或按"Ctrl + A"组合键可选定当前窗口中的所有内容。

(7)匹配小括号(Match Parenthesis)

从编辑菜单中选用"Match Parenthesis"命令、单击"Match Parenthesis"按钮或按"Ctrl + P"组合键可以为当前选中的开括号查找匹配的闭括号。

(8)粘贴函数(Paste Function)

从编辑菜单中选用"Paste Function"命令可以将 LINGO 的内部函数粘贴到当前插入点。

3. LINGO 菜单

(1)求解模型(Slove)

从 LINGO 菜单中选用“求解”命令、单击“Slove”按钮或按“Ctrl + S”组合键可以将当前模型送入内存求解。

(2)求解结果(Solution)

从 LINGO 菜单中选用“Solution...”命令、单击“Solution...”按钮或直接按“Ctrl + O”组合键可以打开求解结果的对话框。这里可以指定查看当前内存中求解结果的相关内容。

(3)查看(Look)

从 LINGO 菜单中选用“Look”命令或直接按“Ctrl + L”组合键可以查看全部的或选中的模型文本内容。

(4)灵敏性分析(Range,Ctrl + R)

用该命令可产生当前模型的灵敏性分析报告:研究当目标函数的费用系数和约束右端项在什么范围(此时假定其他系数不变)时,最优基保持不变。灵敏性分析是在求解模型时作出的,因此在求解模型时灵敏性分析是激活状态,但是默认是不激活的。为了激活灵敏性分析,运行 LINGO|Options...,选择“General Solver Tab”,在“Dual Computations”列表框中,选择“Prices and Ranges”选项。灵敏性分析耗费相当多的求解时间,因此当速度很关键时,就没有必要激活它。

4.3.5 上机训练

1. $\begin{cases} x^2 + y^2 = 2 \\ 2x^2 + x + y^2 + y = 4 \end{cases}$

代码:

```
model:
  x^2 + y^2 = 2;
  2 * x^2 + x + y^2 + y = 4;
end
```

结果:

```
Feasible solution found at iteration: 0
Variable        Value
X               0.454336
Y               1.339247
```

2. 某物流公司有三个仓库,每天向四个超市供应某种货物。已知三个仓库的货物储存量和各个超市的日销售量如表 4 - 6 所示。问:该公司应如何调运产品,可在满足各超市需要量的前提下,使总运费最少?

表 4-6　三个仓库的货物储存量和各个超市的日销售量

运价/(元/吨)	超市 B1	超市 B2	超市 B3	超市 B4	仓库的储存量/吨
产地 A1	4	11	3	10	5
产地 A2	1	9	2	8	7
产地 A3	7	4	10	5	8
超市的日销售量/吨	3	4	5	8	

3. 某物流公司现有 4 项运输任务 A,B,C,D,现有甲、乙、丙、丁 4 辆车,它们完成任务所需时间如表 4-7 所示。问:应指派何人去完成何工作,使所需总时间最少?

表 4-7　完成任务所需时间

人员	任务			
	A	B	C	D
甲	2	15	13	4
乙	10	4	14	15
丙	9	14	16	13
丁	7	8	11	9

4. 要从给定的数 $c_1,c_2,\cdots,c_n$ 中寻找最大的数,对这个问题建立线性规划模型。

5. 一项工作一周 7 天都需要有人(比如护士工作),每天(周一至周日)所需的最少职员数为 20,16,13,16,19,14 和 12,并要求每个职员一周连续工作 5 天,试求每周所需最少职员数,并给出安排。注意:这里我们考虑稳定后的情况。

6. 某工厂生产某种产品用以满足市场需求,通过统计,该产品今后 4 周的外部需求(订货量)分别是 2 000 件、3 000 件、200 件和 4 000 件。如果某一周要开工生产,则这一周开工所需要的生产准备费为 3 000 元(与生产的数量无关),每件产品的生产费为 50 元。如果在满足需求后周末有产品剩余,每件产品的存储费为 1 元。假设开始没有库存,且不考虑生产能力限制,问工厂应如何安排生产,在按时满足需求的条件下使总费用最小?

解:该问题现假设如下:

假设考虑 T 个时段(周),记时段 t 的市场需求为 $d_t(t=1,2,\cdots,T)$,若时段 t 开工生产,则开工所需的生产准备费为 $s_t\geqslant 0$,单件产品的生产费为 $c_1\geqslant 0$,某时段 t 末如果有产品剩余,单件产品的存储费为 $h_1\geqslant 0$。

假设时段 t 产品的产量为 $x_t\geqslant 0$,期末产品的库存量为 $I_t\geqslant 0$,且知 $I_0=0$。引入 0-1 变量 y 表示在时段 t 工厂是否进行生产准备($y_t=1$ 表示进行准备,$y_t=0$ 表示不进行准备)。目标函数为包含准备费、生产费和存储费在内的总费用,问题可以表示为如下的模型:

$$\min s = \sum_{t=1}^{4}(s_t y_t + c_t x_t + h_t I_t)$$

$$\text{s.t.}\quad I_{t-1} + x_t - I_t = d_t$$

$$y_t = \begin{cases} 1, x_t > 0 \\ 0, x_t = 0 \end{cases}$$

$$I_0 = 0, x_t, I_t \geqslant 0$$

$$t = 1,2,3,4$$

当需求量 d_t 很大时，决策变量 x_t 和 I_t 通常可以作为非负实数处理，只有 y_t 是整数0－1变量，所以是一个混合整数规划问题。

7. 有4名同学到一家公司参加三个阶段的面试：公司要求每个同学都必须首先找公司秘书初试，然后到部门主管处复试，最后到经理处参加面试，并且不允许插队（即在任何一个阶段4名同学的顺序是一样的）。由于4名同学的专业背景不同，所以每人在三个阶段的面试时间也不同，如表4－8所示。

表4－8　面试时间表　　（单位：分钟）

	秘书初试	主管复试	经理面试
同学甲	13	15	20
同学乙	10	20	18
同学丙	20	16	10
同学丁	8	10	15

4名同学约定他们全部面试完以后一起离开公司。假定现在时间是早晨8:00，问：他们最早何时能离开公司？（建立规划模型求解）

高级篇

第5章　算法分析

本章尽量为学生提供常用的数学方法，并将相应的LINGO/MATLAB程序提供给学生，使学生在进行书中提供的案例的学习中，在自己动手构建数学模型的同时上机进行数学实验，从而为学生提供数学建模全过程的训练，以便能够达到举一反三，取得事半功倍的效果。

5.1　线性规划

在人们的生产实践中，经常会遇到如何利用现有资源来安排生产以取得最大经济效益的问题。此类问题构成了运筹学的一个重要分支——数学规划，而线性规划（Linear Programming，LP）则是数学规划的一个重要分支。自从1947年G. B. Dantzig提出求解线性规划的单纯形方法以来，线性规划在理论上趋向成熟，在实用中日益广泛与深入。特别是在计算机能处理成千上万个约束条件和决策变量的线性规划问题之后，线性规划的适用领域更为广泛了，已成为现代管理中经常采用的基本方法之一。

5.1.1　线性规划的实例与定义

【例5-1】　某机床厂生产甲、乙两种机床，每台销售后的利润分别为4 000元与3 000元。

生产甲机床需用A，B机器加工，加工时间分别为每台2小时和1小时；生产乙机床需用A，B，C三种机器加工，加工时间为每台各一小时。若每天可用于加工的机器时数分别为A机器10小时、B机器8小时和C机器7小时，问：该厂应生产甲、乙机床各几台，才能使总利润最大？

上述问题的数学模型：设该厂生产 x_1 台甲机床和 x_2 台乙机床时总利润最大，则 x_1, x_2 应满足：

$$\text{（目标函数）}\max z = 4x_1 + 3x_2 \tag{5-1}$$

$$\text{s. t.（约束条件）}\begin{cases} 2x_1 + x_2 \leqslant 10 \\ x_1 + x_2 \leqslant 8 \\ x_2 \leqslant 7 \\ x_1, x_2 \geqslant 0 \end{cases} \tag{5-2}$$

这里变量 x_1, x_2，称之为决策变量，式(5-1)被称为问题的目标函数，式(5-2)中的几个不等式是问题的约束条件，记为s. t.（即subject to）。由于上面的目标函数及约束条件均为线性函数，故被称为线性规划问题。

总之，线性规划问题是在一组线性约束条件的限制下，求一线性目标函数最大或最小的问题。在解决实际问题时，把问题归结成一个线性规划数学模型是很重要的一步，但往往也是困难的一步，模型建立得是否恰当，直接影响到求解。而选择适当的决策变量，是建立有效模型的关键之一。

线性规划的目标函数可以是求最大值，也可以是求最小值，约束条件的不等号可以是小于号也可以是大于号。为了避免这种形式多样性带来的不便，MATLAB 中规定线性规划的标准形式为

$$\min_{x} c^{T}x$$

$$\text{s.t.}\begin{cases}Aeq\ x \geqslant b\\ Aeq \cdot x = beq\\ lb \leqslant x \leqslant ub\end{cases}$$

其中 c 和 x 为 n 维列向量，A，Aeq 为适当维数的矩阵，b，beq 为适当维数的列向量。

5.1.2 求解线性规划的 MATLAB 解法

单纯形法是求解线性规划问题的最常用、最有效的算法之一。这里我们就不介绍单纯形法，有兴趣的读者可以参看其他线性规划书籍。下面我们介绍线性规划的 MATLAB 解法。MATLAB 中线性规划的标准型为

$$\min_{x} c^{T}x$$

$$\text{s.t.}\begin{cases}Aeqx \geqslant b\\ Aeq \cdot x = beq\\ lb \leqslant x \leqslant ub\end{cases}$$

基本函数形式为 linprog(c,A,b)，它的返回值是向量 x 的值。还有其他的一些函数调用形式（在 MATLAB 指令窗运行 help linprog 可以看到所有的函数调用形式），如：

```
[x,fval] = linprog(c,A,b,Aeq,beq,LB,UB,X0,OPTIONS)
```

这里 fval 返回目标函数的值，LB 和 UB 分别是变量 X 的下界和上界，X0 是 X 的初始值，OPTIONS 是控制参数。

【例 5-2】 求解下列线性规划问题。

$$\max z = 2x_1 + 3x_2 - 5x_3$$

$$\text{s.t.}\begin{cases}x_1 + x_2 + x_3 = 7\\ 2x_1 - 5x_2 + x_3 \geqslant 10\\ x_1 + 3x_2 + x_3 \leqslant 12\\ x_1, x_2, x_3 \geqslant 0\end{cases}$$

解：(1)编写 M 文件。

```
c = [2;3; -5];
a = [ -2,5, -1;1,3,1]; b = [ -10;12];
aeq = [1,1,1];
beq = 7;
x = linprog( -c,a,b,aeq,beq,zeros(3,1))
value = c' * x
```

(2)将 M 文件存盘,并命名为"example1. m"。

(3)在 MATLAB 指令窗运行 example1 即可得所求结果。

【例 5-3】 求解线性规划问题

$$\min z = 2x_1 + 3x_2 + x_3$$

$$\begin{cases} x_1 + 4x_2 + 2x_3 \geq 8 \\ 3x_1 + 2x_2 \geq 6 \\ x_1, x_2, x_3 \geq 0 \end{cases}$$

解 编写 MATLAB 程序如下:

```
c = [2;3;1];
a = [1,4,2;3,2,0];
b = [8;6];
[x,y] = linprog(c, -a, -b,[],[],zeros(3,1))
```

5.2 动态规划

动态规划(dynamic programming)是运筹学的一个分支,是求解决策过程(decision process)最优化的数学方法。20 世纪 50 年代初 R. E. Bellman 等人在研究多阶段决策过程(multistep decision process)的优化问题时,提出了著名的最优性原理(principle of optimality),把多阶段过程转化为一系列单阶段问题,逐个求解,创立了解决这类过程优化问题的新方法——动态规划。1957 年他出版了 *Dynamic Programming*,这是该领域的第一本著作。动态规划问世以来,在经济管理、生产调度、工程技术和最优控制等方面得到了广泛的应用。例如最短路线、库存管理、资源分配、设备更新、排序、装载等问题,用动态规划方法比用其他方法求解更为方便。

动态规划是求解某类问题的一种方法,是考察问题的一种途径,而不是一种特殊算法(线性规划是一种算法)。因而,它不像线性规划那样有一个标准的数学表达式和明确定义的一组规则,而必须对具体问题进行具体分析处理。因此,在学习时,除了要对基本概念和方法正确理解外,应以丰富的想象力去建立模型,用创造性的技巧去求解。

【例 5-4】 最短路线问题

图 5-1 是一个线路网,连线上的数字表示两点之间的距离(或费用)。试寻求一条由 A 到 G 距离最短(或费用最省)的路线。

【例 5-5】 生产计划问题

工厂生产某种产品,每单位(千件)的成本为 1(千元),每次开工的固定成本为 3(千元),工厂每季度的最大生产能力为 6(千件)。经调查,市场对该产品的需求量第一、二、三、四季度分别为 2,3,2,4(千件)。如果工厂在第一、二季度将全年的需求都生产出来,自然可以降低成本(少付固定成本费),但是对于第三、四季度才能上市的产品需付存储费,每季每千件的存储费为 0.5(千元)。还规定年初和年末这种产品均无库存。试制订一个生产计划,即安排每个季度的产量,使一年的总费用(生产成本和存储费)最少。

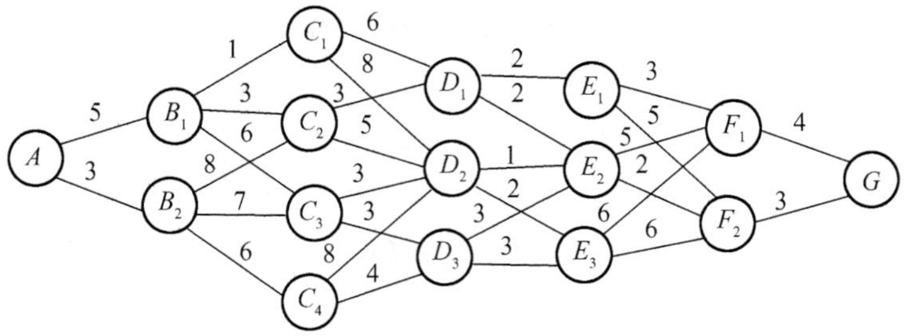

图 5－1　最短路线问题

5.2.1　决策过程的分类

决策过程根据过程的时间变量是离散的还是连续的，分为离散时间决策过程（discrete-time decision process）和连续时间决策过程（continuous-time decision process）；根据过程的演变是确定的还是随机的，分为确定性决策过程（deterministic decision process）和随机性决策过程（stochastic decision process）。其中，应用最广的是确定性多阶段决策过程。

5.2.2　动态规划的基本概念和基本方程

一个多阶段决策过程最优化问题的动态规划模型通常包含以下要素。

1. 阶段

阶段（step）是对整个过程的自然划分。通常根据时间顺序或空间顺序特征来划分阶段，以便按阶段的次序解优化问题。

2. 状态

状态（state）表示每个阶段开始时过程所处的自然状况。它应能描述过程的特征并且无后效性，即当某阶段的状态变量给定时，这个阶段以后过程的演变与该阶段以前各阶段的状态无关。通常还要求状态是直接或间接可以观测的。

3. 决策

当一个阶段的状态确定后，可以作出各种选择从而演变到下一阶段的某个状态，这种选择手段称决策（decision），在最优控制问题中也称控制（control）。描述决策的变量称决策变量（decision variable），变量允许取值的范围称允许决策集合（set of admissible decisions）。

4. 策略

决策组成的序列称策略（policy）。

5. 状态转移方程

在确定性过程中，一旦某阶段的状态和决策为已知，下阶段的状态便完全确定。用状态转移方程（equation of state transition）表示这种演变规律。

6. 指标函数和最优值函数

指标函数（objective function）是衡量过程优劣的数量指标，它是定义在全过程和所有后部子过程上的数量函数；指标函数应具有可分离性。

【例 5-6】 用 LINGO 求解例 5-1 最短路线问题。

```
model:
Title Dynamic Programming;
sets:
vertex/A,B1,B2,C1,C2,C3,C4,D1,D2,D3,E1,E2,E3,F1,F2,G/:L;
road(vertex,vertex)/A B1,A B2,B1 C1,B1 C2,B1 c3,B2 C2,B2 C3,B2 C4,
C1 D1,C1 D2,C2 D1,C2 D2,C3 D2,C3 D3,C4 D2,C4 D3,
D1 E1,D1 E2,D2 E2,D2 E3,D3 E2,D3 E3,
E1 F1,E1 F2,E2 F1,E2 F2,E3 F1,E3 F2,F1 G,F2 G/:D;
endsets
data:
D=5 3 1 3 6 8 7 6
6 8 3 5 3 3 8 4
2 2 1 2 3 3
3 5 5 2 6 6 4 3;
L=0,,,,,,,,,,,,,,,;
enddata
@for(vertex(i)|i#GT#1:L(i)=@min(road(j,i):L(j)+D(j,i)));
End
```

与静态规划相比,动态规划的优越性在于:

(1)能够得到全局最优解。

由于约束条件确定的约束集合往往很复杂,即使指标函数较简单,用非线性规划方法也很难求出全局最优解。而动态规划方法把全过程化为一系列结构相似的子问题,每个子问题的变量个数大大减少,约束集合也简单得多,易于得到全局最优解。特别是对于约束集合、状态转移和指标函数不能用分析形式给出的优化问题,可以对每个子过程用枚举法求解,而约束条件越多,决策的搜索范围越小,求解也越容易。对于这类问题,动态规划通常是求全局最优解的唯一方法。

(2)可以得到一族最优解。

与非线性规划只能得到全过程的一个最优解不同,动态规划得到的是全过程及所有后部子过程的各个状态的一族最优解。有些实际问题需要这样的解族,即使不需要,它们在分析最优策略和最优值对于状态的稳定性时也是很有用的。当最优策略由于某些原因不能实现时,这样的解族可以用来寻找次优策略。

(3)能够利用经验提高求解效率。

如果实际问题本身就是动态的,由于动态规划方法反映了过程逐段演变的前后联系和动态特征,在计算中可以利用实际知识和经验提高求解效率。如在策略迭代法中,实际经验能够帮助选择较好的初始策略,提高收敛速度。

5.3 插值与拟合

插值:求过已知有限个数据点的近似函数。

拟合:已知有限个数据点,求近似函数,不要求过已知数据点,只要求在某种意义下它在这些点上的总偏差最小。

插值和拟合都是要根据一组数据构造一个函数作为近似,由于近似的要求不同,二者的数学方法上是完全不同的。而面对一个实际问题,究竟应该用插值还是拟合,有时容易确定,有时则并不明显。下面介绍几种基本的、常用的插值:拉格朗日多项式(Lagrange)插值、分段线性插值、Hermite 插值和三次样条插值。

5.3.1 用 MATLAB 作 Lagrange 插值

MATLAB 中没有现成的 Lagrange 插值函数,必须编写一个 M 文件实现 Lagrange 插值。设 n 个节点数据以数组 x0, y0 输入(注意 MATLAB 的数组下标从 1 开始),m 个插值点以数组 x 输入,输出数组 y 为 m 个插值。编写一个名为“lagrange. m”的 M 文件:

```
function y = lagrange(x0,y0,x);
n = length(x0);m = length(x);
for i = 1:m
z = x(i);
s = 0.0;
for k = 1:n
p = 1.0;
for j = 1:n
if j ~ = k
p = p * (z - x0(j))/(x0(k) - x0(j));
end
end
s = p * y0(k) + s;
end
y(i) = s;
    End
```

5.3.2 用 MATLAB 实现分段线性插值

用 MATLAB 实现分段线性插值不需要编制函数程序,MATLAB 中有现成的一维插值函数 interp1。

y = interp1(x0,y0,x,'method')

method 指定插值的方法,默认为线性插值。其值可为

'nearest'　最近项插值。

'linear' 线性插值。

'spline' 逐段3次样条插值。

'cubic' 保凹凸性3次插值。

所有的插值方法要求x0是单调的。

当x0为等距时可以用快速插值法,使用快速插值法的格式为'*nearest'、'*linear'、'*spline'、'*cubic'。

5.3.3 用MATLAB实现Hermite插值

MATLAB中没有现成的Hermite插值函数,必须编写一个M文件实现插值。设n个节点的数据以数组x0(已知点的横坐标),y0(函数值),y1(导数值)输入(注意MATLAB的数组下标从1开始),m个插值点以数组x输入,输出数组y为m个插值。编写一个名为"hermite.m"的M文件:

```
function y = hermite(x0,y0,y1,x);
n = length(x0);m = length(x);
for k = 1:m
yy = 0.0;
for i = 1:n
h = 1.0;
a = 0.0;
for j = 1:n
if j ~ = i
h = h * ((x(k) - x0(j))/(x0(i) - x0(j)))^2;
a = 1/(x0(i) - x0(j)) + a;
end
end
yy = yy + h * ((x0(i) - x(k)) * (2 * a * y0(i) - y1(i)) + y0(i));
end
y(k) = yy;
    End
```

5.3.4 用MATLAB实现三次样条插值

在MATLAB中数据点称为断点。如果三次样条插值没有边界条件,最常用的方法就是采用非扭结(not-a-knot)条件。这个条件强迫第1个和第2个三次多项式的三阶导数相等。对最后一个和倒数第2个三次多项式也做同样的处理。

MATLAB中三次样条插值也有现成的函数:

```
y = interp1(x0,y0,x,'spline');
y = spline(x0,y0,x);
pp = csape(x0,y0,conds),y = ppval(pp,x)。
```

其中 x0,y0 是已知数据点,x 是插值点,y 是插值点的函数值。对于三次样条插值,我们提倡使用函数 csape,csape 的返回值是 pp 形式,要求插值点的函数值,必须调用函数 ppval。

pp = csape(x0,y0):使用默认的边界条件,即 Lagrange 边界条件。

pp = csape(x0,y0,conds)中的 conds 指定插值的边界条件,其值可为

'complete'　　边界为一阶导数,即默认的边界条件。

'not - a - knot'　　非扭结条件。

'periodic'　　周期条件。

'second'　　边界为二阶导数,二阶导数的值[0, 0]。

'variational'　　设置边界的二阶导数值为[0,0]。

对于一些特殊的边界条件,可以通过 conds 的一个 1 ×2 矩阵来表示,conds 元素的取值为 1,2。此时,使用命令

pp = csape(x0,y0_ext,conds)

其中,y0_ext = [left, y0, right],这里 left 表示左边界的取值,right 表示右边界的取值。

conds(i) = j 的含义是给定端点 i 的 j 阶导数,即 conds 的第一个元素表示左边界的条件,第二个元素表示右边界的条件,conds = [2,1]表示左边界是二阶导数,右边界是一阶导数,对应的值由 left 和 right 给出。详细情况请使用帮助 help csape。

【例 5 -7】 黄河小浪底调水调沙问题

2004 年 6 月至 7 月黄河进行了第三次调水调沙试验,首次由小浪底、三门峡和万家寨三大水库联合调度,采用接力式防洪预泄放水,形成人造洪峰进行调沙试验获得成功。整个试验期为 20 多天,小浪底从 6 月 19 日开始预泄放水,直到 7 月 13 日恢复正常供水结束。小浪底水利工程按设计拦沙量为 75.5 亿立方米,在这之前,小浪底共积泥沙达 14.15 亿吨。这次调水调沙试验一个重要目的就是由小浪底上游的三门峡和万家寨水库泄洪,在小浪底形成人造洪峰,冲刷小浪底库区沉积的泥沙。在小浪底水库开闸泄洪以后,从 6 月 27 日开始三门峡水库和万家寨水库陆续开闸放水,人造洪峰于 29 日先后到达小浪底,7 月 3 日达到最大流量 2 700 m^3/s,使小浪底水库的排沙量也不断地增加。表 5 -1 是由小浪底观测站从 6 月 29 日到 7 月 10 检测到的试验数据。

表 5 -1　试验数据

日期	6.29		6.30		7.1		7.2		7.3		7.4	
时间	8:00	20:00	8:00	20:00	8:00	20:00	8:00	20:00	8:00	20:00	8:00	20:00
水流量	1800	1900	2100	2200	2300	2400	2500	2600	2650	2700	2750	2650
含沙量	32	60	75	85	90	98	100	102	108	112	115	116

表 5-1(续)

日期	7.5		7.6		7.7		7.8		7.9		7.10	
时间	8:00	20:00	8:00	20:00	8:00	20:00	8:00	20:00	8:00	20:00	8:00	20:00
水流量	2600	2500	2300	2200	2000	1850	1820	1800	1750	1500	1000	900
含沙量	118	120	118	105	80	60	50	30	26	20	8	5

现在,根据试验数据建立数学模型研究下面的问题:

(1)给出估计任意时刻的排沙量及总排沙量的方法;

(2)确定排沙量与水流量的关系。

对于问题(1),根据所给问题的试验数据,要计算任意时刻的排沙量,就要确定排沙量随时间变化的规律,可以通过插值来实现。考虑到实际中的排沙量应该是时间的连续函数,为了提高模型的精度,我们采用三次样条函数进行插值。计算的 MATLAB 程序如下:

```
clc,clear
load data.txt %data.txt 按照原始数据格式把水流量和排沙量排成4行,12列
liu = data([1,3],:);
liu = liu';liu = liu(:);
sha = data([2,4],:);
sha = sha';sha = sha(:);
y = sha.*liu;y = y';
i = 1:24;
t = (12*i-4)*3600;
t1 = t(1);t2 = t(end);
pp = csape(t,y);
xsh = pp.coefs %求得插值多项式的系数矩阵,每一行是一个区间上多项式的系数。
TL = quadl(@(tt)ppval(pp,tt),t1,t2)
```

对于问题(2),研究排沙量与水量的关系,从试验数据可以看出,开始排沙量是随着水流量的增加而增长,而后是随着水流量的减少而减少。显然,变化规律并非是线性的关系。为此,把问题分为两部分,从开始水流量增加到最大值 2 720 m^3/s(即增长的过程)为第一阶段,从水流量的最大值到结束为第二阶段,分别来研究水流量与排沙量的关系。画出排沙量与水流量的散点图(见图 5-2)。

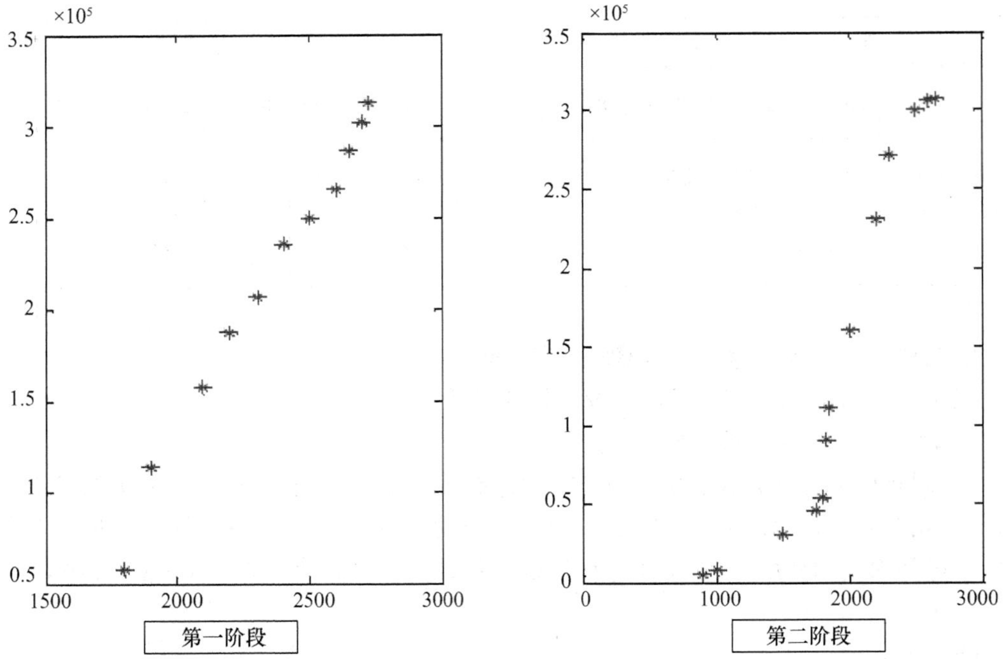

图 5－2　散点图

画散点图的程序如下：

```
load data. txt
liu = data([1,3],:);
liu = liu';liu = liu(:);
sha = data([2,4],:);
sha = sha';sha = sha(:);
y = sha. * liu;
subplot(1,2,1), plot(liu(1:11),y(1:11),'*')
subplot(1,2,2), plot(liu(12:24),y(12:24),'*')
```

从散点图可以看出，第一阶段基本上是线性关系，第二阶段准备依次用二次、三次、四次曲线来拟合，看哪一个模型的剩余标准差小，就选取哪一个模型。

计算的 MATLAB 程序如下：

```
clc, clear
load data.txt %data.txt 按照原始数据格式把水流量和排沙量排成4行,12列
liu = data([1,3],:); liu = liu'; liu = liu(:);
sha = data([2,4],:); sha = sha'; sha = sha(:);
y = sha.*liu;
%以下是第一阶段的拟合
format long e
nihe1_1 = polyfit(liu(1:11),y(1:11),1) %拟合一次多项式,系数排列从高次幂到低次幂
nihe1_2 = polyfit(liu(1:11),y(1:11),2)
yhat1_2 = polyval(nihe1_2,liu(1:11));
%以下求误差平凡和与剩余标准差
cha1_1 = sum((y(1:11) - yhat1_1).^2); rmse1_1 = sqrt(cha1_1/9)
cha1_2 = sum((y(1:11) - yhat1_2).^2); rmse1_2 = sqrt(cha1_2/8)
%以下是第二阶段的拟合
for j = 1:3
str1 = char(['nihe2_' int2str(j) '=polyfit(liu(12:24),y(12:24),' int2str(j+1) ')']);
eval(str1)
str2 = char(['yhat2_' int2str(j) '=polyval(nihe2_' int2str(j) ',liu(12:24));']);
eval(str2)
str3 = char(['cha2_' int2str(j) '=sum((y(12:24) - yhat2_' int2str(j) ').^2);'...
'rmse2_' int2str(j) '=sqrt(cha2_' int2str(j) '/(11-j))']);
eval(str3)
end
Format
```

5.4 数据的统计描述和分析

数理统计(以下简称统计)研究的对象是受随机因素影响的数据,是以概率论为基础的一门应用学科。

数据样本少则几个,多则成千上万,人们希望能用少数几个包含其最多相关信息的数值来体现数据样本总体的规律。描述性统计就是搜集、整理、加工和分析统计数据,使之系统化、条理化,以显示出数据资料的趋势、特征和数量关系。它是统计推断的基础,实用性较强,在统计工作中经常使用。对一批数据进行描述与分析,需要掌握参数估计和假设检验这两个数理统计的最基本方法。

我们将用 MATLAB 的统计工具箱(Statistics Toolbox)来实现数据的统计描述和分析。

5.4.1 总体和样本

总体是人们研究对象的全体，又称母体，如工厂一天生产的全部产品（按合格品及废品分类），学校全体学生的身高。从总体中随机产生的若干个个体的集合称样本或子样。

5.4.2 频数表和直方图

一组数据（样本）往往是杂乱无章的，做出它的频数表和直方图，可以看作是对这组数据的一个初步整理和直观描述。将数据的取值范围划分为若干个区间，然后统计这组数据在每个区间中出现的次数，称频数，由此得到一个频数表。以数据的取值为横坐标，频数为纵坐标，画出一个阶梯形的图，称直方图或频数分布图。若样本容量不大，能够手工做出频数表和直方图；当样本容量较大时，则可以借助 MATLAB 这样的软件。以下面的例子为例，介绍频数表和直方图的作法。

【例 5－7】 学生的身高和体重

学校随机抽取 100 名学生，测量他们的身高和体重，所得数据如表 5－2 所示。

表 5－2 身高体重数据

身高	体重	身高	体重	身高	体重	身高	体重	身高	体重
172	75	169	55	169	64	171	65	167	47
171	62	168	67	165	52	169	62	168	65
166	62	168	65	164	59	170	58	165	64
160	55	175	67	173	74	172	64	168	57
155	57	176	64	172	69	169	58	176	57
173	58	168	50	169	52	167	72	170	57
166	55	161	48	173	57	175	76	158	51
170	63	169	63	173	61	164	59	165	62
167	53	171	61	166	70	166	63	172	53
173	60	178	64	163	57	169	54	169	66
178	60	177	66	170	56	167	54	169	58
173	73	170	58	160	65	179	62	172	50
163	47	173	67	165	58	176	63	162	52
165	66	172	59	177	66	182	69	175	75
170	60	170	62	169	63	186	77	174	66
163	50	172	59	176	60	166	76	167	63
172	57	177	58	177	67	169	72	166	50
182	63	176	68	172	56	173	59	174	64
171	59	175	68	165	56	169	65	168	62
177	64	184	70	166	49	171	71	170	59

（1）数据输入

数据输入通常有两种方法：一种是在交互环境中直接输入，如果在统计中数据量比较大，这样做不太方便；另一种办法是先把数据写入一个纯文本数据文件“data. txt”中，格式如例 5－7 的表 5－2，有 20 行、10 列，数据列之间用空格键或“Tab”键分割，该数据文件“data. txt”存放在“matlab\work”子目录下，在 MATLAB 中用 load 命令读入数据，具体做法是：load data. txt 这样在内存中建立了一个变量 data，它是一个包含有 20×10 个数据的矩阵。为了得到我们需要的 100 个身高和体重各为一列的矩阵，应做如下的改变：

```
high = data(:,1:2:9);high = high(:)
weight = data(:,2:2:10);weight = weight(:)
```

（2）作频数表及直方图

求频数用 hist 命令实现，其用法是：

[N,X] = hist(Y,M)

得到数组（行、列均可）Y 的频数表。它将区间[min(Y),max(Y)]等分为 M 份（缺省时 M 设定为 10），N 返回 M 个小区间的频数，X 返回 M 个小区间的中点。其命令为

hist(Y,M)

利用此函数可画出数组 Y 的直方图。

对于例 5－7 的数据，编写程序如下：

```
load data.txt;
high = data(:,1:2:9);high = high(:);
weight = data(:,2:2:10);weight = weight(:);
[n1,x1] = hist(high)
%下面语句与 hist 命令等价
%n1 = [length(find(high < 158.1)),...
% length(find(high >= 158.1&high < 161.2)),...
% length(find(high >= 161.2&high < 164.5)),...
% length(find(high >= 164.5&high < 167.6)),...
% length(find(high >= 167.6&high < 170.7)),...
% length(find(high >= 170.7&high < 173.8)),...
% length(find(high >= 173.8&high < 176.9)),...
% length(find(high >= 176.9&high < 180)),...
% length(find(high >= 180&high < 183.1)),...
% length(find(high >= 183.1))]
[n2,x2] = hist(weight)
subplot(1,2,1),hist(high)
subplot(1,2,2),hist(weight)
```

计算结果略。

【例5-8】 统计下列五行字符串中字符a,g,c,t出现的频数。

1. aggcacggaaaaacgggaataacggaggaggacttggcacggcattacacggagg
2. cggaggacaaacgggatggcggtattggaggtggcggactgttcgggga
3. gggacggatacggattctggccacggacggaaaggaggacacggcggacataca
4. atggataacggaaacaaaccagacaaacttcggtagaaatacagaagctta
5. cggctggcggacaacggactggcggattccaaaaacggaggaggcggacggaggc

把上述五行复制到一个纯文本数据文件“shuju.txt”中,放在“matlab\work”子目录下,编写如下程序:

```
clc
fid1 = fopen('shuju.txt','r');
i = 1;
while( ~feof(fid1))
data = fgetl(fid1);
a = length(find(data == 97));
b = length(find(data == 99));
c = length(find(data == 103));
d = length(find(data == 116));
e = length(find(data >= 97&data <= 122));
f(i,:) = [a b c d e a+b+c+d];
i = i+1;
end
f,he = sum(f)
dlmwrite('pinshu.txt',f);dlmwrite('pinshu.txt',he,'-append');
fclose(fid1);
```

我们把统计结果最后写到一个纯文本文件“pinshu.txt”中,在程序中多引进了几个变量,是为了检验字符串是否只包含a,g,c,t四个字符。

5.4.3 统计量

统计量就是加工出来的、反映样本数量特征的函数,它不含任何未知量。下面我们介绍几种常用的统计量。

(1)表示位置的统计量——算术平均值和中位数

(2)算术平均值(简称均值)用于描述数据取值的平均位置。

(3)中位数是将数据由小到大排序后位于中间位置的那个数值。MATLAB中的函数mean(x)返回x的均值,median(x)返回中位数。

(4)标准差是各个数据与均值偏离程度的度量,这种偏离不妨称为变异。

(5)方差是标准差的平方。

(6)极差是序列最大值与最小值之差。MATLAB中std(x)返回x的标准差,var(x)返回方差,range(x)返回极差。

(7)中心矩、表示分布形状的统计量——偏度和峰度。

对例5-7给出的学生身高和体重,用MATLAB计算这些统计量,程序如下:

```
clc
load data.txt;
high = data(:,1:2:9);high = high(:);
weight = data(:,2:2:10);weight = weight(:);
shuju = [high weight];
jun_zhi = mean(shuju)
zhong_wei_shu = median(shuju)
biao_zhun_cha = std(shuju)
ji_cha = range(shuju)
pian_du = skewness(shuju)
feng_du = kurtosis(shuju)
```

统计量中最重要、最常用的是均值和标准差,由于样本是随机变量,它们作为样本的函数自然也是随机变量,当用它们去推断总体时,有多大的可靠性就与统计量的概率分布有关,因此我们需要知道几个重要分布的简单性质。

5.5 回归分析

曲线拟合问题的特点是根据得到的若干有关变量的一组数据寻找因变量与(一个或几个)自变量之间的一个函数,使这个函数对那组数据拟合得最好。通常,函数的形式可以由经验、先验知识或对数据的直观观察决定,要做的工作是由数据用最小二乘法计算函数中的待定系数。从计算的角度看,问题似乎已经完全解决了,那么,还有进一步研究的必要吗?

从数理统计的观点看,这里涉及的都是随机变量,我们根据一个样本计算出的那些系数,只是它们的一个(点)估计,应该对它们做区间估计或假设检验。如果置信区间太大,甚至包含了零点,那么系数的估计值是没有多大意义的。另外,也可以用方差分析方法对模型的误差进行分析,对拟合的优劣给出评价。简单地说,回归分析就是对拟合问题作的统计分析。

MATLAB统计工具箱用命令regress实现多元线性回归,用的方法是最小二乘法,用法是:

b = regress(Y,X) 或 [b,bint,r,rint,stats] = regress(Y,X,alpha)

【例5-9】 合金的强度y与其中的碳含量x有比较密切的关系,今从生产中收集了一批数据,如表5-3。

表5-3 生产中收集的数据

x	0.10	0.11	0.12	0.13	0.14	0.15	0.16	0.17	0.18
y	42.0	41.5	45.0	45.5	45.0	47.5	49.0	55.0	50.0

试先拟合一个函数 $y(x)$，再用回归分析对它进行检验。

解：先画出散点图：

```
x =0.1:0.01:0.18;
y =[42,41.5,45.0,45.5,45.0,47.5,49.0,55.0,50.0];
plot(x,y,'+')
%可知 y 与 x 大致上为线性关系。
%用 regress 和 rcoplot 编程如下：
clc,clear
x1 =[0.1:0.01:0.18]';
y =[42,41.5,45.0,45.5,45.0,47.5,49.0,55.0,50.0]';
x =[ones(9,1),x1];
[b,bint,r,rint,stats] = regress(y,x);
b,bint,stats,rcoplot(r,rint)
```

【例 5 - 10】 某厂生产的一种电器的销售量 y 与竞争对手的价格 x1 和本厂的价格 x2 有关。表 5 - 4 是该商品在 10 个城市的销售记录。试根据这些数据建立 y 与 x1 和 x2 的关系式，对得到的模型和系数进行检验。若某市本厂产品售价 160 元，竞争对手售价 170 元，预测商品在该市的销售量。

表 5 - 4　销售记录

城市	1	2	3	4	5	6	7	8	9	10
x1	120	140	190	130	155	175	125	145	180	150
x2	100	110	90	150	210	150	250	270	300	250
y	102	100	120	77	46	93	26	69	65	85

编写如下程序：

```
x1 =[120 140 190 130 155 175 125 145 180 150]';
x2 =[100 110 90 150 210 150 250 270 300 250]';
y =[102 100 120 77 46 93 26 69 65 85]';
x =[ones(10,1),x1,x2];
[b,bint,r,rint,stats] = regress(y,x);
b,bint,stats
```

如果从数据的散点图上发现 y 与 x 呈较明显的二次（或高次）函数关系，或者用线性模型(20)的效果不太好，就可以选用多项式回归。一元多项式回归可用命令 polyfit 实现。

【例 5 - 11】 将 17 至 29 岁的运动员每两岁一组分为 7 组，每组两人测量其旋转定向能力，以考察年龄对这种运动能力的影响。现得到一组数据，如表 5 - 5 所示。

表5-5 测试数据

年龄	17	19	21	23	25	27	29
第一人	20.48	25.13	26.15	30.0	26.1	20.3	19.35
第二人	24.35	28.11	26.3	31.4	26.92	25.7	21.3

试建立二者之间的关系。

解:数据的散点图明显地呈现两端低中间高的形状,所以应拟合一条二次曲线。

编写如下程序:

```
x0 = 17:2:29;x0 = [x0,x0];
y0 = [20.48 25.13 26.15 30.0 26.1 20.3 19.35...
24.35 28.11 26.3 31.4 26.92 25.7 21.3];
[p,s] = polyfit(x0,y0,2); p
```

得到

p = -0.2003 8.9782 -72.2150

上面的 s 是一个数据结构,用于计算函数值,如

[y,delta] = polyconf(p,x0,s);y

得到 y 的拟合值,及预测值 y 的置信区间半径 delta。

5.6 微分方程建模

微分方程建模是数学建模的重要方法,因为许多实际问题的数学描述将导致求解微分方程的定解问题。把形形色色的实际问题化成微分方程的定解问题,大体上可以分为以下几步:

(1)根据实际要求确定要研究的量(自变量、未知函数、必要的参数等)并确定坐标系;

(2)找出这些量所满足的基本规律(物理的、几何的、化学的或生物学的等);

(3)运用这些规律列出方程和定解条件。

常见的方法有:

1. 按规律直接列方程

在数学、力学、物理、化学等学科中许多自然现象所满足的规律已为人们所熟悉,并直接由微分方程所描述。如牛顿第二定律、放射性物质的放射性规律等。我们常利用这些规律对某些实际问题列出微分方程。

2. 微元分析法与任意区域上取积分的方法

自然界中也有许多现象所满足的规律是通过变量的微元之间的关系式来表达的。对于这类问题,我们不能直接列出自变量和未知函数及其变化率之间的关系式,而是通过微元分析法,利用已知的规律建立一些变量(自变量与未知函数)的微元之间的关系式,然后再通过取极限的方法得到微分方程,或等价地通过任意区域上取积分的方法来建立微分

方程。

3. 模拟近似法

在生物、经济等学科中，许多现象所满足的规律并不很清楚而且相当复杂，因而需要根据实际资料或大量的实验数据，提出各种假设。在一定的假设下，给出实际现象所满足的规律，然后利用适当的数学方法列出微分方程。

在实际的微分方程建模过程中，也往往是上述方法的综合应用。不论应用哪种方法，通常要根据实际情况，作出一定的假设与简化，并要把模型的理论或计算结果与实际情况进行对照验证，以修改模型使之更准确地描述实际问题，进而达到预测预报的目的。

5.6.1 人口模型

据考古学家论证，地球上出现生命距今已有 20 亿年，而人类的出现距今却不足 200 万年。纵观人类人口总数的增长情况，我们发现：1 000 年前人口总数为 2.75 亿；经过漫长的过程，到 1830 年，人口总数达 10 亿；又经过 100 年，在 1930 年，人口总数达 20 亿；30 年之后，在 1960 年，人口总数为 30 亿；又经过 15 年，1975 年的人口总数是 40 亿；12 年之后即 1987 年，人口已达 50 亿。我们自然会产生这样一个问题：人类人口增长的规律是什么？如何在数学上描述这一规律？

5.6.2 Malthus 模型

1789 年，英国神父 Malthus 在分析了一百多年人口统计资料之后，提出了 Malthus 模型。

1. 模型假设

(1) 设 $x(t)$ 表示 t 时刻的人口数，且 $x(t)$ 连续可微。

(2) 人口的增长率 r 是常数（增长率 = 出生率 - 死亡率）。

(3) 人口数量的变化是封闭的，即人口数量的增加与减少只取决于人口中个体的生育和死亡，且每一个体都具有同样的生育能力与死亡率。

2. 建模与求解

由假设，t 时刻到 $t+\Delta t$ 时刻人口的增量为 $x(t+\Delta t)-x(t)=r\cdot x(t)\Delta t$，即

$$x(t) = x_0 e^{rt} \tag{5-3}$$

3. 模型评价

考虑二百多年来人口增长的实际情况，1961 年世界人口总数为 3.06×10^9，在 1961—1970 年这段时间内，每年平均的人口自然增长率为 2%，则可写为

$$x(t) = 3.06\times10^9\cdot e^{0.02(t-1961)} \tag{5-4}$$

根据 1700—1961 年间世界人口统计数据，我们发现这些数据与式(5-4)的计算结果相当符合。因为在这期间地球上人口大约每 35 年增加 1 倍，而式(5-4)算出每 34.6 年增加 1 倍。但是，当人们用式(5-4)对 1790 年以来的美国人口进行检验，发现有很大差异。利用式(5-4)对世界人口进行预测，也会得出令人惊异的结论：当 $t=2\ 670$ 时，$x(t)=4\ 400$ 万亿，这相当于地球上每平方米要容纳至少 20 人。显然，用这一模型进行预测的结果远高于实际人口增长，误差的原因是对增长率 r 的估计过高。

如何对增长率 r 进行修正呢？我们知道，地球上的资源是有限的，它只能提供一定数量

的生命生存所需的条件。随着人口数量的增加，自然资源、环境条件等对人口再增长的限制作用将越来越显著。如果在人口较少时，我们可以把增长率 r 看成常数，那么当人口增加到一定数量之后，就应当视 r 为一个随着人口的增加而减小的量，即将增长率 r 表示为人口 $x(t)$ 的函数 $r(x)$，且 $r(x)$ 为 x 的减函数。参数可以通过已知数据利用 MATLAB 中的非线性回归命令 nlinfit 求得。

第 6 章　高级技能实训

6.1　模型搭建

在解决任何问题之前,对所研究的问题必须要搭建模型。证明该方法的可行性和检验正确性。

6.1.1　主成分分析

1. 概念

主成分分析(Principal Components Analysis,PCA)又称主分量分析、主成分回归分析法,旨在利用降维的思想,把多指标转化为少数几个综合指标。它是一个线性变换。这个变换把数据变换到一个新的坐标系统中,使得任何数据投影的第一大方差在第一个坐标(称第一主成分)上,第二大方差在第二个坐标(称第二主成分)上,依次类推。主成分分析经常用于减少数据集的维数,同时保持数据集对方差贡献最大的特征。这是通过保留低阶主成分,忽略高阶主成分做到的。这样低阶成分往往能够保留住数据的最重要方面。但是,这也不是一定的,要视具体应用而定。

2. 基本思想

在实证问题研究中,为了全面、系统地分析问题,我们必须考虑众多影响因素。这些涉及的因素一般称指标,在多元统计分析中也称变量。因为每个变量都在不同程度上反映了所研究问题的某些信息,并且变量彼此之间有一定的相关性,因而所得的统计数据反映的信息在一定程度上有重叠。在用统计方法研究多变量问题时,变量太多会增加计算量和增加分析问题的复杂性,人们希望在进行定量分析的过程中,涉及的变量较少,得到的信息量较多。主成分分析正是适应这一要求产生的,是解决这类问题的理想工具。

同样,在科普效果评估的过程中也存在着这样的问题。科普效果是很难具体量化的。在实际评估工作中,我们常常会选用几个有代表性的综合指标,采用打分的方法来进行评估,故综合指标的选取是个重点和难点。如上所述,主成分分析法正是解决这一问题的理想工具。评估所涉及的众多变量之间既然有一定的相关性,就必然存在着起支配作用的因素。根据这一点,通过对原始变量相关矩阵内部结构的关系研究,找出影响科普效果某一要素的几个综合指标,使综合指标为原来变量的线性拟合。这样,综合指标不仅保留了原始变量的主要信息,且彼此间不相关,又比原始变量具有某些更优越的性质,就使我们在研究复杂的科普效果评估问题时,容易抓住主要矛盾。上述想法可进一步概述为:设某科普效果评估要素涉及 k 个指标,这指标构成的 n 维随机向量为 $\boldsymbol{X}_k$。对 $\boldsymbol{X}_k$ 系数做正交变换,令正交矩阵为 $\boldsymbol{Z}_{ij}$,$\boldsymbol{Z}_{ij}$的各分量是不相关的,使得各分量在某个评估要素中的作用容易解释,这就使得我们有可能从主分量中选择主要成分,削除对这一要素影响微弱的部分,通过对主分量的重点分析,达到对原始变量进行分析的目的。$\boldsymbol{Z}_{ij}$ 的各分量是原始变量线性组合,不同的分量表示原始变量之间不同的影响关系。由于这些基本关系很可能与特定的作用过程相联系，主成分分析使我们能从错综复杂的科普评估要素的众多指标中，找出一些主要成分，以便有效地利用大量统计数据，进行科普效果评估分析，使我们在研究科普效果评估问题的过程中，可能得到一些深层次的启发，把科普效果评估研究引向深入。

例如，在对科普产品开发和利用这一要素的评估中，涉及科普创作人数百万人、科普作品发行量百万人、科普产业化（科普示范基地数百万人）等多项指标。经过主成分分析计算，最后确定一个或多个主成分作为综合评价科普产品利用和开发的综合指标，变量数减少，并达到一定的可信度，就容易进行科普效果的评估。

3. 数学模型

$$\begin{cases} a_{11}x_1 + a_{21}x_2 + \cdots + a_{k1}x_k = b_1 \\ a_{12}x_1 + a_{22}x_2 + \cdots + a_{k2}x_k = b_2 \\ \vdots \\ a_{1n}x_1 + a_{2n}x_2 + \cdots + a_{kn}x_k = b_k \end{cases}$$

4. 基本原理

主成分分析法是一种降维的统计方法，它借助于一个正交变换，将其分量相关的原随机向量转化成其分量不相关的新随机向量，这在代数上表现为将原随机向量的协方差阵变换成对角形阵，在几何上表现为将原坐标系变换成新的正交坐标系，使之指向样本点散布最开的 p 个正交方向，然后对多维变量系统进行降维处理，使之能以一个较高的精度转换成低维变量系统，再通过构造适当的价值函数，进一步把低维系统转化成一维系统。

5. 作用

概括来说，主成分分析主要有以下几个方面的作用。

（1）主成分分析能降低所研究的数据空间的维数。即用研究 m 维的 Y 空间代替 p 维的 X 空间（$m<p$），而低维的 Y 空间代替高维的 X 空间所损失的信息很少。即使只有一个主成分 Y_1（即 $m=1$）时，这个 Y_1 仍是使用全部 X 变量（p 个）得到的。例如要计算 Y_1 的均值也得使用全部 X 的均值。在所选的前 m 个主成分中，如果某个 X_i 的系数全部近似于零的话，就可以把这个 X_i 删除，这也是一种删除多余变量的方法。

（2）有时可通过因子负荷 a_{ij}的结论，弄清 X 变量间的某些关系。

（3）多维数据的一种图形表示方法。我们知道当维数大于 3 时便不能画出几何图形，而多元统计研究的问题大都多于 3 个变量，要把研究的问题用图形表示出来是不可能的。然而，经过主成分分析后，我们可以选取前两个主成分或其中某两个主成分，根据主成分的得分，画出 n 个样品在二维平面上的分布况，由图形可直观地看出各样品在主分量中的地位，进而还可以对样本进行分类处理，可以由图形发现远离大多数样本点的离群点。

（4）构造回归模型。即把各主成分作为新自变量代替原来自变量做回归分析。

（5）筛选回归变量。回归变量的选择有着重要的实际意义，为了使模型本身易于做结构分析、控制和预报，好从原始变量所构成的子集合中选择最佳变量，构成最佳变量集合，用主成分分析筛选变量，可以用较少的计算量来选择量，获得选择最佳变量子集合的效果。

6. 计算步骤

（1）原始指标数据的标准化采集

p 维随机向量 $\boldsymbol{x} = (X_1, X_2, \cdots, U_p)^{\mathrm{T}}$，$n$ 个样品 $\boldsymbol{x}_i = (x_{i1}, x_{i2}, \cdots, d_{ip})^{\mathrm{T}}$，$I=1,2,\cdots,n$，$n>p$，构造样本阵，对样本阵元进行如下标准化变换：

$$z_{ij} = \frac{x_{ij} - \bar{x}_j}{s_j}, i = 1,2,\cdots,n; j = 1,2,\cdots,p$$

其中，$\bar{x}_j = \frac{\sum_{i=1}^{n} x_{ij}}{n}, s_j^2 = \frac{\sum_{i=1}^{n}(x_{ij} - \bar{x}_j)^2}{n-1}$ 得标准化阵 **Z**。

(2)对标准化阵 **Z** 求相关系数矩阵

$$\boldsymbol{R} = [r_{ij}]_p xp = \frac{\boldsymbol{Z}^{\mathrm{T}}\boldsymbol{Z}}{n-1}$$

其中，$r_{ij} = \frac{\sum z_{kj} \cdot z_{kj}}{n-1}, i,j = 1,2,\cdots,p$。

6.1.2 聚类分析

1. 概念

聚类分析指将物理或抽象对象的集合分组成为由类似的对象组成的多个类的分析过程。它是一种重要的人类行为。

聚类与分类的不同，在于聚类所要求划分的类是未知的。

聚类是将数据分类到不同的类或者簇的一个过程，所以同一个簇中的对象有很大的相似性，而不同簇间的对象有很大的相异性。

从统计学的观点看，聚类分析是通过数据建模简化数据的一种方法。传统的统计聚类分析方法包括系统聚类法、分解法、加入法、动态聚类法、有序样品聚类、有重叠聚类和模糊聚类等。采用 k－均值、k－中心点等算法的聚类分析工具已被加入到许多著名的统计分析软件包中，如 SPSS，SAS 等。

2. 主要应用

(1)在商业上聚类分析被用来发现不同的客户群，并且通过购买模式刻画不同的客户群的特征；

(2)在生物上聚类分析被用来对动植物分类和对基因进行分类，获取对种群固有结构的认识；

(3)在地理上聚类分析被用来做有关世界空间地域的探索，为地理工作者深入研究区域分异规律提供了一种工具；

(4)在保险行业上聚类分析通过一个高的平均消费来鉴定汽车保险单持有者的分组，同时根据住宅类型、价值、地理位置来鉴定一个城市的房产分组；

(5)在因特网应用上聚类分析被用来在网上进行文档归类来修复信息；

(6)在电子商务上聚类分析在网站建设数据挖掘中也是很重要的一个方面，通过分组聚类出具有相似浏览行为的客户，并分析客户的共同特征，可以更好地帮助电子商务的用户了解自己的客户，向客户提供更合适的服务。

3. 主要步骤

(1)数据预处理；

(2)为衡量数据点间的相似度定义一个距离函数；

(3)聚类或分组。

4. 评估输出

数据预处理包括选择数量、类型和特征的标度，它依靠特征选择和特征抽取。特征选择选择重要的特征,特征抽取把输入的特征转化为一个新的显著特征,它们经常被用来获取一个合适的特征集来避免“维数灾”进行聚类。数据预处理还包括将孤立点移出数据,孤立点是不依附于一般数据行为或模型的数据,因此孤立点经常会导致有偏差的聚类结果,为了得到正确的聚类,我们必须将它们剔除。

既然相类似性是定义一个类的基础,那么不同数据之间在同一个特征空间相似度的衡量对于聚类步骤是很重要的,由于特征类型和特征标度的多样性,距离度量必须谨慎,它经常依赖于应用,例如,通常通过定义在特征空间的距离度量来评估不同对象的相异性,很多距离度量都应用在一些不同的领域,一个简单的距离度量,如 Euclidean 距离,经常被用作反映不同数据间的相异性,一些有关相似性的度量,例如 PMC 和 SMC,能够被用来特征化不同数据的概念相似性,在图像聚类上,子图图像的误差更正能够被用来衡量两个图形的相似性。

将数据对象分到不同的类中是一个很重要的步骤,数据基于不同的方法被分到不同的类中。划分方法和层次方法是聚类分析的两个主要方法。划分方法一般从初始划分和最优化一个聚类标准开始。Crisp Clustering,它的每一个数据都属于单独的类;Fuzzy Clustering,它的每个数据可能在任何一个类中。Crisp Clustering 和 Fuzzy Clustering 是划分方法的两个主要技术,划分方法聚类是基于某个标准产生一个嵌套的划分系列,它可以度量不同类之间的相似性或一个类的可分离性用来合并和分裂类,其他的聚类方法还包括基于密度的聚类、基于模型的聚类、基于网格的聚类。

评估聚类结果的质量是另一个重要的阶段。聚类是一个无管理的程序,也没有客观的标准来评价聚类结果,它通过一个类有效索引来评价。一般来说,几何性质,包括类间的分离和类内部的耦合,一般都用来评价聚类结果的质量,类有效索引在决定类的数目时经常扮演了一个重要角色,类有效索引的最佳值被期望从真实的类数目中获取。一个通常的决定类数目的方法是选择一个特定的类有效索引的最佳值,这个索引能否真实地得出类的数目是判断该索引是否有效的标准,很多已经存在的标准对于相互分离的类数据集合都能得出很好的结果,但是对于复杂的数据集却通常行不通,例如对于交叠类的集合。

在数据样本中抽取多个采样,在每个采样上都用 K - medoids 算法得到相应的(O_1, O_2,…,O_i,…O_k),然后在这当中选取 E 最小的一个作为最终的结果。

6.1.3 最小二乘法与多项式拟合

1. 最小二乘法的基本原理

从整体上考虑近似函数 $p(x)$ 同所给数据点 $(x_i, y_i)(i = 0,1,\cdots,m)$ 误差 $r_i = p(x_i) - y_i(i = 0,1,\cdots,m)$ 的大小,常用的方法有以下三种:一是误差 $r_i = p(x_i) - y_i(i = 0,1,\cdots,m)$ 绝对值的最大值 $\max\limits_{0\leqslant i\leqslant m}|r_i|$,即误差向量 $\boldsymbol{r} = (r_0, r_1, \cdots r_m)^{\mathrm{T}}$ 的 ∞ — 范数;二是误差绝对值的和 $\sum\limits_{i=0}^{m}|r_i|$,即误差向量 $\boldsymbol{r}$ 的1— 范数;三是误差平方和 $\sum\limits_{i=0}^{m} r_i^2$ 的算术平方根,即误差向量 $\boldsymbol{r}$ 的2— 范数。前两种方法简单、自然,但不便于微分运算 ,后一种方法相当于考虑 2— 范数的平方,因此在曲线拟合中常采用误差平方和 $\sum\limits_{i=0}^{m} r_i^2$ 来度量误差 $r_i(i = 0,1,\cdots,m)$ 的整体大小。

数据拟合的具体做法是:对给定数据 $(x_i, y_i)(i = 0,1,\cdots,m)$,在取定的函数类 Φ 中,求 $p(x) \in \Phi$,使误差 $r_i = p(x_i) - y_i(i = 0,1,\cdots,m)$ 的平方和最小,即

$$\sum_{i=0}^{m} r_i^2 = \sum_{i=0}^{m} [p(x_i) - y_i]^2 = \min$$

从几何意义上讲，就是寻求与给定点$(x_i, y_i)(i=0,1,\cdots,m)$的距离平方和为最小的曲线$y=p(x)$（图6-1）。函数$p(x)$称拟合函数或最小二乘解，求拟合函数$p(x)$的方法称曲线拟合的最小二乘法。

在曲线拟合中，函数类Φ可有不同的选取方法。

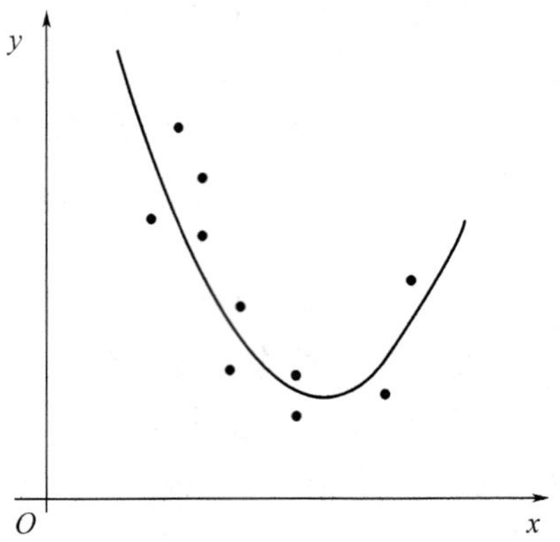

图6-1　曲线$y=p(x)$

2. 多项式拟合

假设给定数据点$(x_i, y_i)(i=0,1,\cdots,m)$，$\Phi$为所有次数不超过$n(n\leqslant m)$的多项式构成的函数类，现求一$p_n(x)=\sum_{k=0}^{n} a_k x^k \in \Phi$，使得

$$I = \sum_{i=0}^{m} [p_n(x_i) - y_i]^2 = \sum_{i=0}^{m} \left(\sum_{k=0}^{n} a_k x_i^k - y_i\right)^2 = \min \qquad (6-1)$$

当拟合函数为多项式时，称多项式拟合，满足式(6-1)的$p_n(x)$称最小二乘拟合多项式。特别地，当$n=1$时，称线性拟合或直线拟合。

显然，

$$I = \sum_{i=0}^{m} \left(\sum_{k=0}^{n} a_k x_i^k - y_i\right)^2$$

为$a_0, a_1, \cdots, a_n$的多元函数，因此上述问题即为求$I=I(a_0, a_1, \cdots, a_n)$的极值问题。由多元函数求极值的必要条件，得

$$\frac{\partial I}{\partial a_j} = 2\sum_{i=0}^{m} \left(\sum_{k=0}^{n} a_k x_i^k - y_i\right) x_i^j = 0, \qquad j=0,1,\cdots,n \qquad (6-2)$$

即

$$\sum_{k=0}^{n} \left(\sum_{i=0}^{m} x_i^{j+k}\right) a_k = \sum_{i=0}^{m} x_i^j y_i, \qquad j=0,1,\cdots,n \qquad (6-3)$$

式(6-3)是关于$a_0, a_1, \cdots, a_n$的线性方程组，用矩阵表示为

$$\begin{bmatrix} m+1 & \sum_{i=0}^{m} x_i & \cdots & \sum_{i=0}^{m} x_i^n \\ \sum_{i=0}^{m} x_i & \sum_{i=0}^{m} x_i^2 & \cdots & \sum_{i=0}^{m} x_i^{n+1} \\ \vdots & \vdots & \ddots & \vdots \\ \sum_{i=0}^{m} x_i^n & \sum_{i=0}^{m} x_i^{n+1} & \cdots & \sum_{i=0}^{m} x_i^{2n} \end{bmatrix} \begin{bmatrix} a_0 \\ a_1 \\ \vdots \\ a_n \end{bmatrix} = \begin{bmatrix} \sum_{i=0}^{m} y_i \\ \sum_{i=0}^{m} x_i y_i \\ \vdots \\ \sum_{i=0}^{m} x_i^n y_i \end{bmatrix} \tag{6-4}$$

式(6－3)或式(6－4)称正规方程组或法方程组。

可以证明,式(6－4)的系数矩阵是一个对称正定矩阵,故存在唯一解。从式(6－4)中解出 $a_k(k=0,1,\cdots,n)$,从而可得多项式

$$p_n(x) = \sum_{k=0}^{n} a_k x^k \tag{6-5}$$

可以证明,式(6－5)中的 $p_n(x)$ 满足式(6－1),即 $p_n(x)$ 为所求的拟合多项式。把 $\sum_{i=0}^{m}[p_n(x_i)-y_i]^2$ 称为最小二乘拟合多项式 $p_n(x)$ 的平方误差,记作

$$\| r \|_2^2 = \sum_{i=0}^{m}[p_n(x_i)-y_i]^2$$

由式(6－2)可得

$$\| r \|_2^2 = \sum_{i=0}^{m} y_i^2 - \sum_{k=0}^{n} a_k\left(\sum_{i=0}^{m} x_i^k y_i\right) \tag{6-6}$$

【例6－1】 测得铜导线在温度 T_i(单位℃)时的电阻 R_i(单位Ω)如表6－1所示,求电阻 R 与温度 T 的近似函数关系。

表6－1 铜导线温度与电阻关系

i	0	1	2	3	4	5	6
T_i/℃	19.1	25.0	30.1	36.0	40.0	45.1	50.0
R_i/Ω	76.30	77.80	79.25	80.80	82.35	83.90	85.10

解:画出散点图(图6－2),可见测得的数据接近一条直线,故取 $n=1$,拟合函数为

$$R = a_0 + a_1 T$$

如表6－2所示。

表6－2 拟合函数

i	T_i	R_i	T_i^2	T_iR_i
0	19.1	76.30	364.81	1 457.330
1	25.0	77.80	625.00	1 945.000
2	30.1	79.25	906.01	2 385.425
3	36.0	80.80	1 296.00	2 908.800
4	40.0	82.35	1 600.00	3 294.000
5	45.1	83.90	2 034.01	3 783.890
6	50.0	85.10	2 500.00	4 255.000
$\sum$	245.3	565.5	9 325.83	20 029.445

正规方程组为

$$\begin{bmatrix} 7 & 245.3 \\ 245.3 & 9\,325.83 \end{bmatrix}\begin{bmatrix} a_0 \\ a_i \end{bmatrix} = \begin{bmatrix} 565.5 \\ 20\,029.445 \end{bmatrix}$$

解方程组得

$$a_0 = 70.572, \quad a_1 = 0.921$$

故得 R 与 T 的拟合直线为

$$R = 70.572 + 0.921T$$

利用上述关系式,可以预测不同温度时铜导线的电阻值。例如,由 $R=0$ 得 $T=-242.5$,即预测温度 $T=-242.5$ ℃时,铜导线无电阻。

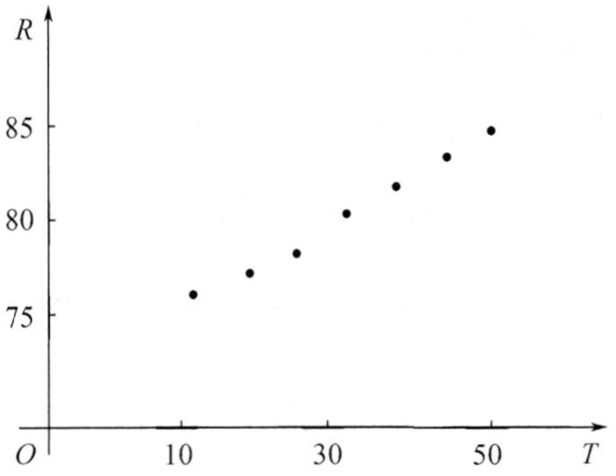

图 6-2　散点图

【例 6-2】 已知实验数据如表 6-3 所示,试用最小二乘法求它的二次拟合多项式。

表 6-3　实验数据

i	0	1	2	3	4	5	6	7	8
x_i	1	3	4	5	6	7	8	9	10
y_i	10	5	4	2	1	1	2	3	4

解:设拟合曲线方程为

$$y = a_0 + a_1x + a_2x^2$$

如表 6-4 所示。

表 6-4　方程数据表

i	x_i	y_i	x_i^2	x_i^3	x_i^4	x_iy_i	$x_i^2y_i$
0	1	10	1	1	1	10	10
1	3	5	9	27	81	15	45
2	4	4	16	64	256	16	64
3	5	2	25	125	625	10	50
4	6	1	36	216	1 296	6	36
5	7	1	49	343	2 401	7	49
6	8	2	64	512	4 096	16	128
7	9	3	81	729	6 561	27	243
8	10	4	100	1 000	10 000	40	400
$\sum$	53	32	381	3 017	25 317	147	1 025

得正规方程组

$$\begin{bmatrix} 9 & 52 & 381 \\ 52 & 381 & 3\,017 \\ 381 & 3\,017 & 25\,317 \end{bmatrix}\begin{bmatrix} a_0 \\ a_1 \\ a_2 \end{bmatrix} = \begin{bmatrix} 32 \\ 147 \\ 1\,025 \end{bmatrix}$$

解得

$$a_0 = 13.459\,7, \qquad a_1 = -3.605\,3, \qquad a_2 = 0.267\,6$$

故拟合多项式为

$$y = 13.459\,7 - 3.605\,3x + 0.267\,6x^2$$

6.1.4　方差分析法

1. 意义

t 检验和 u 检验(适用于计量资料、正态分布、方差具有齐性的两组间样本比较的两种方法,大样本用 u 检验,小样本用 t 检验)适用于两个样本均数的比较,对于 k 个样本均数的比较,如果仍用 t 检验或 u 检验,需比较 $\binom{x}{2}=\frac{k!}{2!\ (k-2)!}$次,如 4 个样本均数需比较 $\binom{4}{2}=\frac{4!}{2!\ (k-2)!}=6$ 次。假设每次比较所确定的检验水准 $\alpha=0.05$,则每次检验拒绝 H_0 不犯第一类错误的概率为 $1-0.05=0.95$;那么 6 次检验都不犯第一类错误的概率为 $(1-0.05)^6=0.7351$,而犯第一类错误的概率为 0.264 9,因而 t 检验和 u 检验不适用于多个样本均数的比较。用方差分析比较多个样本均数,可有效地控制第一类错误。方差分析(Analysis of Variance, ANOVA)由英国统计学家 R. A. Fisher 首先提出,以 F 命名其统计量,故方差分析又称 F 检验。

2. 基本思想

下面通过表 6-5 资料介绍方差分析的基本思想。

例如,有 4 组进食高脂饮食的家兔,接受不同处理后,测定其血清肾素血管紧张素转化酶(ACE)浓度,试比较四组家兔的血清 ACE 浓度。

表 6-5　对照组及各实验组家兔血清 ACE 浓度　　(单位:u/mL)

	对照组	实验组				
		A 降脂药	B 降脂药	C 降脂药		
	61.24	82.35	26.23	25.46		
	58.65	56.47	46.87	38.79		
	46.79	61.57	24.36	13.55		
	37.43	48.79	38.54	19.45		
	66.54	62.54	42.16	34.56		
	59.27	60.87	30.33	10.96		
			20.68	48.23		
$\sum_{j=1}^{n_t} x_{ij}$	329.92	372.59	229.17	191.00	1122.68	$(\sum x)$

表 6 – 5(续)

	对照组	实验组				
		A 降脂药	B 降脂药	C 降脂药		
n_i	6	6	7	7	26	(N)
$\bar{x}_i$	54.99	62.10	32.74	27.29	43.18	($\bar{x}$)
$\sum_{j=1}^{n_t} x_{ij}^2$	18 720.97	23 758.12	8 088.59	6 355.43	56 923.11	($\sum x^2$)

由表 6 – 5,26 只家兔的血清 ACE 浓度各不相同,称总变异;4 组家兔的血清 ACE 浓度均数也各不相同,称组间变异;即使同一组内部,家兔血清 ACE 浓度相互间也不相同,称组内变异。该例的总变异包括组间变异和组内变异两部分,或者说可把总变异分解为组间变异和组内变异。组内变异由家兔间的个体差异导致。组间变异可能由两种原因导致,一是抽样误差,二是各组家兔所接受的处理不同。在抽样研究中抽样误差是不可避免的,故导致组间变异的第一种原因肯定存在;第二种原因是否存在,需通过假设检验作出推断。假设检验的方法很多,由于该例为多个样本均数的比较,应选用方差分析。

方差分析的检验假设 H_0 为各样本来自均数相等的总体,H_1 为各总体均数不等或不全相等。若不拒绝 H_0,可认为各样本均数间的差异是由抽样误差导致,而不是由处理因素的作用导致。理论上,此时的组间变异与组内变异应相等,两者的比值即统计量 F 为 1;由于存在抽样误差,两者往往不恰好相等,但相差不会太大,统计量 F 应接近于 1。若拒绝 H_0,接受 H_1,可认为各样本均数间的差异不仅是由抽样误差导致,还有处理因素的作用。此时的组间变异远大于组内变异,两者的比值即统计量 F 明显大于 1。在实际应用中,当统计量 F 值远大于 1 且大于某界值时,拒绝 H_0,接受 H_1,即意味着各样本均数间的差异,不仅是由抽样误差导致,还有处理因素的作用。

$$F = \frac{MS_{组间}}{MS_{组内}} \tag{6 – 7}$$

方差分析的基本思想是根据研究目的和设计类型,将总变异中的离均差平方和 SS 及其自由度 V 分别分解成相应的若干部分,然后求各相应部分的变异;再用各部分的变异与组内(或误差)变异进行比较,得出统计量 F 值;最后根据 F 值的大小确定 P 值,作出统计推断。

例如,完全随机设计的方差分析,是将总变异中的离均差平方和 SS 及其自由度 V 分别分解成组间和组内两部分,SS 组间/V 组间和 SS 组内/V 组内分别为组间变异(MS 组间)和组内变异(MS 组内),两者之比即为统计量 F(MS 组间/MS 组内)。

又如,随机区组设计的方差分析,是将总变异中的离均差平方和 SS 及其自由度 V 分别分解成处理间、区组间和误差三部分,然后分别求得以上各部分的变异(MS 处理、MS 区组和 MS 误差),进而得出统计量 F 值(MS 处理/MS 误差、MS 区组/MS 误差)。

6.2 实例分析应用

6.2.1 长江水质的评价和预测(2005 年 A 题)

水是人类赖以生存的资源,保护水资源就是保护我们自己,对于我国大江大河水资源的保护和治理应是重中之重。专家们呼吁:“以人为本,建设文明和谐社会,改善人与自然的环境,减少污染。”

长江是我国第一、世界第三大河流,长江水质的污染程度日趋严重,已引起了相关政府部门和专家们的高度重视。2004 年 10 月,由全国政协与中国发展研究院联合组成“保护长江万里行”考察团,从长江上游宜宾到下游上海,对沿线 21 个重点城市做了实地考察,揭示了一幅长江污染的真实画面,其污染程度让人触目惊心。为此,专家们提出“若不及时拯救,长江生态 10 年内将濒临崩溃”(附件 1,略),并发出了“拿什么拯救癌变长江”的呼唤(附件 2,略)。

附件 3(略)给出了长江沿线 17 个观测站(地区)近两年主要水质指标的检测数据,以及干流上 7 个观测站近一年的基本数据(站点距离、水流量和水流速)。通常认为一个观测站(地区)的水质污染主要来自于本地区的排污和上游的污水。一般说来,江河自身对污染物都有一定的自然净化能力,即污染物在水环境中通过物理降解、化学降解和生物降解等使水中污染物的浓度降低。反映江河自然净化能力的指标称降解系数。事实上,长江干流的自然净化能力可以认为是近似均匀的,根据检测可知,主要污染物高锰酸盐指数和氨氮的降解系数通常为 0.1 ~0.5,比如可以考虑取 0.2(单位:1/天)。附件 4 是“1995—2004 年长江流域水质报告”给出的主要统计数据。表 6 - 6 是国标(GB 3838—2002) 给出的地表水环境质量标准中 4 个主要项目标准限值,其中 Ⅰ、Ⅱ、Ⅲ类为可饮用水。

请你们研究下列问题:

(1)对长江近两年的水质情况做出定量的综合评价,并分析各地区水质的污染状况。

(2)研究、分析长江干流近一年主要污染物高锰酸盐指数和氨氮的污染源主要在哪些地区。

(3)假如不采取更有效的治理措施,依照过去 10 年的主要统计数据,对长江未来水质污染的发展趋势做出预测分析,比如研究未来 10 年的情况。

(4)根据你的预测分析,如果未来 10 年内每年都要求长江干流的Ⅳ类和Ⅴ类水的比例控制在 20% 以内,且没有劣Ⅴ类水,那么每年需要处理多少污水?

(5)你对解决长江水质污染问题有什么切实可行的建议和意见?

表 6 - 6 《地表水环境质量标准》(GB3838—2002)中 4 个主要项目标准限值 (单位:mg/L)

序号	项目	分类					
		Ⅰ类	Ⅱ类	Ⅲ类	Ⅳ类	Ⅴ类	劣Ⅴ类
1	溶解氧(DO) ≥	7.5(或饱和率 90%)	6	5	3	2	0
2	高锰酸盐指数(CODMn) ≤	2	4	6	10	15	∞
3	氨氮(NH_3-N) ≤	0.15	0.5	1.0	1.5	2.0	∞
4	pH 值(无量纲)	6 ~9					

【问题分析】

摘要

1　问题重述

2　模型的基本假设

3　符号说明

4　长江水质的综合评价

4.1　问题的分析

4.2　理论分析与算法步骤

1.数据的归一化和综合

2.单个观测点水质评估向量和长江全流域水质的综合评价

4.3　水质等级标准的确定

4.4　长江水质的综合评价

5　长江污染源的判定

5.1　差分方程反演模型的建立与求解

5.2　微分方程反演模型对污染源的判定

5.3　含支流的微分方程反演模型

6　回归模型对水质的预测分析

6.1　回归模型对问题的求解

6.2　模型的改进和预测结果

7　基于回归模型的预测控制

7.1　理论分析

7.2　回归模型对污水处理量的预测

7.3　二元线性回归模型的建立与求解

8　模型的检验与推广

9　模型的评价

10　参考文献

11　附录

6.2.3　彩票中的数学(2002 年 B 题)

近年来“彩票飓风”席卷中华大地,巨额诱惑使越来越多的人加入到“彩民”的行列,目前流行的彩票主要有“传统型”和“乐透型”两种类型。

“传统型”采用“10 选 6 + 1”方案:先从 6 组 0 ~ 9 号球中摇出 6 个基本号码,每组摇出一个,然后从 0 ~ 4 号球中摇出一个特别号码,构成中奖号码。投注者从 0 ~ 9 十个号码中任选 6 个基本号码(可重复),从 0 ~ 4 中选一个特别号码,构成一注,根据单注号码与中奖号码相符的个数多少及顺序确定中奖等级。以中奖号码“abcdef + g”为例说明中奖等级,如表 6 - 7 所示(X 表示未选中的号码)。

表 6-7 “传统型”中奖等级

中奖等级	10 选 6+1(6+1/10)	
	基本号码 特别号码	说 明
一等奖	abcdefg	选 7 中(6+1)
二等奖	abcdef	选 7 中(6)
三等奖	abcdeX Xbcdef	选 7 中(5)
四等奖	abcdXX XbcdeX XXcdef	选 7 中(4)
五等奖	abcXXX XbcdXX XXcdeX XXXdef	选 7 中(3)
六等奖	abXXXX XbcXXX XXcdXX XXXdeX XXXXef	选 7 中(2)

“乐透型”有多种不同的形式,比如“33 选 7”的方案:先从 01~33 个号码球中一个一个地摇出 7 个基本号,再从剩余的 26 个号码球中摇出一个特别号码。投注者从 01~33 个号码中任选 7 个组成一注(不可重复),根据单注号码与中奖号码相符的个数多少确定相应的中奖等级,不考虑号码顺序。又如“36 选 6+1”的方案,先从 01~36 个号码球中一个一个地摇出 6 个基本号,再从剩下的 30 个号码球中摇出一个特别号码。从 01~36 个号码中任选 7 个组成一注(不可重复),根据单注号码与中奖号码相符的个数多少确定相应的中奖等级,不考虑号码顺序。这两种方案的中奖等级如表 6-8 所示。

表 6-8 “乐透型”中奖等级

中奖等级	33 选 7(7/33)		36 选 6+1(6+1/36)	
	基本号码 特别号码	说 明	基本号码 特别号码	说 明
一等奖	●●●●●●●	选 7 中(7)	●●●●●●★	选 7 中(6+1)
二等奖	●●●●●●○★	选 7 中(6+1)	●●●●●●	选 7 中(6)
三等奖	●●●●●●○	选 7 中(6)	●●●●●○★	选 7 中(5+1)
四等奖	●●●●●○○★	选 7 中(5+1)	●●●●●○	选 7 中(5)
五等奖	●●●●●○○	选 7 中(5)	●●●●○○★	选 7 中(4+1)
六等奖	●●●●○○○★	选 7 中(4+1)	●●●●○○	选 7 中(4)
七等奖	●●●●○○○	选 7 中(4)	●●●○○○★	选 7 中(3+1)

注:●为选中的基本号码;★为选中的特别号码;○为未选中的号码。

以上两种类型的总奖金比例一般为销售总额的 50%,投注者单注金额为 2 元,单注若已得到高级别的奖就不再兼得低级别的奖。现在常见的销售规则及相应的奖金设置方案如表 6-9 所示,其中一、二、三等奖为高项奖,后面的为低项奖。低项奖数额固定,高项奖按比例分配,但一等奖单注保底金额 60 万元,封顶金额 500 万元,各高项奖额的计算方法为

[(当期销售总额 ×总奖金比例) -低项奖总额]×单项奖比例

(1)根据这些方案的具体情况,综合分析各种奖项出现的可能性、奖项和奖金额的设置以及对彩民的吸引力等因素评价各方案的合理性。

(2)设计一种“更好”的方案及相应的算法,并据此给彩票管理部门提出建议。

(3)给报纸写一篇短文,供彩民参考。

表 6－9　常见销售规则及相应的奖金三个设置方案

序号	方案	奖项							备注
		一等奖比例	二等奖比例	三等奖比例	四等奖金额	五等奖金额	六等奖金额	七等奖金额	
1	6＋1/10	50%	20%	30%	50				按序
2	6＋1/10	60%	20%	20%	300	20	5		按序
3	6＋1/10	65%	15%	20%	300	20	5		按序
4	6＋1/10	70%	15%	15%	300	20	5		按序
5	7/29	60%	20%	20%	300	30	5		
6	6＋1/29	60%	25%	15%	200	20	5		
7	7/30	65%	15%	20%	500	50	15	5	
8	7/30	70%	10%	20%	200	50	10	5	
9	7/30	75%	10%	15%	200	30	10	5	
10	7/31	60%	15%	25%	500	50	20	10	
11	7/31	75%	10%	15%	320	30	5		
12	7/32	65%	15%	20%	500	50	10		
13	7/32	70%	10%	20%	500	50	10		
14	7/32	75%	10%	15%	500	50	10		
15	7/33	70%	10%	20%	600	60	6		
16	7/33	75%	10%	15%	500	50	10	5	
17	7/34	65%	15%	20%	500	30	6		
18	7/34	68%	12%	20%	500	50	10	2	
19	7/35	70%	15%	15%	300	50	5		
20	7/35	70%	10%	20%	500	100	30	5	
21	7/35	75%	10%	15%	1000	100	50	5	
22	7/35	80%	10%	10%	200	50	20	5	
23	7/35	100%	2000	20	4	2			无特别号
24	6＋1/36	75%	10%	15%	500	100	10	5	
25	6＋1/36	80%	10%	10%	500	100	10		
26	7/36	70%	10%	20%	500	50	10	5	
27	7/37	70%	15%	15%	1500	100	50		
28	6/40	82%	10%	8%	200	10	1		
29	5/60	60%	20%	20%	300	30			

【问题分析】

本问题要求我们建立一种优选的评价准则去评估各种彩票方案的合理性，还要求设计出更好的方案，对管理部门给出合理化建议。

对问题(1)，首先分别对“传统型”“乐透单项型”“乐透复合型”给出了不同的概率计算方法，计算出各类彩票方案中各种奖项的中奖率并统计中奖概率总和；通过综合分析建立评价彩票发行方案合理性的目标函数——合理度，它是度量各种因素对彩民吸引力程度的函数。通过层次分析法得到模型中涉及的各因素的权重值，利用题目所给的数据通过向量的标准化得到各种因素的标准值，利用 MATLAB 软件编程对大量的数据进行处理，得出最优方案。

对问题(2)，应用问题(1)中计算出的权重值，建立合理的彩票发行方案的优化模型，通过 MATLAB 软件编程计算得到在不同彩票发行类型不同中奖概率和销售方案前提下的彩票发行最优方案。适当提高奖金的浮动区间，彩票的发行方案更合理。

6.2.3 电力市场的输电阻塞管理(2004 年 B 题)

我国电力系统的市场化改革正在积极、稳步地进行。2003 年 3 月，国家电力监管委员会成立。2003 年 6 月，该委员会发文列出了组建东北区域电力市场和进行华东区域电力市场试点的时间表，标志着电力市场化改革已经进入实质性阶段。可以预计，随着我国用电紧张的缓解，电力市场化将进入新一轮的发展，这给有关产业和研究部门带来了可预期的机遇和挑战。

电力从生产到使用的四大环节——发电、输电、配电和用电是瞬间完成的。我国电力市场初期是发电侧电力市场，采取交易与调度一体化的模式。电网公司在组织交易、调度和配送时，必须遵循电网“安全第一”的原则，同时要制订一个电力市场交易规则，按照购电费用最小的经济目标来运作。市场交易 - 调度中心根据负荷预报和交易规则制订满足电网安全运行的调度计划——各发电机组的出力(发电功率)分配方案；在执行调度计划的过程中，还需实时调度承担 AGC(自动发电控制)辅助服务的机组出力，以跟踪电网中实时变化的负荷。

设某电网有若干台发电机组和若干条主要线路，每条线路上的有功潮流(输电功率和方向)取决于电网结构和各发电机组的出力。电网每条线路上的有功潮流的绝对值有一安全限值，限值还具有一定的相对安全裕度(即在应急情况下潮流绝对值可以超过限值的百分比的上限)。如果各机组出力分配方案使某条线路上的有功潮流的绝对值超出限值，称输电阻塞。当发生输电阻塞时，需要研究如何制订既安全又经济的调度计划。

电力市场交易规则：

(1) 以 15 分钟为一个时段组织交易，每台机组在当前时段开始时刻前给出下一个时段的报价。各机组将可用出力由低到高分成至多 10 段报价，每个段的长度称段容量，每个段容量报一个价(称段价)，段价按段序数单调不减。在最低技术出力以下的报价一般为负值，表示愿意付费维持发电以避免停机带来更大的损失。

(2)在当前时段内，市场交易 - 调度中心根据下一个时段的负荷预报，每台机组的报价、当前出力和出力改变速率，按段价从低到高选取各机组的段容量或其部分(见下面注释)，直到它们之和等于预报的负荷，这时每个机组被选入的段容量或其部分之和形成该时段该机组的出力分配预案(初始交易结果)。最后一个被选入的段价(最高段价)称该时段的清算价，该时段全部机组的所有出力均按清算价结算。

市场交易－调度中心在当前时段内要完成的具体操作过程如下：

(1)监控当前时段各机组出力分配方案的执行，调度 AGC 辅助服务，在此基础上给出各机组的当前出力值。

(2)作出下一个时段的负荷需求预报。

(3)根据电力市场交易规则得到下一个时段各机组出力分配预案。

(4)计算当执行各机组出力分配预案时电网各主要线路上的有功潮流，判断是否会出现输电阻塞。如果不出现，接受各机组出力分配预案；否则，按照如下原则实施阻塞管理。

需要做的工作如下：

(1)某电网有 8 台发电机组，6 条主要线路，表 6－10 和表 6－11 中的方案 0 给出了各机组的当前出力和各线路上对应的有功潮流值，方案 1～32 给出了围绕方案 0 的一些实验数据，试用这些数据确定各线路上有功潮流关于各发电机组出力的近似表达式。

(2)设计一种简明、合理的阻塞费用计算规则，除考虑上述电力市场规则外，还需注意在输电阻塞发生时公平地对待序内容量不能出力的部分和报价高于清算价的序外容量出力的部分。

(3)假设下一个时段预报的负荷需求是 982.4 MW，表 6－12、表 6－13 和表 6－14 分别给出了各机组的段容量、段价和爬坡速率的数据，试按照电力市场规则给出下一个时段各机组的出力分配预案。

(4)按照表 6－15 给出的潮流限值，检查得到的出力分配预案是否会引起输电阻塞，并在发生输电阻塞时，根据安全且经济的原则，调整各机组出力分配方案，并给出与该方案相应的阻塞费用。

(5)假设下一个时段预报的负荷需求是 1052.8 MW，重复(3)～(4)的工作。

表 6－10　各机组出力方案　　（单位：兆瓦，记作 MW）

方案	机组							
	1	2	3	4	5	6	7	8
0	120	73	180	80	125	125	81.1	90
1	133.02	73	180	80	125	125	81.1	90
2	129.63	73	180	80	125	125	81.1	90
3	158.77	73	180	80	125	125	81.1	90
4	145.32	73	180	80	125	125	81.1	90
5	120	78.596	180	80	125	125	81.1	90
6	120	75.45	180	80	125	125	81.1	90
7	120	90.487	180	80	125	125	81.1	90
8	120	83.848	180	80	125	125	81.1	90
9	120	73	231.39	80	125	125	81.1	90
10	120	73	198.48	80	125	125	81.1	90

表 6－10(续)

方案	机组							
	1	2	3	4	5	6	7	8
11	120	73	212.64	80	125	125	81.1	90
12	120	73	190.55	80	125	125	81.1	90
13	120	73	180	75.857	125	125	81.1	90
14	120	73	180	65.958	125	125	81.1	90
15	120	73	180	87.258	125	125	81.1	90
16	120	73	180	97.824	125	125	81.1	90
17	120	73	180	80	150.71	125	81.1	90
18	120	73	180	80	141.58	125	81.1	90
19	120	73	180	80	132.37	125	81.1	90
20	120	73	180	80	156.93	125	81.1	90
21	120	73	180	80	125	138.88	81.1	90
22	120	73	180	80	125	131.21	81.1	90
23	120	73	180	80	125	141.71	81.1	90
24	120	73	180	80	125	149.29	81.1	90
25	120	73	180	80	125	125	60.582	90
26	120	73	180	80	125	125	70.962	90
27	120	73	180	80	125	125	64.854	90
28	120	73	180	80	125	125	75.529	90
29	120	73	180	80	125	125	81.1	104.84
30	120	73	180	80	125	125	81.1	111.22
31	120	73	180	80	125	125	81.1	98.092
32	120	73	180	80	125	125	81.1	120.44

表 6－11　各线路的潮流值　（各方案与表 6－10 相对应，单位：MW）

方案	线路					
	1	2	3	4	5	6
0	164.78	140.87	－144.25	119.09	135.44	157.69
1	165.81	140.13	－145.14	118.63	135.37	160.76
2	165.51	140.25	－144.92	118.7	135.33	159.98
3	167.93	138.71	－146.91	117.72	135.41	166.81
4	166.79	139.45	－145.92	118.13	135.41	163.64

表 6-11(续)

方案	线路					
	1	2	3	4	5	6
5	164.94	141.5	-143.84	118.43	136.72	157.22
6	164.8	141.13	-144.07	118.82	136.02	157.5
7	165.59	143.03	-143.16	117.24	139.66	156.59
8	165.21	142.28	-143.49	117.96	137.98	156.96
9	167.43	140.82	-152.26	129.58	132.04	153.6
10	165.71	140.82	-147.08	122.85	134.21	156.23
11	166.45	140.82	-149.33	125.75	133.28	155.09
12	165.23	140.85	-145.82	121.16	134.75	156.77
13	164.23	140.73	-144.18	119.12	135.57	157.2
14	163.04	140.34	-144.03	119.31	135.97	156.31
15	165.54	141.1	-144.32	118.84	135.06	158.26
16	166.88	141.4	-144.34	118.67	134.67	159.28
17	164.07	143.03	-140.97	118.75	133.75	158.83
18	164.27	142.29	-142.15	118.85	134.27	158.37
19	164.57	141.44	-143.3	119	134.88	158.01
20	163.89	143.61	-140.25	118.64	133.28	159.12
21	166.35	139.29	-144.2	119.1	136.33	157.59
22	165.54	140.14	-144.19	119.09	135.81	157.67
23	166.75	138.95	-144.17	119.15	136.55	157.59
24	167.69	138.07	-144.14	119.19	137.11	157.65
25	162.21	141.21	-144.13	116.03	135.5	154.26
26	163.54	141	-144.16	117.56	135.44	155.93
27	162.7	141.14	-144.21	116.74	135.4	154.88
28	164.06	140.94	-144.18	118.24	135.4	156.68
29	164.66	142.27	-147.2	120.21	135.28	157.65
30	164.7	142.94	-148.45	120.68	135.16	157.63
31	164.67	141.56	-145.88	119.68	135.29	157.61
32	164.69	143.84	-150.34	121.34	135.12	157.64

表 6-12 各机组的段容量 （单位:MW）

机组	段									
	1	2	3	4	5	6	7	8	9	10
1	70	0	50	0	0	30	0	0	0	40
2	30	0	20	8	15	6	2	0	0	8
3	110	0	40	0	30	0	20	40	0	40
4	55	5	10	10	10	10	15	0	0	1
5	75	5	15	0	15	15	0	10	10	10
6	95	0	10	20	0	15	10	20	0	10
7	50	15	5	15	10	10	5	10	3	2
8	70	0	20	0	20	0	20	10	15	5

表 6-13 各机组的段价 （单位:元/兆瓦小时,记作元/MWh）

机组	段									
	1	2	3	4	5	6	7	8	9	10
1	-505	0	124	168	210	252	312	330	363	489
2	-560	0	182	203	245	300	320	360	410	495
3	-610	0	152	189	233	258	308	356	415	500
4	-500	150	170	200	255	302	325	380	435	800
5	-590	0	116	146	188	215	250	310	396	510
6	-607	0	159	173	205	252	305	380	405	520
7	-500	120	180	251	260	306	315	335	348	548
8	-800	153	183	233	253	283	303	318	400	800

表 6-14 各机组的爬坡速率

机组	1	2	3	4	5	6	7	8
速率/(MW/分钟)	2.2	1	3.2	1.3	1.8	2	1.4	1.8

表 6-15 各线路的潮流限值和相对安全裕度

线路	1	2	3	4	5	6
限值/MW	165	150	160	155	132	162
安全裕度	13%	18%	9%	11%	15%	14%

【问题分析】

本文研究了电力市场输电阻塞的管理问题。为了能在发生输电阻塞时制订出既安全又经济的调度计划,本文定义了安全度函数和堵塞费用函数(两者都是关于机组出力的函数),并设计了合理简明的堵塞费用计算方法。本文还从安全和经济角度出发,构造了综合安全度和堵塞费用的目标函数,从而把一个多目标规划问题转化为了以机组出力为决策变量的单目标非线性规划问题,并分别利用 MATLAB 优化工具箱函数和模拟退火算法对问题进行了求解。

对于问题(1),本文利用 SPSS 软件采用多元回归分析的逐步回归方法,算出各机组出力与相应线路有功潮流的线性关系表达式及其系数矩阵,并通过方差分析、回归系数分析对模型进行了检验。对于问题(2),本文设计的堵塞费用,除考虑电力市场规则外,对序内、序外容量出力部分均较公平地进行了部分补偿。对于问题(3),本文建立了相应的优化模型,计算出各机组的出力分配方案和相应的清算价格,当负荷需求为 982.4 MW 时清算价格为 305 元/MWh,负荷需求为 1052.8 MW 时清算价格为 356 元/MWh,初始分配预案见问题(4)和问题(5)的第一种方案。

问题(4),问题(5)是本文研究的核心,即讨论当出现输电堵塞时的各种处理对策,在解决问题(4)时,本文的一大特色是引入了常数,该值表示在出力分配预案未进行调整时由安全隐患带来的经济损失,它刻画了网方对线路安全的重视程度,通过调节值的大小可以找到安全度不同的调节方案。最终能使调整后的出力方案不再发生堵塞,较好地解决了问题(4)。对于问题(5),无论怎样调整方案均不能使堵塞完全消失,根据输电堵塞原则(2)进行调整,最终使每条线路上潮流的绝对值超过限值的百分比达到尽可能的小。根据本文的模型,问题(4)和问题(5)间均未出现需要拉闸限电的情况。

6.2.4　月上柳梢头(2015 年 C 题)

“月上柳梢头,人约黄昏后”是北宋学者欧阳修的名句,写的是与佳人相约的情景。请用天文学的观点赏析该名句,并进行如下的讨论:

(1)定义“月上柳梢头”时月亮在空中的角度和什么时间称“黄昏后”。根据天文学的基本知识,在适当简化的基础上,建立数学模型,分别确定“月上柳梢头”和“人约黄昏后”发生的日期与时间。并根据已有的天文资料(如太阳和月亮在天空中的位置、日出日没时刻、月出月没时刻)验证所建模型的合理性。

(2)根据所建立的模型,分析 2016 年北京地区“月上柳梢头,人约黄昏后”发生的日期与时间。根据模型判断 2016 年在哈尔滨、上海、广州、昆明、成都、乌鲁木齐是否能发生这一情景? 如果能,请给出相应的日期与时间;如果不能,请给出原因。

【问题分析】

本题目希望学生借助于欧阳修的名句“月上柳梢头,人约黄昏后”来了解天体(太阳和月亮)的运动规律,用天文学的观点来解释它发生的日期与时间。

对于问题(1):

(1)需要给出“柳梢头”和“黄昏后”的定义,即月亮的高度角是多少时为“月上柳梢头”,日落后的多长时间为“黄昏后”。这两个概念应与月亮和太阳有关,如果只用某个固定的时间定义黄昏是不可取的。

(2)计算黄昏时间需要用到日落时间,而日落时间需要用到太阳高度角的计算公式(自己推导与查找资料均可)。希望由公式导出黄昏时间,仅给出定性说明是不可取的。

(3)利用月亮高度角的计算公式(自己推导与查找资料均可)导出“月上柳梢头”的时间,计算时一般需要对公式及其参数作适当简化,仅给出定性说明是不可取的。

(4)利用已有的知识,如日出、日落、月出、月落时刻(这些内容能在教科书上或网上查到),验证模型的正确性。

对于问题(2):

在完成问题1的基础之上,需将题目所给城市的地理数据(经度与纬度)代入,推算同时发生“月上柳梢头,人约黄昏后”的日期和时间。这里需注意“当地时间”与“北京时间”的差异。

6.2.5 奥运会临时超市网点设计(2004年A题)

2008年北京奥运会的建设工作已经进入全面设计和实施阶段。奥运会期间,在比赛主场馆的周边地区需要建设由小型商亭构建的临时商业网点,称迷你超市(Mini Supermarket,以下记作MS)网,以满足观众、游客、工作人员等在奥运会期间的购物需求,主要经营食品、奥运纪念品、旅游用品、文体用品和小日用品等。在比赛主场馆周边地区设置的这种MS,在地点、大小类型和总量方面有三个基本要求:满足奥运会期间的购物需求、分布基本均衡和商业上赢利。

图6-3给出了比赛主场馆的规划图。作为真实地图的简化,在图6-4中仅保留了与本问题有关的地区及相关部分:道路(白色为人行道)、公交车站、地铁站、出租车站、私车停车场、餐饮部门等,其中标有A1~A10、B1~B6、C1~C4的黄色区域是规定的设计MS网点的20个商区。

为了得到人流量的规律,一个可供选择的方法,是在已经建设好的某运动场(图6-5)通过对预演的运动会的问卷调查,了解观众(购物主体)的出行和用餐的需求方式和购物欲望。假设我们在某运动场举办了三次运动会,并通过对观众的问卷调查采集了相关数据,在附录中给出。

请你按以下步骤对图6-4的20个商区设计MS网点:

(1)根据附录中给出的问卷调查数据,找出观众在出行、用餐和购物等方面所反映的规律。

(2)假定奥运会期间(指某一天)每位观众平均出行两次,一次为进出场馆,一次为餐饮,并且出行均采取最短路径。依据问题(1)的结果,测算图6-4中20个商区的人流量分布(用百分比表示)。

(3)如果有两种大小不同规模的MS类型供选择,给出图6-4中20个商区内MS网点的设计方案(即每个商区内不同类型MS的个数),以满足上述三个基本要求。

(4)阐明你的方法的科学性,并说明你的结果是贴近实际的。

【说明】

(1)商业上用“商圈”来描述商店的覆盖范围。影响商店选址的主要因素是商圈内的人流量及购物欲望。

(2)为简化起见,假定国家体育场(鸟巢)容量为10万人,国家体育馆容量为6万人,国家游泳中心(水立方)容量为4万人。三个场馆的每个看台容量均为1万人,出口对准一个商区,各商区面积相同。

【附录】

对观众发放的问卷调查，收回率为 33%，三次共收回 10 000 多份。具体数据请在 Access 数据库中索取，其中年龄分 4 档，20 岁以下，20 ~ 30 岁，30 ~ 50 岁，50 岁以上；出行方式分 4 种，出租、公交、地铁、私车；餐饮方式分 3 种，中餐、西餐、商场（餐饮）；消费额（非餐饮）分 6 档，0 ~ 100，100 ~ 200，200 ~ 300，300 ~ 400，400 ~ 500，500 以上（元）。

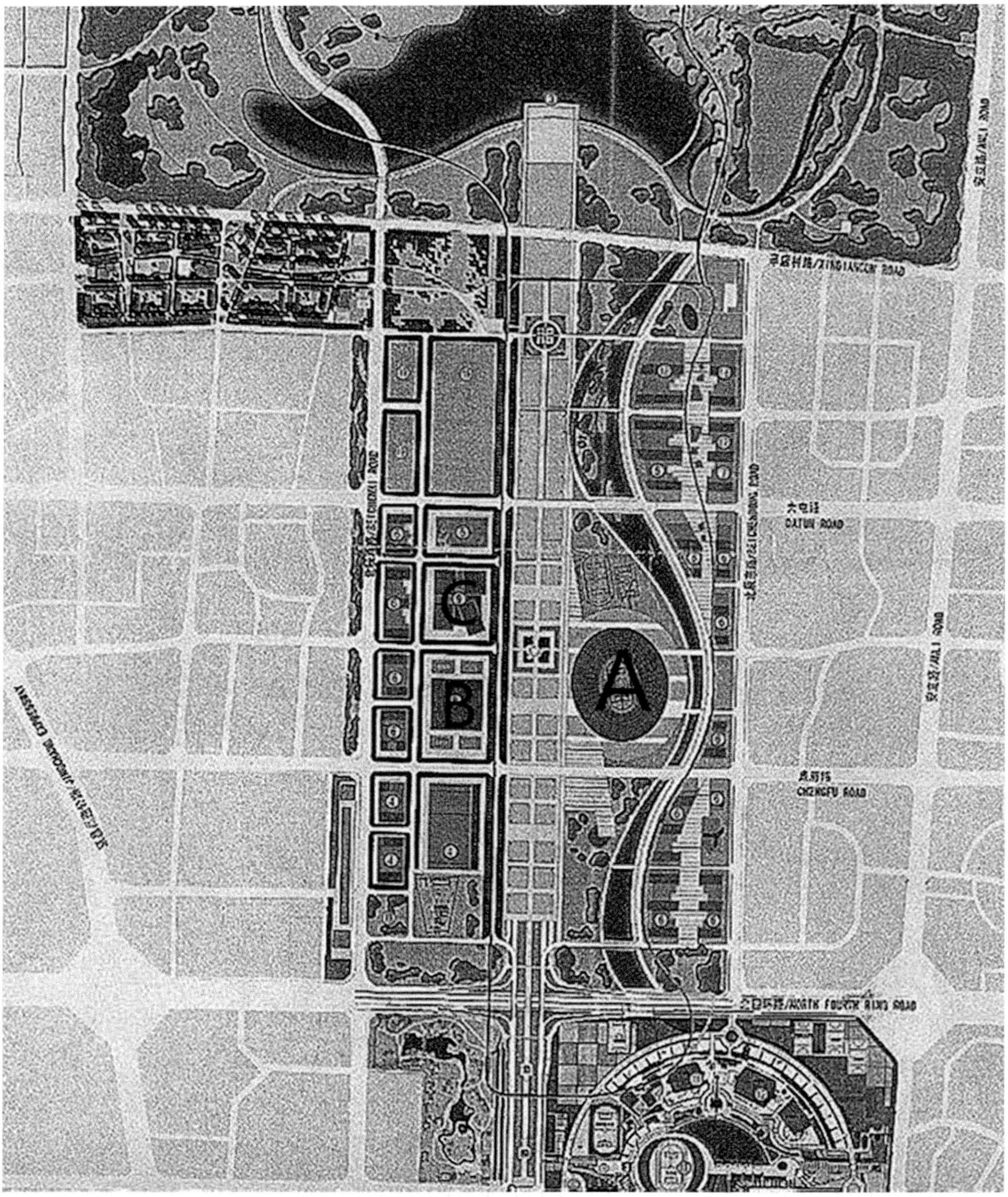

图 6 – 3　比赛主场馆规划图

A – 国家体育场（鸟巢）；B – 国家体育馆；C – 国家游泳中心（水立方）

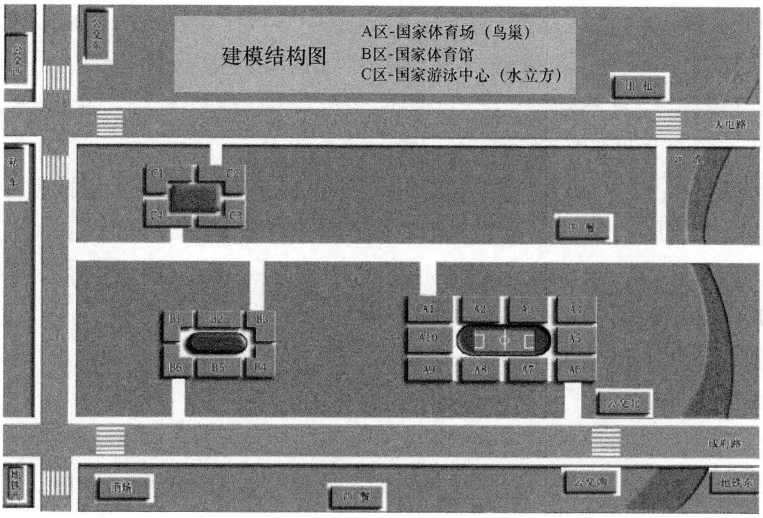

图6-4　简化图

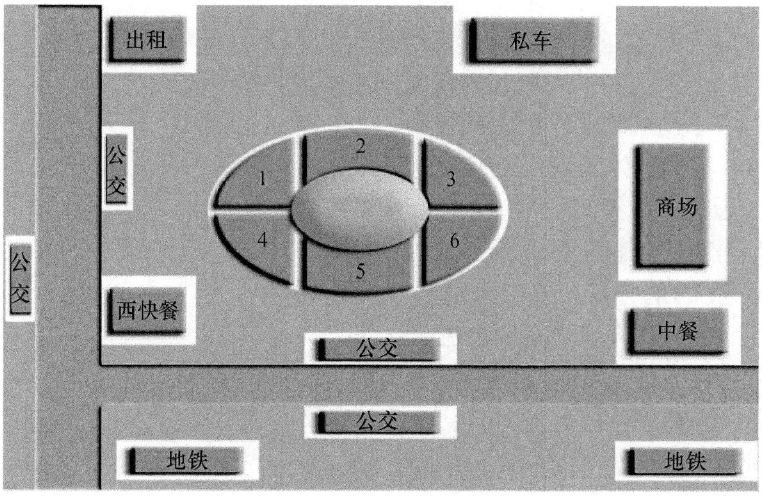

图6-5　已建设好的某运动场

【问题分析】

我们对2008年即将在北京举行的第29届奥运会比赛主场馆周边地区的临时迷你超市网点进行了设计与优化。将该问题归结为一个带有约束条件的优化问题。

首先,对问题(1),根据奥运会预演数据,分别找出并逐步细化全体观众在出行、用餐及购物方面的基本特点,及其随不同性别和年龄的变化所反映的规律。

对问题(2),把人流量看成由入场时的人流量和出场时的人流量两部分组成,入场时的人流是由交通工具停靠点到达各看台经过的路径产生,出场时的人流是由看台到达各用餐地点所经过的路径产生。求解时采用Floyd算法找出由任意交通工具停靠点到达看台及看台到任意就餐地点的最短路径,求解出每条路径上20个商区的人流分量,然后对每个商区的人流分量进行求和，得到每个商区总的人流量，并计算出人流量分布的百分比。

对问题(3)，即 MS 的设计方案，先建立购物欲望的数学模型，同时为了兼顾人流量和购物欲望两方面，我们提出消费人流量的概念。然后把最大商业赢利作为目标函数，以消费人流量作为约束条件，建立整数线性规划模型，用 LINGO 软件可很快求解出各商区不同大小比例的 MS 个数，即合理的临时 MS 网点设计方案。

最后，就问题(4)，我们从建立的购物欲望模型的正确性、购物欲望模型中的衰减因子、大小 MS 容量的比例以及 2004 年雅典奥运会的具体情况出发，讨论其科学性。还根据雅典奥运会的一些基本信息对北京奥运会的 MS 的设计提出一些建设性的参考意见。模型主要使用了 LINGO 和 MATLAB 两个数学软件来求解。

【具体步骤】

1 问题的重述

2 模型的基本假设

3 符号说明

4 问题的分析及模型的建立

4.1 问题(1)的数据分析和模型建立

4.2 问题(1)的求解

4.2.1 观众整体在选择某一特征时的概率

(1)每个人选择不同出行方式的概率

(2)每个人选择不同用餐方式的概率

(3)有不同购物需求的人的概率

4.2.2 不同群体的观众所反映的规律

(1)考虑不同年龄段的观众所反映的规律

(2)考虑不同性别的观众所反映的规律

4.3 问题(2)的分析和模型的建立

4.3.1 各商场入场观众的总流量

4.3.2 各商场出场观众的流量

4.3.3 各商场总的人流量及其百分比

4.4 问题(2)模型的求解

4.5 问题(3)的分析和模型的建立

4.5.1 确定人的购物欲望的模型

4.5.2 确定各商区的消费人流量

4.6 问题(3)模型的求解

4.6.1 求解各个商区的消费人流量

4.6.2 求解商区的超市设计方案

4.7 问题(4)的解答

4.7.1 对观众购物欲望变化规律的讨论

4.7.2 对购物欲望变化系数的讨论

4.7.3 对模型中的取值的合理性讨论

4.7.4 用雅典奥运会的一些数据对北京奥运会进行预测和对北京奥运会超市方案设计的建议

(1)对比较奥运会超市利润的预测

(2)我们的建议

5 模型的评价

6 模型的改进和推广

参考文献

附录 A 问题一中需添加的一些表格数据

附录 B Floyd 算法的基本思路

附录 C 模型三的入场人流 floydp. m

附录 A　奥运会临时超市网点设计模型

摘要

本文根据题目附录中提供的问卷调查数据，利用关系数据库查询语言，从不同侧面进行了准确统计，找出了运动会期间观众在出行方式、餐饮方式以及消费额（非餐饮）三方面所反映的规律：大部分（约 72%）的观众坐公交和地铁出行；过半数（约 52%）的观众选择西餐作为餐饮方式；绝大部分（约 88%）的观众消费额在 300 以下，其中 200 到 300 之间人数约占 44%。

根据观众在出行方式、餐饮方式以及消费额（非餐饮）三方面所反映的规律，对不同消费档次（非餐饮）的观众进行统计，分别测算出题目（图 6－4）中 20 个商区的人流量分布：

A1:6.83%　A2:5.09%　A3:5.63%　A4:6.19%　A5:6.72%

A6:11.73%　A7:5.04%　A8:4.49%　A9:3.95%　A10:3.40%

B1:2.81%　B2:2.26%　B3:4.55%　B4:3.95%　B5:4.49%

B6:7.27%　C1:1.69%　C2:2.60%　C3:5.39%　C4:5.84%

在解决了问题（1）和问题（2）的基础上，对不同消费档次的观众赋予不同消费档次指数，然后，通过对综合购买力的分析以及对各消费档次观众的消费水平进行全面、综合考查，并以此为依据对问题（3）建立了线性优化模型，运用数学软件 MATLAB 编程对模型进行二维搜索，得到了模型最优解，设计出了各商区两种类型 MS 的分布方案，如表 A－1 所示。

表 A－1　MS 分布方案

网类型	商区									
	A1	A2	A3	A4	A5	A6	A7	A8	A9	A10
小 MS 个数	5	4	4	4	5	8	4	3	3	2
大 MS 个数	5	4	4	5	5	9	4	4	3	3

网类型	商区									
	A1	A2	A3	A4	A5	A6	A7	A8	A9	A10
小 MS 个数	2	3	4	3	4	6	2	2	4	3
大 MS 个数	2	1	3	3	3	5	1	2	4	5

最后，通过综合分析，我们建立的模型能够准确描述各商区消费水平，得出两种不同类型 MS 个数分布基本均衡，既满足了奥运会期间的购物需求，又考虑了商业赢利。

关键词

人流量；二维搜索；消费档次指数；线性优化模型；综合购买力

A1 问题的提出

2008 年北京奥运会的建设工作已经进入全面设计和实施阶段。奥运会期间，在比赛主场馆的周边地区需要建设由小型商亭构建的临时商业网点，称迷你超市（Mini Supermarket，MS）网，以满足观众、游客、工作人员等在奥运会期间的购物需求，主要经营食品、奥运纪念品、旅游用品、文体用品和小日用品等。在比赛主场馆周边地区设置的这种 MS，在地点、大小类型和总量方面有三个基本要求：满足奥运会期间的购物需求、分布基本均衡和商业上赢利。

图 6－3 给出了比赛主场馆的规划图。作为真实地图的简化，在图 6－4 中仅保留了与本问题有关的地区及相关部分：道路（白色为人行道）、公交车站、地铁站、出租车站、私车停车场、餐饮部门等，其中标有 A1～A10，B1～B6，C1～C4 的黄色区域是规定的设计 MS 网点的 20 个商区。

为了得到人流量的规律，一个可供选择的方法，是在已经建设好的某运动场（图 6－5）通过对预演的运动会的问卷调查，了解观众（购物主体）的出行和用餐的需求方式和购物欲望。假设我们在某运动场举办了三次运动会，并通过对观众的问卷调查采集了相关数据，参照采集的数据，请你按以下步骤对图 6－4 的 20 个商区设计 MS 网点：

（1）根据附录中给出的问卷调查数据，找出观众在出行、用餐和购物等方面所反映的规律。

（2）假定奥运会期间（指某一天）每位观众平均出行两次，一次为进出场馆，一次为餐饮，并且出行均采取最短路径。依据问题（1）的结果，测算图 6－4 中 20 个商区的人流量分布（用百分比表示）。

（3）如果有两种大小不同规模的 MS 类型供选择，给出图 6－4 中 20 个商区内 MS 网点的设计方案（即每个商区内不同类型 MS 的个数），以满足上述三个基本要求。

（4）阐明你的方法的科学性，并说明你的结果是贴近实际的。

A2 问题假设

（1）奥运会期间（指某一天）每位观众平均出行两次，一次为进出场馆，一次为餐饮，并且出行均采取最短路径。

（2）观众在一天内的行程如下：

进场馆→出场餐饮→餐饮完回场馆→出场馆

且进场馆和出场馆路径相同，出场餐饮和餐饮完回场路径相同。

（3）出场餐饮与餐饮完回场馆时不考虑出行方式，只按餐饮方式采取最短路径。

（4）各场馆内进出口与看台一一对应（即进场时一个进口只能到达唯一确定看台，出场时一个出口对应唯一看台，看台之间不能相互跨越）。

（4）每位观众通过出行或餐饮路径上所有商区（包括看台出口所对的商区）。

（6）三个场馆人数固定（A 区为 10 万人，B 区为 6 万人，C 区为 4 万人），每个看台人数固定，均为 1 万人（即商区 A1，A2，A3，A4，A5，A6，A7，A8，A9，A10，B1，B2，B3，B4，B5，B6，C1，C2，C3，C4 对应的二十个看台每个均为一万人）。

(7)观众在奥运期间的出行方式、餐饮方式、消费额档次均不变,且服从问卷调查所得规律。

A3 假设合理性分析及说明

根据最短路径原则,观众从各车站或停车场到场馆往返路径相同;同理,餐饮往返路径也相同。因此只需考虑观众看完比赛从场馆到车站或停车场的路径(下称第一类路径)以及观众出场馆到达餐饮地点的路径(下称第二类路径)即可。即对各商区人流量只需计算这两类路径的人流量,各商区总人流量为观众走这两类路径人流量的2倍。为方便计算,本模型中人流量仅为第一类和第二类路径人流量之和。从图6-4可以看出,各场馆到餐饮地点或者无车可乘或者相距很近无需乘车,故在观众出场馆餐饮时只根据餐饮方式采取最短路径,忽略出行方式。

A4 符号约定

W:出行方式为公交(东西)。
N:出行方式为公交(南北)。
E:出行方式为地铁东。
R:出行方式为地铁西。
P:出行方式为私车。
T:出行方式为出租。
C:餐饮方式为中餐。
F:餐饮方式为西餐。
B:餐饮方式为商场。

A5 模型建立与求解

A5.1 问题(1)求解

根据附录中给出的问卷调查数据,我们利用数据库编程(Visual Basic +SQL 关系数据查询语言)首先统计得出了三次问卷调查中按年龄、出行方式、餐饮方式、消费水平分档的各类人数。

(略)

为了能清楚看出观众在出行、用餐和购物等方面反映的情况,用百分比表示各出行方式、餐饮方式、消费额档次人群的分布情况。

(略)

A5.2 问题(2)求解

商区人流量与平均购物欲望是影响商区选址的主要因素。各商区人流量与观众出行方式、餐饮方式有关。商区人流量的消费档次水平分布,体现了该商区人流的平均购物欲望。因此,以消费档次水平为划分标准,分别按出行方式及餐饮方式对人群进行统计,不同消费档次水平人数及百分比表示。

(略)

A5.3 问题(3)求解

(略)

商区 Z 的综合购买力(百万元)H_z = 商区 Z 各个消费档次购买力之和。

各个消费档次购买力 = 该消费档次人流量 × 消费档次指数

根据以上标准可以建立以总出售能力最小作为目标函数的模型:

$$\min f = m_1 \times \left(\sum_{i=1}^{10} a_{1i} + \sum_{j=1}^{6} b_{1j} + \sum_{k=1}^{4} c_{1k} \right) + m_2 \times \left(\sum_{i=1}^{10} a_{2i} + \sum_{j=1}^{6} b_{2j} + \sum_{k=1}^{4} c_{2k} \right)$$

约束条件为

$$\begin{cases} a_{1i} \times m_1 + z_{2i} \times m_2 \geqslant H_{ai} & (i = 1,2\cdots,10) \\ b_{1j} \times m_1 + b_{2j} \times m_2 \geqslant H_{bj} & (j = 1,2\cdots,6) \\ c_{1k} \times m_1 + c_{2k} \times m_2 \geqslant H_{bj} & (k = 1,2,3,4) \\ a_{1i}, a_{2i}, b_{1j}, b_{2j}, c_{1k}, c_{2k} \geqslant 1 \text{ 且为整数} \\ m_1 < m_2 \end{cases}$$

满足以上条件的 $a_{1i}, a_{2i}, b_{1j}, b_{2j}, c_{1k}, c_{2k}$ $(i = 1,2,\cdots,10; j = 1,2,\cdots,6\ ; i = 1,2,3,4)$ 的值即为每个商区两类不同规模 MS 的个数。利用 MATLAB 线性优化并同时对其进行编程,对 m_1, m_2 的值进行二维搜索,并通过逐步缩短 m_1, m_2 的搜索步长以提高精确度,确定最优解。

A5.4 模型最优解分析

(1)由设计方案可以看出,在每个商区内大小规模的 MS 分布比较均衡。计算所有场馆中大型 MS 个数为 75,小型 MS 个数为 75。即从整体范围大小规模的 MS 分布比较均衡,即“分布基本均衡”得到满足。

(2)模型中把“满足购物需求”作为建模的条件,把“商业上赢利”作为目标函数。故求得的最优解必满足以上两要求。

综合以上分析,由此模型所得的 20 个商区内 MS 网的设计方案为符合要求的可行方案。

A6 模型合理性分析及问题(4)解答

模型利用数据库编程(Visual Basic +SQL 关系数据查询语言)统计三次调查问卷,分别得出三次问卷调查中观众在出行、用餐和购物等方面所反映的规律,三次所得规律大致相同,故采取三次调查的平均值以更符合一般实际。

模型以预演运动会调查问卷所得统计数据作为建模所用数据,即把实际情况所反映的规律运用到所建模型中,并根据实际情况作出合理假设,使建模条件和实际情况更加接近。

在对问题(2)进行求解时,由于问题中没有给出路径距离的有关数据,模型根据图示合理制订相应的最短路径的行程路线,提供了一个最短行程的可行性方案。

模型用销售能力来衡量商区网点的规模,使设计问题合理地转化为最优化问题,以使所得结果在满足题目基本要求的前提下达到最优。从 MS 设计方案可以看出,各商区内大小两种不同类型的 MS 分布基本均衡,与各商区的综合购买力相匹配,在解模过程中运用数学软件 MATLAB 处理了线性最优化问题,大大提高解题速率,并使模型精确度更高。

A7 参考文献

[1]姜启源.数学模型[M].北京:高等教育出版社,1993.
[2]王能超.计算方法简明教程[M].北京:高等教育出版社,2004.

A附 利用 MATLAB 进行二维搜索的线性优化程序

利用 MATLAB 进行二维搜索的线性优化程序

```
min_value = 100000;
t = 1:1:40;
j = 1:1:40;
m1 = 1;
m2 = 1;
while m1 > = 1 && m1 < = 4
m2 = m1 + 0.2;
while m2 < = 7
s1 = 0;
vlb = [1,1,1,1,1,1,1,1,1,1,1,1,1,1,1,1,1,1,1,1,1,1,1,1,1,1,1,1,1,1,1,1,1,1,
1,1,1,1,1,1];
vub = [ ];
a = [ - m1,0,0,0,0,0,0,0,0,0,0,0,0,0,0,0,0,0,0, - m2,0,0,0,0,0,0,0,0,0,0,
0,0,0,0,0,0,0,0,0;0, - m1,0,0,0,0,0,0,0,0,0,0,0,0,0,0,0,0,0,0,0, - m2,0,0,0,0,
0,0,0,0,0,0,0,0,0,0,0,0,0,0;0,0, - m1,0,0,0,0,0,0,0,0,0,0,0,0,0,0,0,0,0,0,0, -
m2,0,0,0,0,0,0,0,0,0,0,0,0,0,0,0,0,0;0,0,0, - m1,0,0,0,0,0,0,0,0,0,0,0,0,0,0,
0,0,0,0,0, - m2,0,0,0,0,0,0,0,0,0,0,0,0,0,0,0,0;0,0,0,0, - m1,0,0,0,0,0,0,0,0,0,
0,0,0,0,0,0,0,0,0,0, - m2,0,0,0,0,0,0,0,0,0,0,0,0,0,0,0;0,0,0,0,0, - m1,0,0,
0,0,0,0,0,0,0,0,0,0,0,0,0,0,0,0,0, - m2,0,0,0,0,0,0,0,0,0,0,0,0,0,0;0,0,0,0,0,
0, - m1,0,0,0,0,0,0,0,0,0,0,0,0,0,0,0,0,0,0,0, - m2,0,0,0,0,0,0,0,0,0,0,0,0,0;
0,0,0,0,0,0,0, - m1,0,0,0,0,0,0,0,0,0,0,0,0,0,0,0,0,0,0,0, - m2,0,0,0,0,0,0,0,
0,0,0,0,0;0,0,0,0,0,0,0,0, - m1,0,0,0,0,0,0,0,0,0,0,0,0,0,0,0,0,0,0,0, - m2,0,
0,0,0,0,0,0,0,0,0,0;0,0,0,0,0,0,0,0,0, - m1,0,0,0,0,0,0,0,0,0,0,0,0,0,0,0,0,0,
0,0, - m2,0,0,0,0,0,0,0,0,0,0;0,0,0,0,0,0,0,0,0,0, - m1,0,0,0,0,0,0,0,0,0,0,0,
0,0,0,0,0,0,0,0, - m2,0,0,0,0,0,0,0,0,0;0,0,0,0,0,0,0,0,0,0,0, - m1,0,0,0,0,0,
```

```
0,0,0,0,0,0,0,0,0,0,0,0,0,0, -m2,0,0,0,0,0,0,0,0;0,0,0,0,0,0,0,0,0,0,0,0, -
m1,0,0,0,0,0,0,0,0,0,0,0,0,0,0,0,0,0,0,0, -m2,0,0,0,0,0,0,0;0,0,0,0,0,0,0,0,
0,0,0,0,0, -m1,0,0,0,0,0,0,0,0,0,0,0,0,0,0,0,0,0,0,0, -m2,0,0,0,0,0,0;0,0,0,
0,0,0,0,0,0,0,0,0,0,0, -m1,0,0,0,0,0,0,0,0,0,0,0,0,0,0,0,0,0,0,0, -m2,0,0,0,
0,0;0,0,0,0,0,0,0,0,0,0,0,0,0,0,0, -m1,0,0,0,0,0,0,0,0,0,0,0,0,0,0,0,0,0,0,0,
-m2,0,0,0,0;0,0,0,0,0,0,0,0,0,0,0,0,0,0,0,0, -m1,0,0,0,0,0,0,0,0,0,0,0,0,0,
0,0,0,0,0,0, -m2,0,0,0;0,0,0,0,0,0,0,0,0,0,0,0,0,0,0,0,0, -m1,0,0,0,0,0,0,0,
0,0,0,0,0,0,0,0,0,0,0,0, -m2,0,0;0,0,0,0,0,0,0,0,0,0,0,0,0,0,0,0,0,0, -m1,0,
0,0,0,0,0,0,0,0,0,0,0,0,0,0,0,0,0,0, -m2,0;0,0,0,0,0,0,0,0,0,0,0,0,0,0,0,0,0,
0,0, -m1,0,0,0,0,0,0,0,0,0,0,0,0,0,0,0,0,0,0,0, -m2];
    %b=[-20.1020, -13.4069, -15.3143, -16.7830, -18.4440, -35.2131, -16.
7830, -15.0859, -13.4069, -11.7279, -10.0663, -8.3783, -13.4027, -10.0663, -
11.7363, -21.7978, -5.9456, -7.7796, -14.9323, -17.3817];
    b=[-20.1027, -15.0825, -16.7618, -18.4591, -20.1203, -35.2161, -15.1094,
-13.4121, -11.7328, -10.0535, -8.3921, -6.7038, -13.4033, -11.7418, -13.4121,
-21.7996, -5.0290, -7.7802, -15.8503, -17.3827];
    c=[m1,m1,m1,m1,m1,m1,m1,m1,m1,m1,m1,m1,m1,m1,m1,m1,m1,m1,m1,m1,
m2,m2,m2,m2,m2,m2,m2,m2,m2,m2,m2,m2,m2,m2,m2,m2,m2,m2,m2,m2];
    [x,lam]=lp(c,a,b,vlb,vub)
            for i=1:20
                s1=s1+x(i)*m1+x(20+i)*m2;
            end
            if min_value>s1
                    min_value=s1;
    t=x;
                    p=m1;
                    q=m2;
                end
            m2=m2+0.2;
    end
        m1=m1+0.2;
    end
    plot(j,x);
```

附录 B 城市表层土壤重金属污染分析

摘要

重金属污染是在长期的矿产开采、加工以及工业化过程中积累形成的，随着我国经济社会的快速发展，人口增长、工业化和城镇化的加快推进，涉重金属行业仍保持一定的增长势头，由此带来的重金属污染压力有增无减。对城市土壤地质环境异常的查证，以及如何应用查证获得的海量数据资料开展城市环境质量评价，研究人类活动影响下城市地质环境的演变模式，日益成为人们关注的焦点。

本文通过对城市表层土壤重金属离子的采集取样，测定浓度，绘制污染重金属离子在各功能区的空间分布图，并对传播特征和污染源的确定建立相应的数学模型。在该过程中先综合考虑八种重金属元素在不同功能区的空间分布、浓度差异和各区域的污染程度，以及重金属传播的多因素性和污染源的模糊性，就城市表层土壤重金属污染分析这一问题，建立一个比较科学合理的评价模型。

首先，利用空间统计学的模拟方法，对土壤重金属污染状况进行研究，以研究区域土壤环境背景值为标准，分析相应污染因素的不确定性，确定该城区内不同区域重金属的污染程度，题中所给的功能区大多处于中度污染程度；其次，利用主成分分析法，判定重金属污染的主要因子，确定主要因子为 Hg，Cr，Pb，对各主要因子在五大区的分布情况作出判断，其污染主要来源有工业区、生活区、主干道路区；再次，利用因子分析模型法对污染源的位置进行预测和定位；最后，分析误差及评价模型的合理性和科学性，并与实际结合使其更好地研究城市地质环境的演变模式。

期间会应用 SPSS，MATLAB，Surfer，Excel 对模型所涉及数据编程处理；采用主成分分析法和因子分析法确定主要的成分，综合考虑指标因子的浓度和空间分布，虽然与其他方法的结果相一致，克服其他方法出现的误判，提高了评价结果的分辨率，使评价结果更全面、更能真实地反映土壤重金属污染实际状况；了解现在重金属的污染水平，可以使今后重金属的污染治理工作更有针对性和指向性，将现有重金属对水质的潜在危害降到最低程度，提出预防性措施和建议。

关键词

空间统计学；主成分分析法；因子分析法；重金属污染

B1 问题重述

随着城市经济的快速发展和城市人口的不断增加,人类活动对城市环境质量的影响日显突出。对城市土壤地质环境异常的查证,以及如何应用查证获得的海量数据资料开展城市环境质量评价,研究人类活动影响下城市地质环境的演变模式,日益成为人们关注的焦点。

按照功能划分,城区一般可分为生活区、工业区、山区、主干道路区及公园绿地区等,分别记为1类区、2类区、3类区、4类区、5类区,不同的区域环境受人类活动影响的程度不同。

现对某城市城区土壤地质环境进行调查。为此,将所考察的城区划分为间距1公里左右的网格子区域,按照每平方公里1个采样点对表层土(0~10厘米深度)进行取样、编号,并用GPS记录采样点的位置。应用专门仪器测试分析,获得了每个样本所含的多种化学元素的浓度数据。另一方面,按照2公里的间距在那些远离人群及工业活动的自然区取样,将其作为该城区表层土壤中元素的背景值。

附件1(略)列出了采样点的位置、海拔高度及其所属功能区等信息,附件2(略)列出了八种主要重金属元素在采样点处的浓度,附件3(略)列出了八种主要重金属元素的背景值。

现要求你们通过数学建模来完成以下任务:

(1) 给出八种主要重金属元素在该城区的空间分布,并分析该城区内不同区域重金属的污染程度。

(2) 通过数据分析,说明重金属污染的主要原因。

(3) 分析重金属污染物的传播特征,由此建立模型,确定污染源的位置。

(4) 分析你所建立模型的优缺点。

为更好地研究城市地质环境的演变模式,还应收集什么信息?有了这些信息,如何建立模型解决问题?

B2 问题分析

对于重金属污染的问题,考虑多年造成重金属污染的各种元素,即各种指标。分析得出主要的污染元素,并且分析主要元素的来源,以及各种因子的传播途径,得出一套最优的决策方案。

对于问题(1):根据题中所给的采样点的位置,分析出各主要元素在空间的分布情况,根据分布情况可以看出不同区域的污染程度;采用空间统计学的模拟方法,对土壤重金属污染状况进行研究,通过获取多组模拟结果之间的差异来揭示研究区域土壤重金属污染的整体空间,以研究区域土壤环境背景为标准,给出研究区域不同土壤重金属空间,分析相应级别的不确定性分析结果,确定该城区内不同区域重金属的污染程度。

对于问题(2):先分析出八种重金属元素中污染最严重的元素,再根据该元素在哪个功能区的含量最多来找出造成污染的主要原因。利用主成分分析法,从生活区、工业区、山区、主干道路区、公园绿地六个区域中,判断八种重金属元素中主要的因子。

对于问题(3):先通过各种污染途径找出其传播特征,综合重金属元素在空间的分布以及传播的特征确定污染源的位置。在对前面两个问题分析的基础上,根据重金属传播特征由自身的化合态、浓度、所处环境的温度和湿度、周围的可与其反应的物质等因素决定，再次利用因子分析法模拟和预测污染源位置。

对于问题(4)，结合上述模型，从优点、缺点、科学性、可行性等方面进行评价，从实际出发，应该再收集各个功能区自然因素和人为因素两方面，来更好地完善城市地质环境的演变模式，从而建立合理的防治措施。

B3 基本假设

(1)假设八种重金属元素在土壤中不向下迁移，水平年的含量是相对稳定的。

(3)假设在水平年之中不发生突发的自然灾害而导致土壤的流失，各种元素的采集环境是相同的。

(3)假设在污染主原因分析时，忽略个别数据的影响，并且确定的各指标都能反映不同区域的污染程度，以及污染的来源。

(4)假设未来的几年中国的地理环境不发生变化，且各种人为因素和自然因素是相对稳定的。

B4 模型定义

B4.1 主成分分析法

主成分分析法是一种降维的统计方法，它借助于一个正交变换，将其分量相关的原随机向量转化成其分量不相关的新随机向量，这在代数上表现为将原随机向量的协方差阵变换成对角形阵，在几何上表现为将原坐标系变换成新的正交坐标系，使之指向样本点散布最开的 p 个正交方向，然后对多维变量系统进行降维处理，使之能以一个较高的精度转换成低维变量系统，再通过构造适当的价值函数，进一步把低维系统转化成一维系统。

B4.2 因子分析法

因子分析法是从研究变量内部相关的依赖关系出发，把一些具有错综复杂关系的变量归结为少数几个综合因子的一种多变量统计分析方法。它的基本思想是将观测变量进行分类，将相关性较高，即联系比较紧密的分在同一类中，而不同类变量之间的相关性则较低，那么每一类变量实际上就代表了一个基本结构，即公共因子。对于所研究的问题，就是试图用最少个数的不可测的所谓公共因子的线性函数与特殊因子之和来描述原来观测的每一分量。

B5 模型的建立和求解

B5.1 对于问题(1)

1. 各个元素在不同区域分布情况

我们利用 Surfer 8 程序作出 X，Y 和浓度的线框图，根据图中颜色的变化来显示各个元素在不同区域的分布情况,如图 B－1 至图 B－8 所示。

由图 B－1 可知,砷含量遍布五个功能区且含量比重大,在(4 000,150 000)坐标附近累积密度大,在(13 000,8 000)坐标左右累积值最大即砷含量最高,即砷在功能区 2 分布广泛。砷的污染源主要是含砷矿的开采和冶炼,以及冶金、化工、医药等行业的三废。因此对这些行业采取有效防治是当务之急。

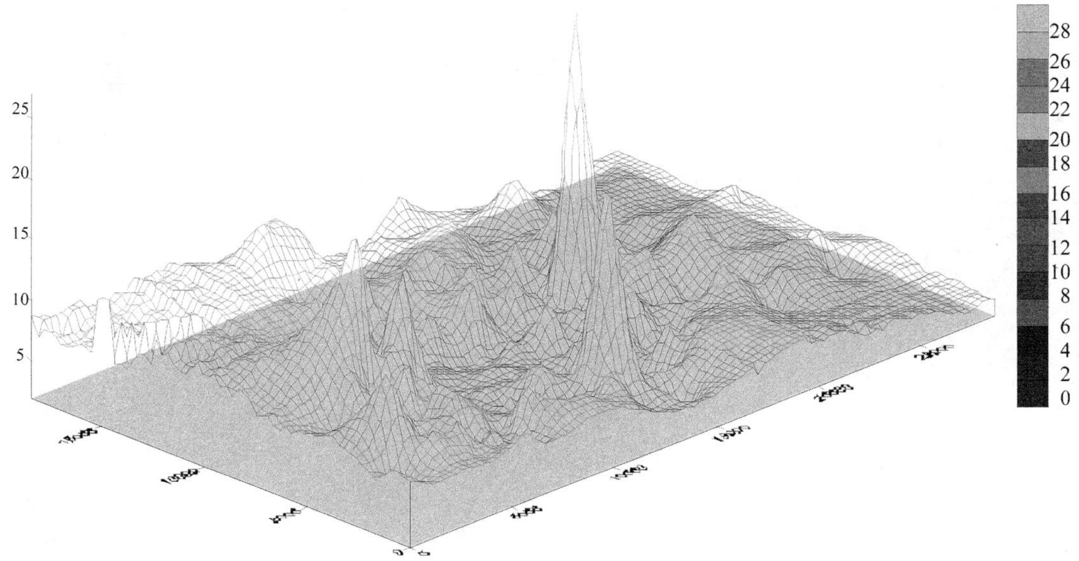

B－1 砷空间分布图

由图 B－2 可知,镉在空间分布较广泛,含量较高,随着(X,Y)坐标的增大趋近减小,但在(20 000,13 000)坐标处达到最大,含量为 1 200 ng/g。镉也广泛分布在五个功能区,尤其在功能区 1 和 2,主要是由锌矿开采、选矿、运输、冶炼等生产环节产生的废水、废渣,以及某些电镀、颜料、化工、塑料、电池、电子工业的工厂生产中所用到镉或镉制品造成的,因此控制好这些源头是控制镉污染的主要措施。

由图 B－3 可知,铬的空间分布稀疏,含量相对低,主要在(3 000,800)坐标左右含量达到最大值。铬分布集中工业排放的"三废",如煤燃烧的废气,电镀、制革、染料、制药等工厂的废水。废旧电池中铬含量较高,铬也存在于水果和蔬菜中,尤其是蘑菇,在奶制品和谷物中也有少量存在。所以,它主要集中在功能区 2 和 3。因此,为此对工业废水的有效处理刻不容缓。

由图 B－4 可知,铜的空间分布集中,含量较少,主要在(2 000,600)坐标处含量最高。铜属开采冶炼企业排出的"三废",化石燃烧(特别是煤的燃烧),城市垃圾污泥,含铜农药化肥等均是土壤含铜量严重超标的原因。因此,解决这些源头是控制铜污染的主要方法。

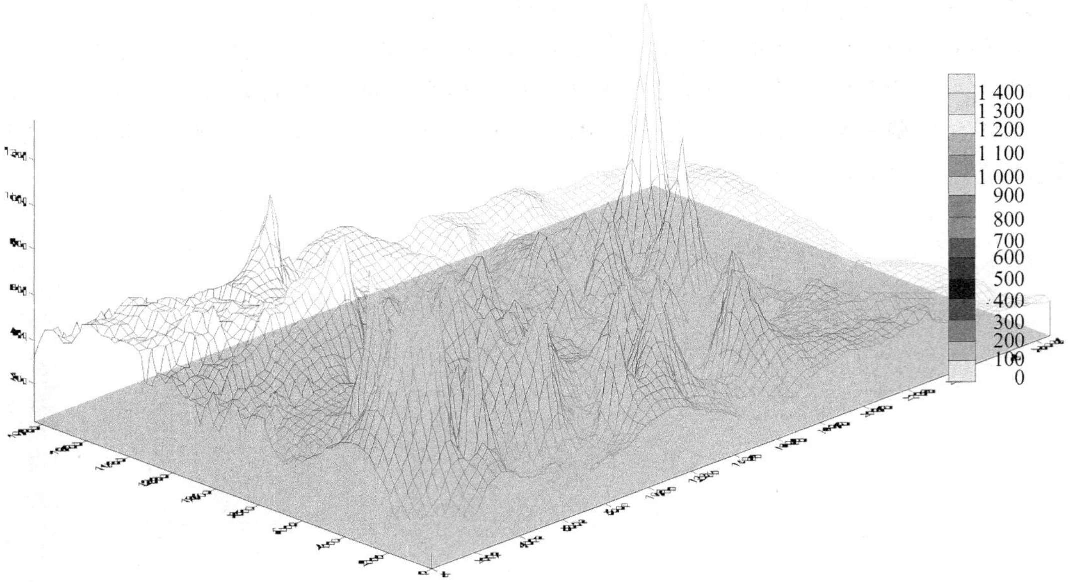

B－2　镉空间分布图

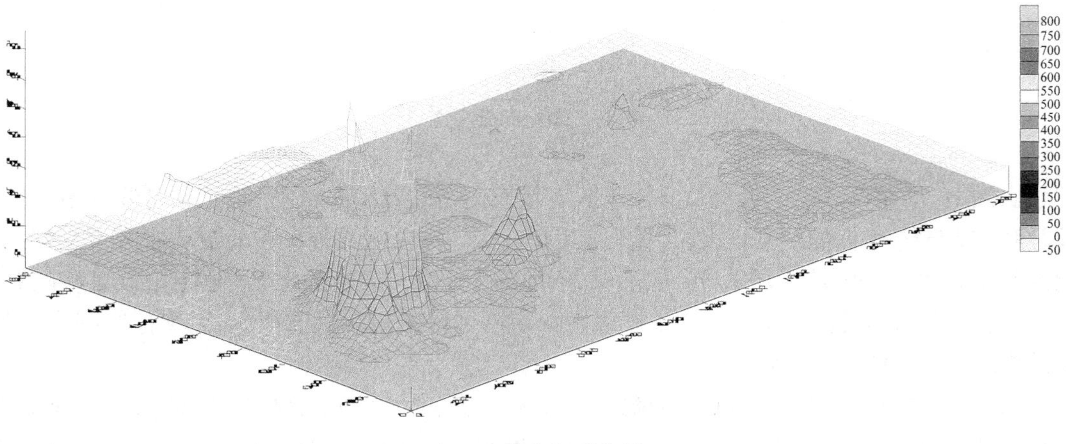

B－3　铬空间分布图

由图 B－5 可知，汞的空间分布主要有三个集中地域且含量高，分别为(2 000，4 000)，(14 000，4 000)，(14 000，10 000)坐标处，且三处含量最值均达到1 300 ng/g。汞的来源于矿物燃料燃烧排放，电气、仪表、氯碱、涂料等许多企业生产中消耗的大量汞和汞化合物以及含汞农药的广泛使用，所以汞在功能区 1，2，3 分布较广泛。为更好控制其污染应该从这些源头着手。

由图 B－6 可知，镍分布范围广泛，集中程度不高，但含量较低，主要在(2 000，6 000)坐标含量达到最大值。镍主要由冶炼镍矿石及冶炼钢铁时排放，焙烧过程中镍及其化合物排出，成为大气中的颗粒物，参与大气循环造成污染，所以它集中在功能区 1 和 2。

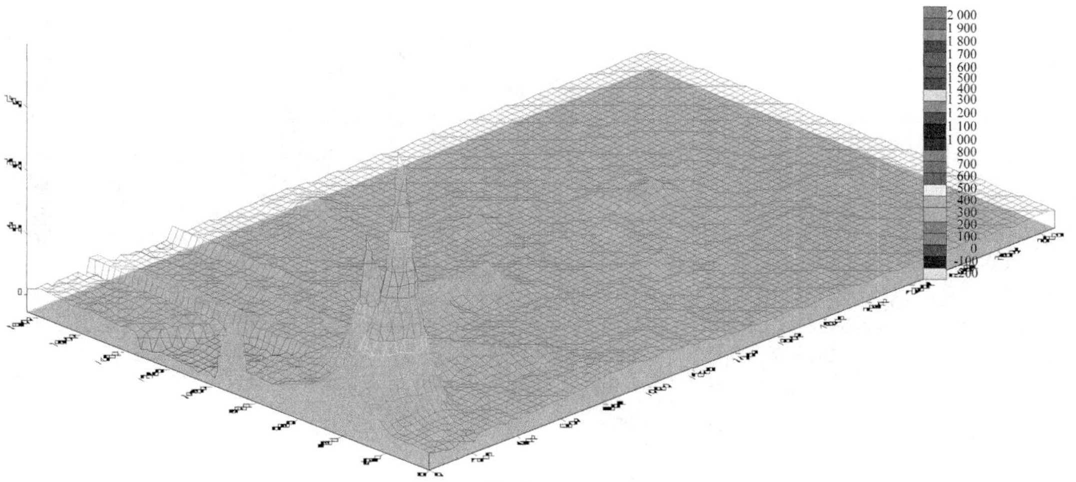

B－4 铜空间分布图

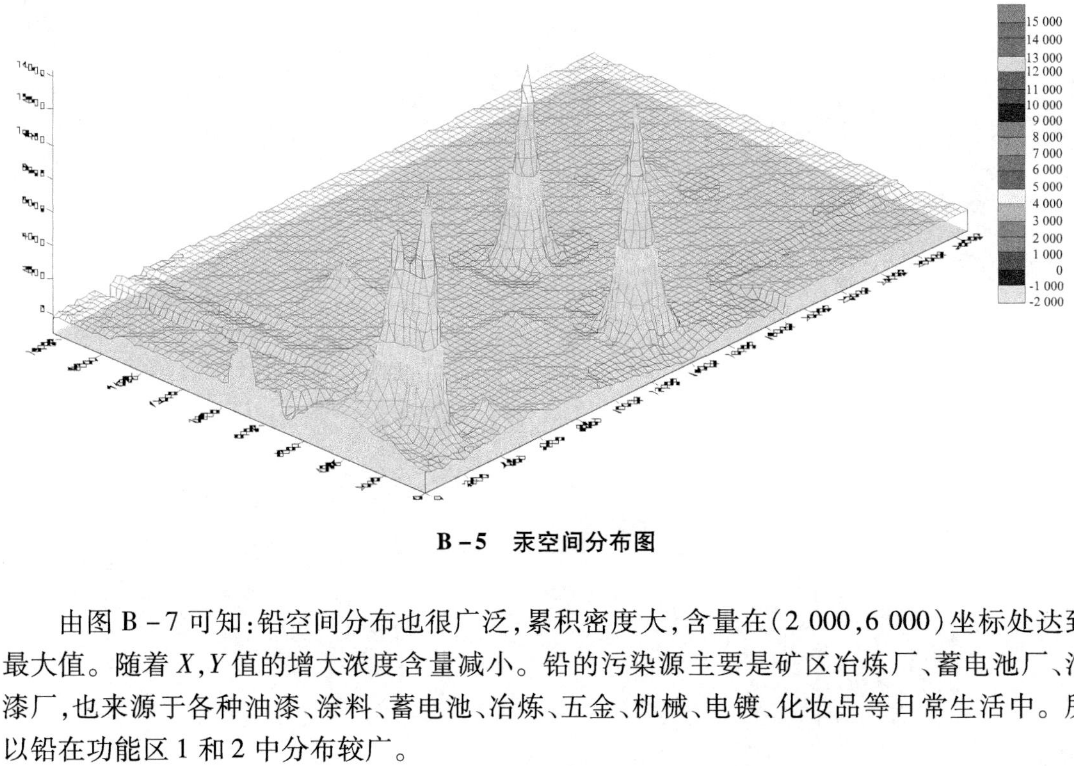

B－5 汞空间分布图

由图 B－7 可知：铅空间分布也很广泛，累积密度大，含量在(2 000,6 000)坐标处达到最大值。随着 X,Y 值的增大浓度含量减小。铅的污染源主要是矿区冶炼厂、蓄电池厂、油漆厂，也来源于各种油漆、涂料、蓄电池、冶炼、五金、机械、电镀、化妆品等日常生活中。所以铅在功能区 1 和 2 中分布较广。

由图 B－8 可知，锌分布集中在 X,Y 值较小的地带且含量高，差异大，在(10 000,7 000)坐标处含量达到最大。锌污染来自于大气沉降、农用污泥、垃圾、农用化学品、铅锌矿尾砂等，主要污染源有锌矿开采、冶炼加工、机械制造以及镀锌、仪器仪表、有机物合成和造纸等工业的排放，还有汽车轮胎磨损以及煤燃烧产生的粉尘、烟尘中均含有的锌及其化合物。因此，它主要存在于功能区 1,2,4。

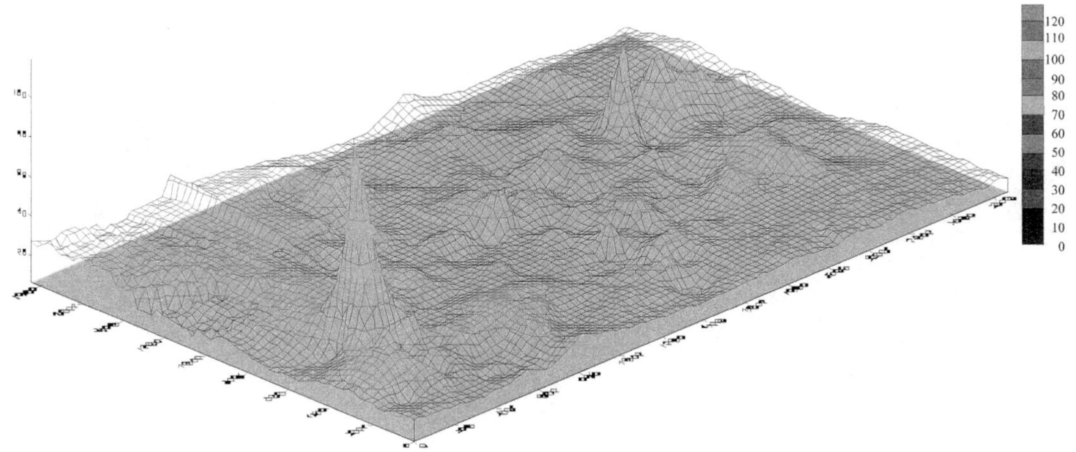

B－6　镍空间分布图

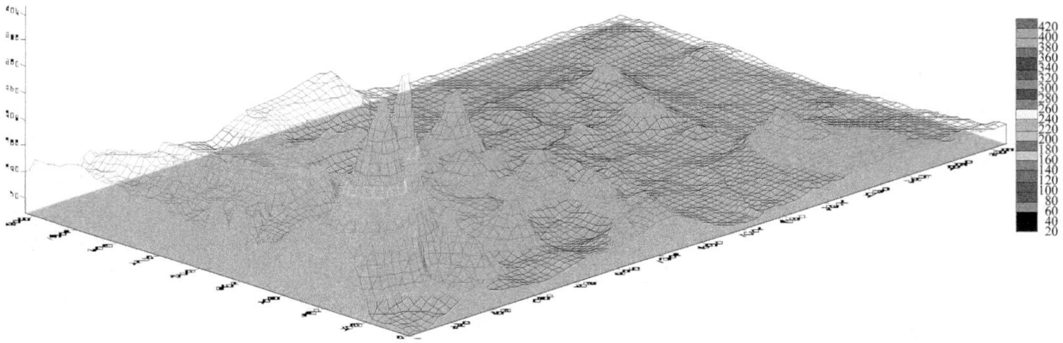

B－7　铅空间分布图

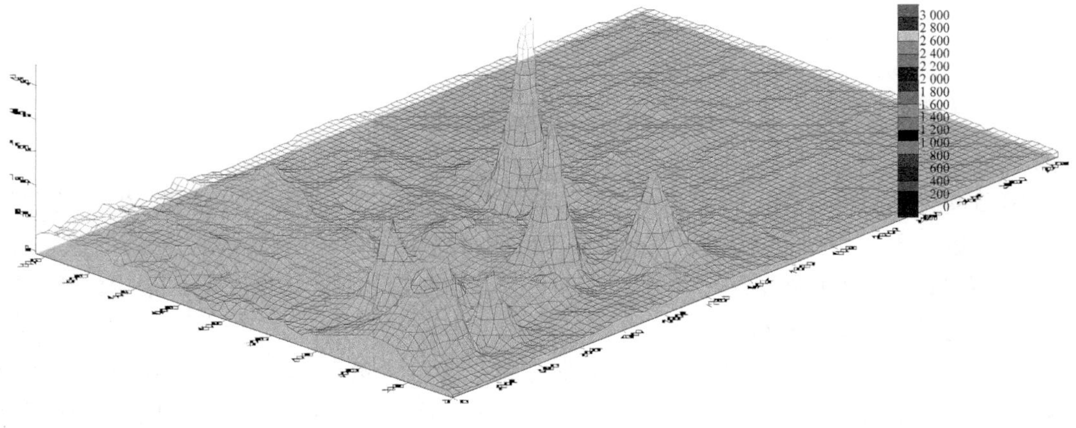

B－8　锌空间分布图

2. 对于不同区域重金属的污染程度

根据公式求出各个元素的 p_i 的平均值，从而确定各个元素在该区的污染程度，如表B－1至表B－5所示。

$$p_i = \frac{c_i}{s_i}$$

其中，p_i 为土壤中重金属元素污染的环境质量指数；c_i 为土壤中重金属的浓度；s_i 为土壤中重金属的评价标准值。本文在此采用题目给出的土壤背景值作为土壤重金属的评价标准。$p_i \leq 1$ 表示未污染，$1 < p_i \leq 2$ 表示轻污染，$2 < p_i \leq 3$ 表示中污染，$p_i > 3$ 表示重污染。

表 B－1 生活区（1 区）的污染程度

元素	浓度的平均值	p_i 的平均值	背景值	范围	污染程度
As/(μg/g)	5.99	1.664 078	3.6	1.8～5.4	轻污染
Cd/(ng/g)	346.3	2.663 829	130	70～190	中污染
Cr/(μg/g)	51.89	1.673 724	31	13～49	轻污染
Cu/(μg/g)	51.53	3.903 53	13.2	6.0～20.4	重污染
Hg/(ng/g)	147.54	4.215 494	35	19～51	重污染
Ni/(μg/g)	17.99	1.462 768	12.3	4.7～19.9	轻污染
Pb/(μg/g)	65.65	2.117 713	31	19～43	中污染
Zn/(μg/g)	203.23	2.945 431	69	41～97	中污染

表 B－2 工业区（2 区）的污染程度

元素	浓度的平均值	p_i 的平均值	背景值	范围	污染程度
As/(μg/g)	5.21	1.445 91	3.6	1.8～5.4	轻污染
Cd/(ng/g)	267.13	2.054 808	130	70～190	中污染
Cr/(μg/g)	52.31	1.687 536	31	13～49	轻污染
Cu/(μg/g)	43.45	3.291 477	13.2	6.0～20.4	重污染
Hg/(ng/g)	516.07	14.744 9	35	19～51	重污染
Ni/(μg/g)	15.74	1.279 313	12.3	4.7～19.9	轻污染
Pb/(μg/g)	55.09	1.777 088	31	19～43	轻污染
Zn/(μg/g)	211.15	3.060 165	69	41～97	重污染

表 B－3 工业区（3 区）的污染程度

元素	浓度的平均值	p_i 的平均值	背景值	范围	污染程度
As/(μg/g)	4.87	1.353 704	3.6	1.8～5.4	轻污染
Cd/(ng/g)	267.13	1.783 077	130	70～190	轻污染
Cr/(μg/g)	52.31	1.270 464	31	13～49	轻污染
Cu/(μg/g)	43.45	2.201 446	13.2	6.0～20.4	中污染
Hg/(ng/g)	516.07	1.541 818	35	19～51	轻污染
Ni/(μg/g)	15.74	1.212 183	12.3	4.7～19.9	轻污染
Pb/(μg/g)	55.09	1.544 438	31	19～43	轻污染
Zn/(μg/g)	211.15	1.692 172	69	41～97	轻污染

表 B－4　交通区(4 区)的污染程度

元素	浓度的平均值	p_i 的平均值	背景值	范围	污染程度
As/(μg/g)	6.43	1.786 537	3.6	1.8～5.4	轻污染
Cd/(ng/g)	355.37	2.733 644	130	70～190	中污染
Cr/(μg/g)	65.71	2.119 795	31	13～49	中污染
Cu/(μg/g)	78.6	5.954 91	13.2	6.0～20.4	重污染
Hg/(ng/g)	469.49	13.414	35	19～51	重污染
Ni/(μg/g)	19.58	1.591 911	12.3	4.7～19.9	轻污染
Pb/(μg/g)	73.1	2.357 961	31	19～43	中污染
Zn/(μg/g)	259.77	3.764 772	69	41～97	重污染

表 B－5　公园率地区(5)的污染程度

元素	浓度的平均值	p_i 的平均值	背景值	范围	污染程度
As/(μg/g)	4.44	1.233 73	3.6	1.8～5.4	轻污染
Cd/(ng/g)	216.71	1.666 989	130	70～190	轻污染
Cr/(μg/g)	36.74	1.185 06	31	13～49	轻污染
Cu/(μg/g)	29.29	2.218 571	13.2	6.0～20.4	中污染
Hg/(ng/g)	75.6	2.160 065	35	19～51	中污染
Ni/(μg/g)	13.61	1.106 411	12.3	4.7～19.9	轻污染
Pb/(μg/g)	46.52	1.500 618	31	19～43	轻污染
Zn/(μg/g)	123.17	1.785 064	69	41～97	轻污染

3. 污染负荷指数法

污染负荷指数法是 Tomlinson 等人在重金属污染水平的分级研究中提出来的一种评价方法。该指数由评价区域所包含的多种重金属成分共同构成，它能直观地反映各个重金属对污染的贡献程度，以及重金属在时间、空间上的变化趋势，应用比较方便。

首先，根据某一点的实测重金属含量，进行最高污染系数(CF)的计算：

$$CF_i = \frac{C_i}{C_{oi}}$$

式中，CF_i 为元素的最高污染系数；C_i 为元素 i 的实测含量；C_{oi}为元素 i 的评价标准，即背景值。

某一点的污染负荷指数(PLI)为

$$PLI = \sqrt[n]{CF_1 \times CF_2 \times CF_3 \times \cdots \times CF_n}$$

式中，PLI 为某一点的污染负荷指数；n 为评价元素的个数。

某一区域的污染负荷指数(PLI_{zone})为

$$PLI_{zone} = \sqrt[m]{PLI_1 \times PLI_2 \times PLI_3 \times \cdots \times PLI_m}$$

式中，PLI_{zone} 为区域污染负荷指数；m 为评价点的个数（采样点的个数）。表 B－6 为污染负荷指数与污染程度之间的关系。

表 B－6　污染负荷指数与污染程度之间的关系

PLI 值	< 1	1 ~ 2	2 ~ 3	≥3
污染等级	0	1	2	3
污染程度	无污染	中等污染	强污染	极强污染

对所有采样点的数据进行整理分析，分别计算其各项参数，分析结果见B－7。

表 B－7　分析结果

变量的名称	采样点次数	全距	最小值	最大值	和	均数	标准偏差	方差
As/（μg/g）	319	28.52	1.61	30.13	1 810.8	5.67 649	0.9	9.146 3
Cd/（ng/g）	319	1 579.8	40	1 619.8	96 464.4	302.396	30	50 619
Cr/（μg/g）	319	905.52	15.32	920.84	17 069.6	53.509 7	9	4 900.3
Cu/（μg/g）	319	2 526.2	2.29	2 528.5	17 550.3	55.016 7	3.6	26 541
Hg/（ng/g）	319	15 991	8.57	16 000	95 607.9	299.711	8	3.00E＋06
Ni/（μg/g）	319	138.23	4.27	142.5	5 506.53	17.261 8	3.8	98.832
Pb/（μg/g）	319	452.8	19.68	472.48	19 695.4	61.740 9	6	2 505.8
Zn/（μg/g）	319	3 728	32.86	3 760.8	64 183.6	201.203	14	115 079

从表 B－7 中可以看出各采样点元素的浓度变化范围大，极差较大。除 As 之外，其他元素有的相差几十倍甚至上百倍。但各元素的标准偏差较小，说明元素的含量分布具有较强的规律性。

采用某区域土壤背景值作为评价标准，将重金属元素影响分为两组评价：第一组数据对 Hg，Cu，Ni，Zn 四种元素进行评价，得到结果 $PLI_{zone}=1.85$；第二组数据对 Cd，As，Cr，Pb 四种元素进行评价，得到结果 $PLI_{zone}=1.20$。区域污染负荷指数（PLI_{zone}）的计算结果能够从整体上反映出该地区土壤中重金属元素的污染状况。通过计算表明，某区域土壤中重金属元素的污染状况整体上属于中等污染。

B5.2　对于问题（2）

主成分分析法的求解过程如下：

1. 原始指标数据的标准化采集

p 维随机向量 $\boldsymbol{x}=(x_1,x_2,\cdots,x_p)^{\mathrm{T}}$，$n$ 个样品 $\boldsymbol{x}_i=(x_{i1},x_{i2},\cdots,x_{ip})^{\mathrm{T}}$，$i=1,2,\cdots,n$，$n>p$，构造样本阵，对样本阵元进行如下标准化变换：

$$Z_{ij}=\frac{x_{ij}-\bar{x}_j}{s_j},i=1,2,\cdots,n;j=1,2,\cdots,p$$

其中，$\bar{x}j = \frac{\sum_{i=1}^{n} x_{ij}}{n}, s_j^2 = \frac{\sum_{i=1}^{n} (x_{ij} - \bar{x}_j)}{n}$得标准化阵 **Z**。

2. 对标准化阵 **Z** 求相关系数矩阵

$$\mathbf{R} = [r_{ij}]_p xp = \frac{\mathbf{Z}^{\mathrm{T}}\mathbf{Z}}{n-1}$$

其中，$r_{ij} = \frac{\sum z_{kj} \cdot z_{kj}}{n-1}, i = ,j = 1,2,\cdots,p$。

3. 解样本相关矩阵 **R** 的特征方程$|\mathbf{R} - \lambda I_p| = 0$得 p 个特征根，确定主成分，按 $\frac{\sum_{j=1}^{m} \lambda_j}{\sum_{j=1}^{p} \lambda_j} \geqslant 0.85$ 确定 m 值，使信息的利用率达 85% 以上，对每个 $\lambda_j, j = 1,2,\cdots,m$，解方程组 $\mathbf{R}\mathbf{b} = \lambda_j \mathbf{b}$ 得单位特征向量 $\mathbf{b}_j^o$。

4. 将标准化后的指标变量转换为主成分

$$U_{ij} = z_i^{\mathrm{T}} \mathbf{b}_j^o, j = 1,2,\cdots,m$$

U_1 称第一主成分，U_2称第二主成分，…，U_p 称第 p 主成分。

5. 对 m 个主成分进行综合评价

对 m 个主成分进行加权求和，即得最终评价值，权数为每个主成分的方差贡献率。

将题目附表 2（略）中所给的八种重金属元素的数据导入 SPSS 程序中提取出三个成分，如表 B－8 所示。

表 B－8　成分矩阵 *A*

	原始			重新标度		
	成分			成分		
	1	2	3	1	2	3
Hg	1 629.380	－22.043	－4.865	1.000	－0.014	－0.003
Cu	69.170	66.193	37.736	0.425	0.406	0.232
Zn	70.529	321.999	－78.735	0.208	0.949	－0.232
Pb	15.369	27.678	19.135	0.307	0.553	0.382
Cr	7.761	33.896	10.827	0.111	0.484	0.155
Ni	1.097	4.775	1.077	0.110	0.480	0.108
As	0.207	0.824	0.330	0.068	0.273	0.109
Cd	61.723	128.524	169.971	0.274	0.571	0.755

提取方法：主成分分析法。

A 已提取了三个成分。

由表8-6可知三个主要的成分为Hg,Cu,Zn。

表B-9 成分得分系数矩阵*B*

	成分		
	1	2	3
As	0.000	0.000	0.000
Cd	1.026	-0.229	-0.120
Cr	0.026	0.008	-0.004
Cu	0.185	0.007	-0.021
Hg	-0.175	-0.105	1.036
Ni	0.000	0.000	0.000
Pb	0.028	-0.001	-0.003
Zn	-0.296	1.083	-0.017

提取方法 :主成分分析法。

旋转法:具有 Kaiser 标准化的正交旋转法。

构成得分。

B 系数已被标准化。

表B-10为解释的总方差。

表B-10 解释的总方差

成分		提取平方和载入			旋转平方和载入		
		合计	方差的百分比	累积百分比	合计	方差的百分比	累积百分比
原始	1	2 668 744.370	93.471%	93.471%	100 032.217	3.504%	3.504%
	2	127 007.751	4.448%	97.920%	120 511.884	4.221%	7.724%
	3	37 021.446	1.297%	99.216%	2 612 229.467	91.492%	99.216%
重新标度	1	1.422	17.775%	17.775%	1.800	22.501%	22.501%
	2	2.238	27.971%	45.746%	1.547	19.337%	41.839%
	3	0.872	10.900%	56.645%	1.185	14.807%	56.645%

提取方法:主成分分析。

由图B-9可以看到,在功能区1(生活区)Zn元素的含量最高,Cd元素含量次之,而其他六种元素在生活区的含量很少,说明在生活区重金属的排放量并不高。

由图B-10可知,在功能区2(工业区)Ni元素的含量达到了极大,而其他元素在工业区的排放量相对镍来说含量较低,可见在工业生产集中的地区,土壤表层的重金属含量较多,是导致土壤表层重金属污染的主要原因之一。

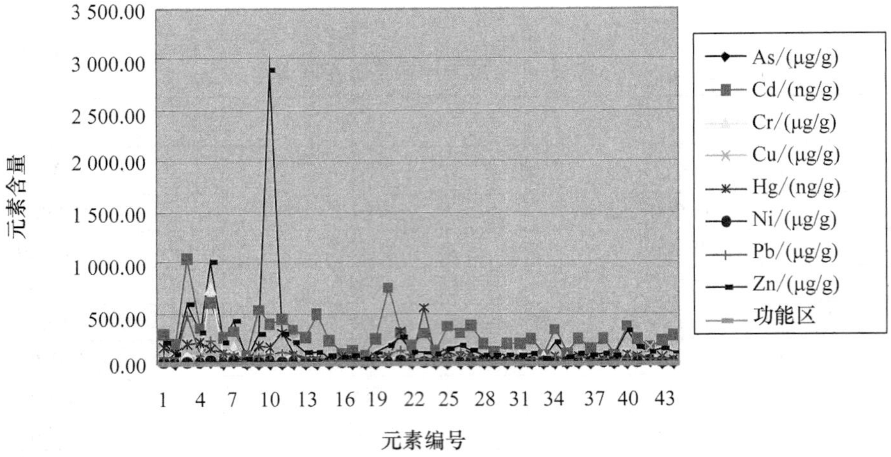

图 B－9　功能区 1 的元素含量

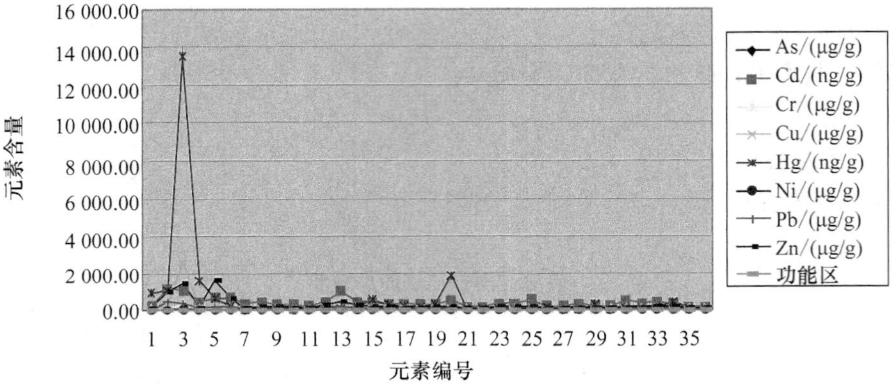

图 B－10　功能区 2 的元素含量

由图 B－11 可知，在功能区 3（山区）土壤表层的重金属含量相对其他几区较多，以 Cd 元素含量最多。山区树木植被数目较多，树木对这些重金属元素有较强的吸收作用。此外，山区是工业废水的排放终点。所以，工业废水合理处理依然是该区域预防重金属污染的重点。

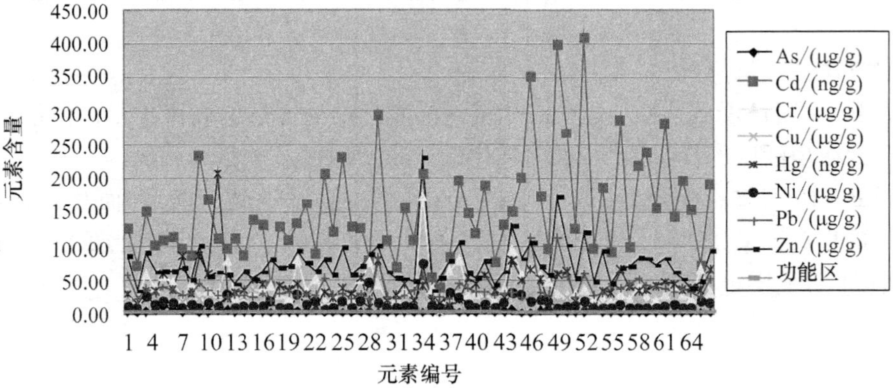

图 B－11　功能区 3 的元素含量

由图 B-12 可知,在功能区 4(交通区)中 Hg 元素含量最大,是主要污染元素,其余元素含量比重较小。汞及其化合物属于剧毒物质,主要来源于仪表厂、食盐电解、贵金属冶炼等。该区域污染主要因为汽车尾气排放、轮胎磨损导致,因此,建议市民乘坐环保的交通工具是解决该区污染的措施之一。

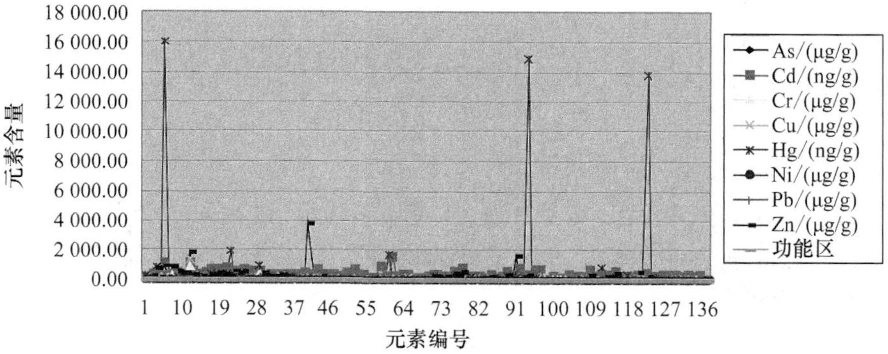

图 B-12 功能区 4 的元素含量

由图 B-13 可知,在功能区 5(公园绿区)Zn,Cd,Ni 元素含量所占比重大,其余六种元素含量也占有一定的比重但相对较少。该区域主要为旅游地带,重金属元素污染原因众多,但是工业污水的排放依然是导致污染的重要因素。为此,科学有效处理污水是当务之急。

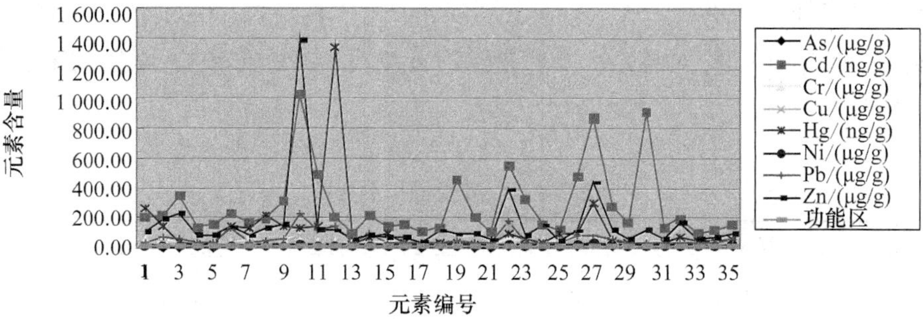

图 B-13 功能区 5 的元素含量

由以上图表可以看到,重金属的污染主要来源于工业污染,其次是交通污染和生活垃圾污染。工业污染大多通过废渣、废水、废气排入环境。交通污染主要是汽车尾气的排放。总的来说,工业化程度越高的地区污染越严重,市区高于郊区和农村,地表高于地下;污水区污染时间越长重金属积累就越多,以大气为传播媒介;重金属污染土壤具有很强的叠加性,熟化程度越高重金属含量越高。

B5.3 对于问题(3)

我们采用因子分析法进行一系列的数据分析,建立模型,得到重金属元素的传播特征,具体过程如下:

因子分析数学模型:

$$\begin{cases} X_1 = a_{11}F_1 + a_{12}F_2 + \cdots + a_{1n}F_n + \varepsilon_1 \\ X_2 = a_{21}F_1 + a_{22}F_2 + \cdots + a_{2n}F_n + \varepsilon_2 \\ \vdots \\ X_p = a_{p1}F_1 + a_{p2}F_2 + \cdots + a_{pn}F_n + \varepsilon_p \end{cases}$$

其中,$X_1, X_2, X_3, \cdots, X_p$ 为 p 个原始变量(考核指标),设有 n 个公共因子,分别为 F_1, $F_2, \cdots, F_n$, n 小于 p, ε_1 为变量除公共因子外的特殊因子,一般只对 X_1 起作用,所以忽略不计,可得到矩阵形式为

$$\boldsymbol{X} = \boldsymbol{AF} + \varepsilon$$

其中,

$$\boldsymbol{A} = \begin{vmatrix} a_{11} & a_{12} & \cdots & a_{1n} \\ a_{21} & a_{22} & \cdots & a_{2n} \\ \vdots & \vdots & \ddots & \vdots \\ a_{p1} & a_{p2} & \cdots & a_{pn} \end{vmatrix}$$

$\boldsymbol{A}$ 是待估的系数矩阵,a_{ij}为因子载荷,即第 i 个原有变量在第 j 个因子变量上的载荷。$\boldsymbol{F} = (F_1, F_2, \cdots, F_n)^{\mathrm{T}}$, $F_1, F_2, \cdots, F_n$ 称 $\boldsymbol{X} = (X_1, X_2, \cdots, X_p)$ 的公共因子。

因子载荷矩阵 $\boldsymbol{A}$ 中的第 j 列元素的平方和 $S_j = \sum a_{ij}^2 (j = 1, 2, \cdots, n)$ 称为公共因子 F_j 对 $\boldsymbol{X}$ 的贡献,即 S_j 表示 F_j 对各个变量所提供的方差贡献率的总和,通常用它来度量公共因子的相对重要性。

表 B-11 变量的相关矩阵

指标	As/(μg/g)	Cd/(ng/g)	Cr/(μg/g)	Cu/(μg/g)	Hg/(ng/g)	Ni/(μg/g)	Pb/(μg/g)	Zn/(μg/g)
As/(μg/g)	1	0.254 7	0.188 96	0.159 72	0.064 4	0.316 56	0.289 9	0.246 9
CD/(ng/g)	0.254 7	1	0.352 41	0.396 7	0.264 68	0.329 35	0.660 33	0.431 18
Cr/(μg/g)	0.188 96	0.352 41	1	0.531 56	0.103 2	0.715 78	0.382 83	0.424 29
Cu/(μg/g)	0.159 72	0.396 7	0.531 56	1	0.416 68	0.494 6	0.520 02	0.387 34
Hg/(ng/g)	0.064 4	0.264 68	0.103 2	0.416 68	1	0.102 94	0.298 12	0.195 83
Ni/(μg/g)	0.316 56	0.329 35	0.715 78	0.494 6	0.102 94	1	0.306 79	0.436 37
Pb/(μg/g)	0.289 9	0.660 33	0.382 83	0.520 02	0.298 12	0.306 79	1	0.493 65
Zn/(μg/g)	0.246 9	0.431 18	0.424 29	0.387 34	0.195 83	0.436 37	0.493 65	1

首先给出某区域表层土壤 As, Cd, Cr, Cu, Hg, Ni, Pb, Zn 八种重金属原始含量数据的相关系数矩阵,如表 B-11 所示。可见,Cr 和 Ni 的相关性最好,相关系数最大,为 0.715 78,

其次为 Pb 和 Cd，相关系数为 0.660 33，以下依次是 Cr 和 Cu，Pb 和 Cu 的相关性较好，相关系数分别为 0.315 6 和 0.520 02，Pb 和 Zn 的相关系数为 0.493 65，其他元素之间的相关性并不是很好。从成因上来分析，相关性较好的元素可能在成因和来源上有一定的关联。

表 B-12 解释的总方差

因子	初始特征值			提取平方和载入			旋转平方和载入		
	合计	方差的百分比	累积百分比	合计	方差的百分比	累积百分比	合计	方差的百分比	累积百分比
1	3.560	44.500%	44.500%	3.239	40.488%	40.488%	1.779	22.234%	22.234%
2	1.150	14.377%	58.877%	0.845	10.566%	51.054%	1.548	19.349%	41.582%
3	0.965	12.063%	70.941%	0.489	6.109%	57.164%	0.881	11.017%	52.600%
4	0.768	9.596%	80.537%	0.203	2.535%	59.698%	0.511	6.394%	58.993%
5	0.578	7.220%	87.756%	0.083	1.040%	60.738%	0.140	1.745%	60.738%
6	0.432	5.399%	93.156%						
7	0.301	3.769%	96.924%						
8	0.246	3.076%	100.000%						

提取方法：主轴因子分解。

在累积方差大于 60.738% 的前提下，分析得到六个主因子。从表 B-12 表可以看出因子 1 的方差贡献率在 20% 左右，而因子 2 和因子 5 的方差贡献率分别为 51.054% 和 60.738%；对该区域影响最大的因子是 1，其他的因子对该区的影响相对来说比较小，根据主要的因子可以判断出因子的大概来源。

旋转前的因子矩阵如表 B-13 所示。

表 B-13 因子矩阵 *A*

	因子				
	1	2	3	4	5
Pb	0.769	0.454	-0.206	-0.139	-0.097
Cu	0.744	0.040	0.435	-0.025	-0.147
Ni	0.725	-0.525	-0.047	0.146	0.010
Cr	0.725	-0.425	0.028	-0.214	0.057
Cd	0.650	0.289	-0.185	-0.015	0.125
Zn	0.607	0.027	-0.120	0.031	0.076
As	0.354	-0.014	-0.256	0.284	-0.106
Hg	0.355	0.312	0.374	0.184	0.127

提取方法：主轴因子分解。

A 尝试提取 5 个因子。迭代次数需要超过 25 次。(收敛 =0.002)。提取操作被终止。

旋转后的因子矩阵如表 B-14 所示。

表 B-14　旋转因子矩阵 *B*

	因子				
	1	2	3	4	5
Cr	0.824	0.261	0.068	0.045	0.049
Ni	0.809	0.102	0.096	0.387	-0.014
Pb	0.155	0.848	0.238	0.196	0.175
Cd	0.199	0.648	0.224	0.201	-0.079
Zn	0.355	0.424	0.169	0.231	-0.047
Hg	0.019	0.176	0.616	0.030	-0.031
Cu	0.486	0.281	0.593	0.048	0.311
As	0.138	0.200	0.020	0.473	0.008

提取方法:主轴因子分解。

旋转法:具有 Kaiser 标准化的正交旋转法。

旋转在 6 次迭代后收敛。

由表 B-13 和表 B-14 可见,旋转前后因子荷载的变量结果基本一致。变量与某一个因子的联系系数绝对值(载荷)越大,则该因子与变量关系越近。正交因子解说明:因子 1 为 Cr 和 Ni 的组合,因子 2 为 Pd,因子 3 为 Hg,因子 4 为 As,因子 5 为 Cu。为了更好地进行分析、评价,利用因子得分系数矩阵中的数据可作出各个因子在空间分布的等值线网,更能直观说明各个元素在空间平面上的分布特征,如图 B-14 至 B-18。

表 B-15　因子得分系数矩阵

	因子				
	1	2	3	4	5
As	-0.062	-0.024	-0.019	0.333	0.021
Cd	-0.027	0.200	0.065	0.035	-0.303
Cr	0.525	0.113	-0.227	-0.450	-0.046
Cu	0.128	-0.176	0.624	-0.169	0.513
Hg	-0.067	-0.049	0.411	0.006	-0.207
Ni	0.459	-0.227	-0.074	0.612	-0.150
Pb	-0.210	0.822	-0.150	0.114	0.297
Zn	0.026	0.066	0.026	0.066	-0.141

提取方法:主轴因子分解。

旋转法:具有 Kaiser 标准化的正交旋转法。

由表 B-15 可知,因子 1 为 Cr、因子 2 为 Pb、因子 3 为 Hg、因子 4 为 As、因子 5 为 Cu。对各个因子的得分情况以及分布区域的进行综合考虑,可做出各个因子在空间分布的等值线图,使得各个因子在空间的位置更形象地表现出。

由图 B－14 可知 Cr 在工业区的含量呈带状的分布，且比其他区域的含量都高，主要是工业废气的排放以及工业废水的污染造成的，主要通过空气的降尘和土壤的降解传播。

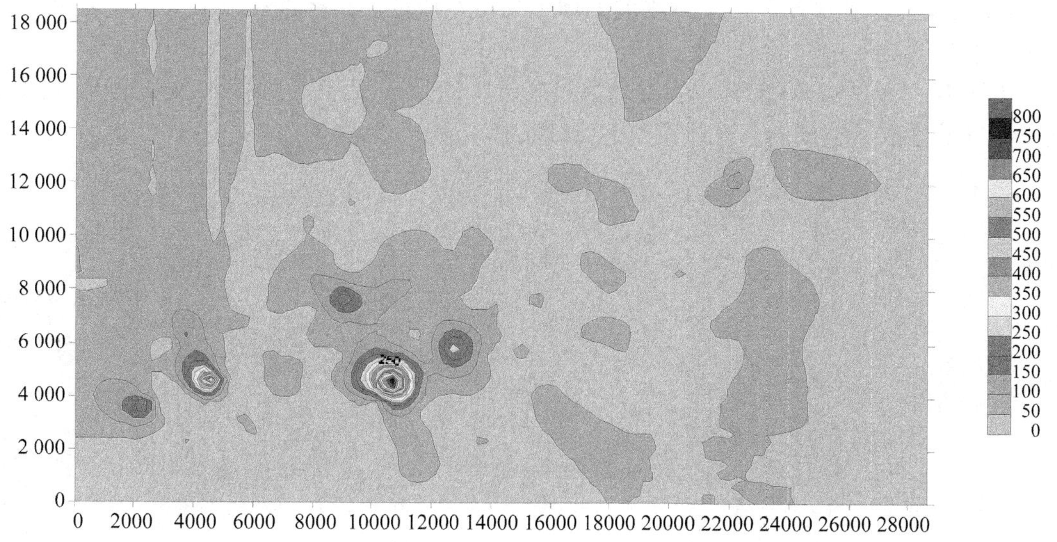

图 B－14　Cr 空间平面分布

由图 B－15 可知 Pb 在生活区富积，在公园绿地呈现带状的分布，其他地区的含量极少，这主要是生活垃圾的管理不善，以及生活污水的任意排放造成的，还有对公园环境的破坏，主要通过重金属污染物的堆积传播。

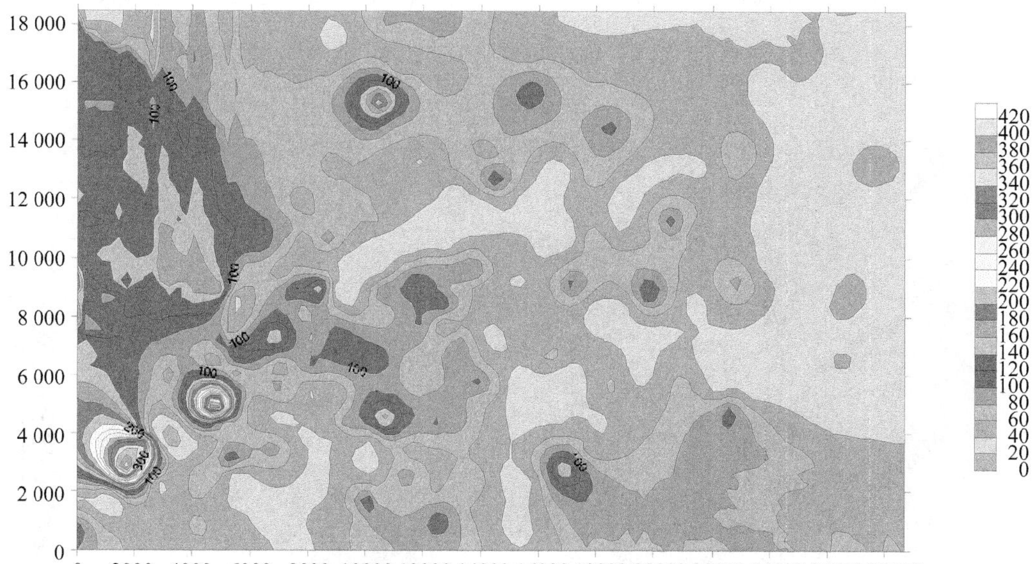

图 B－15　Pr 空间平面分布

由图 B－16 可知 Hg 在生活区、山区和交通区呈现区域化的分布，其他的区域含量分散。这主要是由生活污水以及汽车尾气的排放造成的。其传播的途径主要是空气的降尘、污水的灌溉和农药、化肥等的使用。

由图 B－17 可知 As 的含量在工业区有一定的富集，而其他的区域基本上没有造成污染，这主要是对工业废气和工业污水的处理不当所造成的。传播途径主要是重金属的堆放通过土壤降解。

由图 B－18 可知 Cu 的含量在交通区呈现带状的分布，而其他的区域含量很少，主要是汽车尾气的排放所造成的。通过空气的降尘传播。

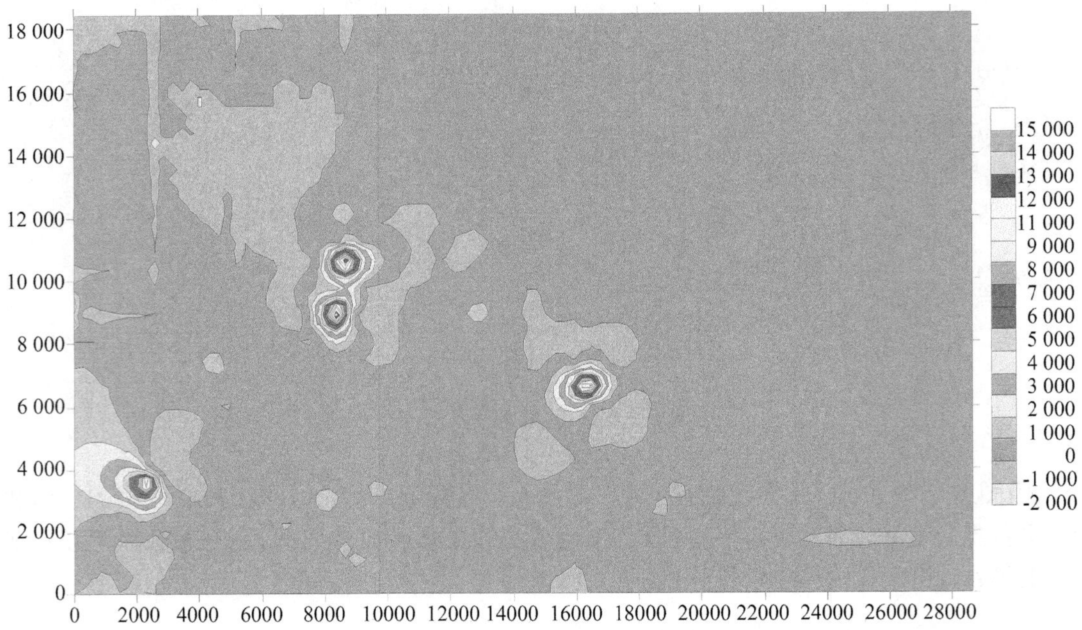

图 B－16　Hg 空间平面分布

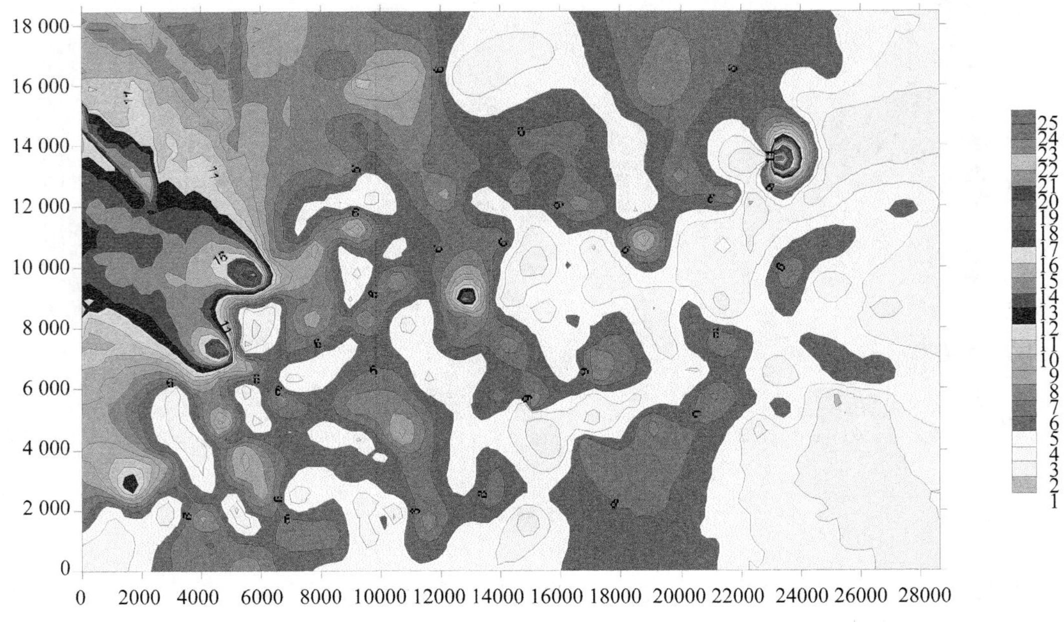

图 B－17　As 空间平面分布

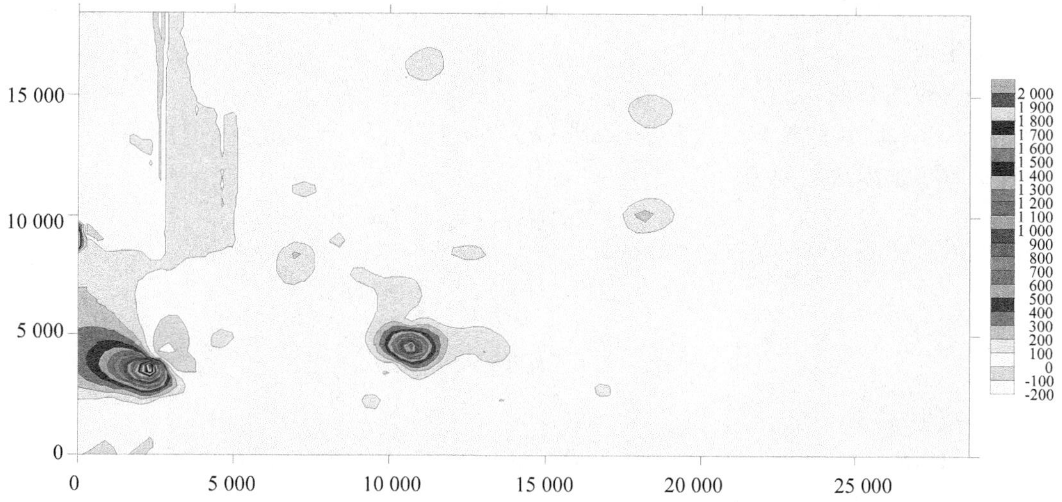

图 B－18　Cu 空间平面分布

综合上述的五个图可知，污染源的位置主要来源于生活区、工业区和交通区。

B5.4　对于问题（4）

（1）应用单指数法评价虽然简单明了、对单个的指标能够准确地评价，但是没有对评价指标进行综合的考虑，并且忽略了各个指标的随机性。

（2）主成分分析法利用降维技术对原数据处理，能最显著地反应采样指标、采样点间的差异，对重金属污染的主要原因能客观、合理地反应。但本题的不足之处只是对五个功能区大概了解，而未考虑到功能区中具体的影响因素。

（3）因子分析法对原数据进行标准化的处理，分析出可能引起污染的可能因子，对其进行综合的评价，但是具有一定的模糊性，对来源位置的定位不确切。

（4）本文只是对常见的八种重金属元素进行了分析，而忽略了其他元素对土壤的影响，并且对该区域进行了大概的划分，没有确切进行人为因素和自然因素的划分，未考虑自然因素的随机性和不确定性。因此，为了更好地研究城市地质环境的演变模式，还应考虑地质环境、大规模的地面和地下建设、城市及其邻区地下资源的开发、成土母质本身含有的重金属、环境中的各种突发事件等。

城市地质环境的演变模型灾害预测模型——灰色灾变预测模型。

如何对土壤重金属污染中的各种因素综合考虑，以及对一系列数据中出现异常值的位置的确定进行预测就是灾变预测的任务。灾变预测的基础是GM（1，1）模型。

（1）GM（1，1）模型

GM（1，1）模型其实是 GM（1，N）模型中 $N=1$ 的特例，即建立的模型中只包含一个变量，并且微分方程是一阶的。

①累加生成（AGO）

累加生成（Accumulated Generating Operation，AGO）是通过对数列中各时刻数据的依次累加以得到新的数据与数列。累加前的数列称原始数列，累加后的数列称生成数列。如果有一串原始数据，第一个维持不变，第二个数据是第一个加第二个数据，第三个数据是原始的第一个、第二个、第三个相加。这样得到的新数列，称为累加生成数列，这样的处理方式称为累加生成。

如果有原始数列，记为

$$x^{(0)}(x^{(0)}(1),x^{0}(2),\cdots,x^{(0)}(n)) = \{x^{(0)}(k) = 1,2,\cdots,n\}$$

那么其累加生成数列为：

$$\begin{aligned} x^{(1)} &= (x^{(1)},x^{1}(2),\cdots,x^{(1)}(n)) \\ &= (\sum_{i=1}^{1} x^{0}(i),\sum_{i=1}^{2} x^{0}(i),\cdots,\sum_{i=1}^{n} x^{0}(i)) \\ &= \{\sum_{i=1}^{k} x^{0}(k),k = 1,2,\cdots,n\} \end{aligned}$$

②累减生成(IAGO)

累减(Inverse Accumulated Generating Operation,IAGO)是指前后两个数之差。累减是累加的逆运算，或称逆生成，一般通过累减生成可以将累加生成的数据列还原。

如果有原始数列，记为

$$x^{(0)} = (x^{(0)}(1),x^{(0)}(2),\cdots,x^{(0)}(n)) = \{x^{(0)}(k)/k = 1,2,\cdots,n\}$$

那么其累减生成数列为

$$\begin{aligned} x^{(1)} &= (x^{(1)}(1),x^{(1)}(2),x^{(1)}(n)) \\ &= (x^{(0)}(2) - x^{(0)}(1),x^{(0)}(3) - x^{(0)}(2),\cdots,x^{(0)}(n) - x^{(0)}(n-1)) \end{aligned}$$

上述生成称1次累减生成(1. IAGO)，当然也可以按照上述方法进行多次累减生成。

③GM(1,1)模型

考查原始数列 $x^{(0)} = (x^{(0)}(1),x^{(0)}(2),\cdots,x^{0}(m))$ 及其 IAGO 数列 $x^{(1)} = (x^{(1)}(1),x^{(1)}(2),\cdots,x^{(1)}(m))$。根据灰色系统理论可建立如下形式的白化微分方程：

$$\mathrm{d}x^{(1)}/\mathrm{d}t + ax^{(1)} = u$$

参数向量 $\hat{\boldsymbol{a}} = (\mathrm{a},\boldsymbol{u}^{\mathrm{T}}) = (\boldsymbol{B}^{\mathrm{T}}\boldsymbol{B})^{-1}\boldsymbol{B}^{T}y^{\mathrm{n}}$

$$\boldsymbol{B} = \begin{bmatrix} -\frac{1}{2}(x_1^{(1)}(1) + x^{(1)}1(2) & 1 \\ -\frac{1}{2}(x_1^{(1)}(1) + x_1^{(1)}(3) & 1 \\ \vdots & \vdots \\ -\frac{1}{2}(x_1^{(1)}(m-1) + x_1^{(1)}(m) & 1 \end{bmatrix}$$

$$y_n = (x_1^{(1)}(2),x_1^{(0)}(3),\cdots,x_1^{(0)}(m))^{\mathrm{T}}$$

白化形式微分方程的解为 $\hat{x}^{(1)}(k+1) = \left(x^{(0)}(1) - \frac{u}{a}\mathrm{e}^{-ak} + \frac{u}{a}\right)$

将此模型应用于城市地质环境的演变模型中，对一些突发因子提出预警，对已污染的区域的进行合理的治理来防止污染的加重，对少量的重金属元素提出防止的措施，并且找出污染源的准确位置，以减少不必要的随机因子的发生。它是用一些异常值来表示将来发生灾害的时间的方法。如果将其编为一个有数据库接入的计算软件，将是一个行之有效的环保安全系统。

B6 模型的评价

主成分分析法的优点首先在于它利用降维技术,用少数几个综合变量来代替原始多个变量,这些综合变量集中了原始变量的大部分信息;其次,它通过计算综合主成分函数得分,对客观经济现象进行科学评价;再次,它在应用上侧重于信息贡献影响力综合评价。但它的不足之处就是当主成分的因子负荷的符号有正有负时,综合评价函数意义就不明确,命名清晰性低。

因子分析法对原始数据进行标准化处理;消除了原始指标的相关性对综合评价所造成的信息重复的影响;构造综合评价时所涉及的权数具有客观性;在信息损失不大的前提下,减少了评价工作量,公共因子更容易被解释。但是,因子分析的评价结果没有主成分分析准确。

B7 参考文献

[1]刘申,刘凤枝,李晓华,等.天津公园土壤重金属污染评价及其空间分析[J].生态环境学报,2010,19(5):1097-1102.

[2]李增福,朱继业,王腊春.合肥市城市土壤重金属元素含量及空间分布特征[J]城市环境与城市生态,2009,22(3):28-31.

[3] 祁轶宏.基于GIS的铜陵地区土壤重金属元素的空间分布及污染评价[D].合肥:合肥工业大学,2006.

[4] 张颖慧.基于环境地球化学基线的合肥地区土壤重金属元素的空间分布及污染评[D].合肥:合肥工业大学,2007.

[5] 刘绍贵,张桃林,王兴祥,等.南昌市城郊表层土壤重金属污染特征研究[J].土壤通报,2010,41(2):463-466.

[6] 谢锋,邓秋静,宋春然,等.用模糊评价法评价土壤重金属污染程度[J].贵州农科学,2005,33(3):24-25.

[7] 陆洋,谢锋,谭红,等.用模糊贴近度方法评价土壤重金属污染程度[J].中国环境监测,2007,23(6):72-75.

[8] 杨继松,孙丽娜,杨晓波,等.沈阳市细河沿岸农田土壤重金属污染评价[J].农业环境科学学报,2007,26(5):1933-1936.

[9] 王淑雨,马建华,韩晋仙,等.最大熵模糊综合评价法在污灌区土壤重金属污染等级划分中的应用[J].安全与环境学报,2010,10(1):114-117.

[10]王雄军,赖健清,鲁艳红,等.基于因子分析法研究太原市土壤重金属污染的主要来源[J].生态环境,2008,17(2):671-676.

[11]赵彬,王冰,陈曦.基于简化分区模型的室内污染源位置辨识方法[J].建筑科学,2008,24(10):100-104.

[12]蒙美芳.矿业城市环境灾害演变规律与评价预警研究[D].阜新:辽宁工程技术大学,2006.

附录 C　食品质量安全抽检数据分析

摘要

食品质量安全问题是民生相关的大问题，现已成为全社会关注的热点。解决食品质量安全抽检问题刻不容缓。本文通过科学合理的评价方法，利用深圳市 2010 年—2012 年主要食品质量安全抽检数据，通过对原始数据进行分析归类综合处理，总结归纳出深圳市这三年食品质量安全的变化趋势，通过建立层次抽样数学模型和基于高优指标的最优化模型来研究如何进行食品安全的抽检等问题。

对于问题(1)，首先将近三年抽检的水产品类、鸡鸭类、面食类食品这几类主要食品进行数据分析。影响食品安全的因素主要分为微生物污染、重金属污染、添加剂污染三大类，再用数学统计学的方法对每一类污染进行定性分析，通过 Excel 数据处理的方式归纳出深圳市这三年主要食品安全情况的变化趋势。可得到影响食品安全的因素检测结果均超过了标准要求，但呈下降趋势的结论。

对于问题(2)，由于抽检食品种类多，我们采用归一化的方式，对已知的三年的抽检数据进行汇总，并且对于调味品和粮食用 Excel 及 SPSS 分别建立饼状图和条形图，从中可以看出食品产地与食品质量的关系以及食品销售地点与食品质量的关系，经过分析确定深圳市的最优抽样方式是分层抽样的抽样方法，因此建立层次分析模型，将三年的部分主要食品所在抽样地点进行分层，计算抽样率，并用 MATLAB 进行跟踪抽检四次，得出较可靠结论。

对于问题(3)，现有的抽检方式包括定期抽检和不定期抽检。主要针对：消费者申诉及举报较多的食品；监督检查中发现问题比较集中的食品；案件查办中涉及的食品；根据有关部门通报情况需要进行抽检的食品。但是，由于食品抽检是需要费用的，如何抽检能更科学、更有效地反映食品质量状况且不过分增加监管成本是我们最应该解决的问题。所以，对于那些抽检结果稳定且抽检频次过高的食品领域我们应建立数学模型进行改进，通过分析以食用植物油为例建立基于高优指标的最优化模型。把食用植物油进行分类，运用 LINGO 进行模型的求解。

关键词

层次分析法；基于高优指标的最优化模型；MATLAB；SPSS

C1 问题的重述

食品质量安全问题关系到千家万户的生活与健康，食品安全已成为社会关注的热点，也是政府民生工程的一个主题。近几年来，全球及我国接连不断发生的恶性食品安全事故引发了人们对食品安全的高度关注，也促使各国政府重新审视这一已上升到国家公共安全高度的问题，各国纷纷加大了对本国食品安全的监管力度。

由于城市食品的来源越来越广泛，人们对于加工好的食品的需求量也越来越大，食品的运输、加工、包装、贮存、销售以及餐饮等每一个环节皆可影响食品的质量与安全，所以食品质量安全的监管在实际工作中显得更为重要。食品质量与安全标准的和抽样检测及评价都需要科学有效的方法。但是，由于食品的种类、品牌和批次繁多，从生产加工到销售食用中间环节复杂，质检部门不可能对所有食品做到全面的质量检测，一般只能做一定的抽检。当然，对食品进行抽检也需要一定人力、物力和财力（即成本费用），抽检的越多检测效果就越好，但需要的时间就越长，其成本费用也就越高。应该如何抽检，使之更科学更有效地反映食品质量状况且不过分增加监管成本？根据实际情况，建立数学模型分析研究下列问题：

（1）如何评价深圳市这三年各主要食品领域微生物、重金属、添加剂含量等安全情况的变化趋势？

（2）从这些数据中能否找到某些规律性的东西？（如食品产地与食品质量的关系，食品销售地点（即抽检地点）与食品质量的关系，季节因素，等等。）

（3）能否改进食品抽检的办法，使之更科学、更有效地反映食品质量状况且不过分增加监管成本（食品抽检是需要费用的）？例如，对于抽检结果稳定且抽检频次过高的食品领域该做怎样的调整？

C2 基本假设

（1）假设模型求解过程中所用的数据都是合理的；

（2）假设被抽查的食品占所有食品的绝大部分，其他没有被分类的食品对食品安全性所造成的影响忽略不计；

（3）假设影响食品安全性的因素能且仅能分为三大类，其他没有被分类的因素对食品安全性所造成的影响忽略不计；

（4）假设调查样本在一定的范围内是均一的；

（5）假设抽检的最大费用有限制；

（6）假设不考虑抽检人数的限制；

（7）假设抽检不受国家相关政策的影响。

（8）假设检测不同环节、不同因素的成本和工时相同。

C3 定义符号说明

$v(\bar{L}_{st})$——总体均值 $\bar{L}$ 的估计量（st 表示分层）。

W_i——层权(L_i/L),i=1,2,…,N。
L——抽样系统中总的生产批次。
L_i——第 i 层生产批次数。
$\bar{L}_i$——第 i 层的样本均值。
l_i——第 i 层抽取的样本量。
S_i^2——第 i 层的方差。
f_i——第 i 层的抽样比(l_i/L_i)。
α——为 L 在 $1-\alpha$ 置信水平下的绝对误差限。
u_α——标准整天分布的双侧分位数。
c_i——第 i 层每个样本单位的平均费用。
t_i——第 i 层每个样本单位的平均检验工时。
c_0——固定费用。
ξ——每个抽检批次的检查项目。
T_{max}——抽检的最长时间。
P_{max}——抽检的最大费用。
ξ_{max}——抽检的总项目数。
t——每次每项抽检的平均时间。
p——每次每项抽检的平均费用。
δ_{ij}——风险系数。

C4 模型的分析、建立与求解

C4.1 问题(1)的分析与求解

1. 问题(1)的分析

对于问题(1),我们根据抽检的频数以及质量状况对主要食品进行了归类。国际上通用的对食品的划分方法,是将食品划分为以下六大类:初级植物产品、初级动物产品、植物类加工食品、动物类加工食品、多种成分的加工食品、其他类食品。在本题中,我们对水产品类、鸡鸭类以及面食类进行了数据的统计分析。分析每一年微生物污染中的菌落总数以及大肠菌群污染、重金属污染中的铝的残留量污染、添加剂污染中的柠檬黄和脱氢乙酸污染的变化趋势,通过 Excel 中绘图功能观察其产品质量安全情况的变化趋势。

2. 问题(1)的求解

(1)根据影响食品安全的各因素基本结构图如 C-1 所示。

(2)用 Excel 作出 2010 年到 2012 年食品中检测出的微生物污染中菌落总数含量变化趋势,如图 C-2 所示。

从图 C-3 中可以看出微生物污染中菌落总数呈波动变化,每一年都要出现一个高峰期,即检验的不合格标准最高。在 2012 年检测出的菌落总数普遍要比前两年的高。

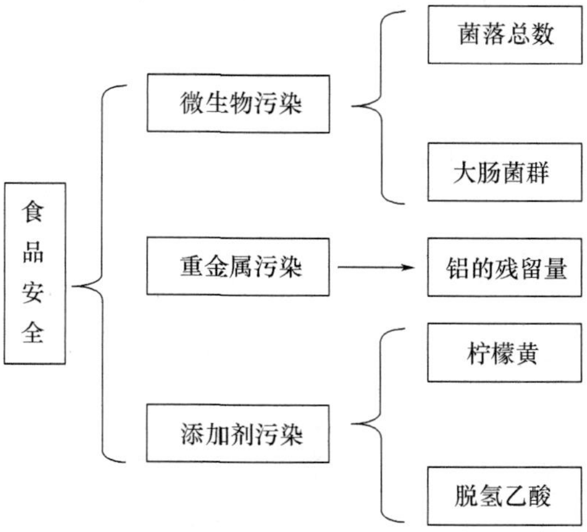

图 C－1 影响食品安全各因素基本结构

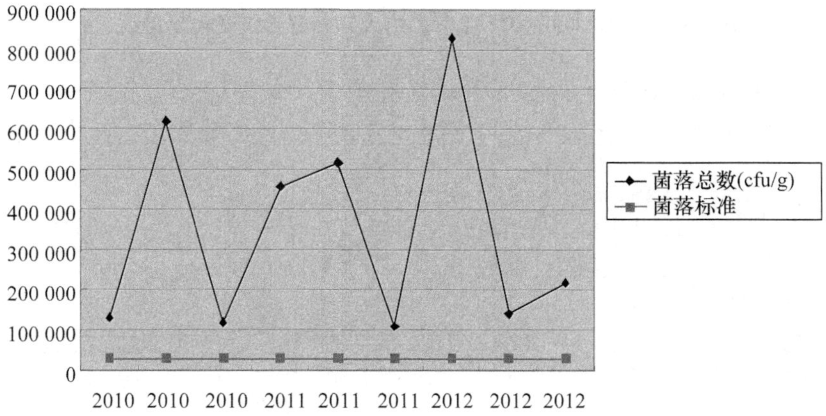

图 C－2 2010 年到 2012 年食品中菌落总数含量变化趋势图(1)

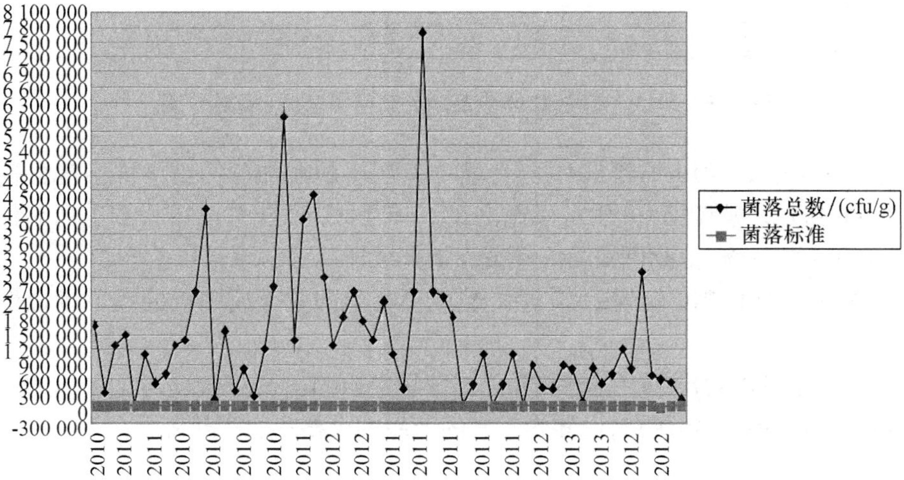

图 C－3 2010 年到 2012 年食品中菌落总数含量变化趋势图(2)

(3)用 Excel 作出 2010 年到 2012 年食品中检测出的微生物污染中大肠菌群含量变化趋势,如图 C－4 所示。

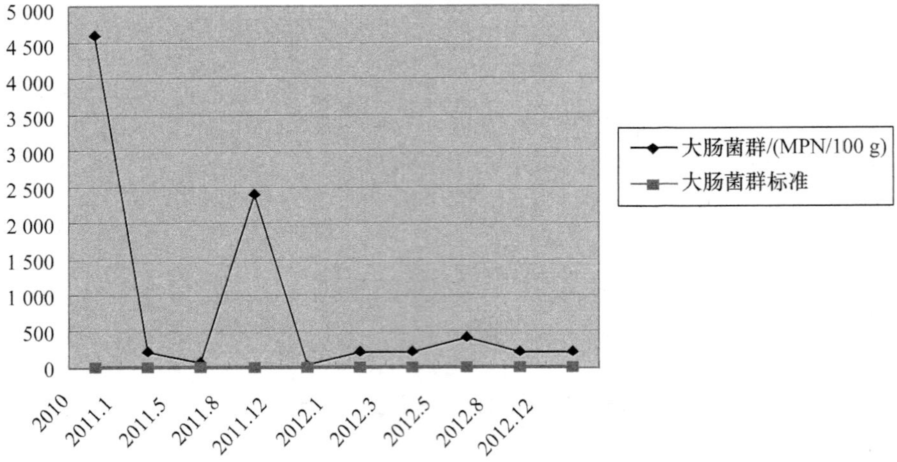

图 C－4　2010 年到 2012 年食品中大肠菌群含量变化趋势图(2)

从图 C－5 中可以看出微生物污染中大肠菌群呈下降的变化趋势,在 2011 年 9 月份检测时出现一次升高的情况,然后逐渐趋于平稳状态,但检测结果没有达到检测标准。

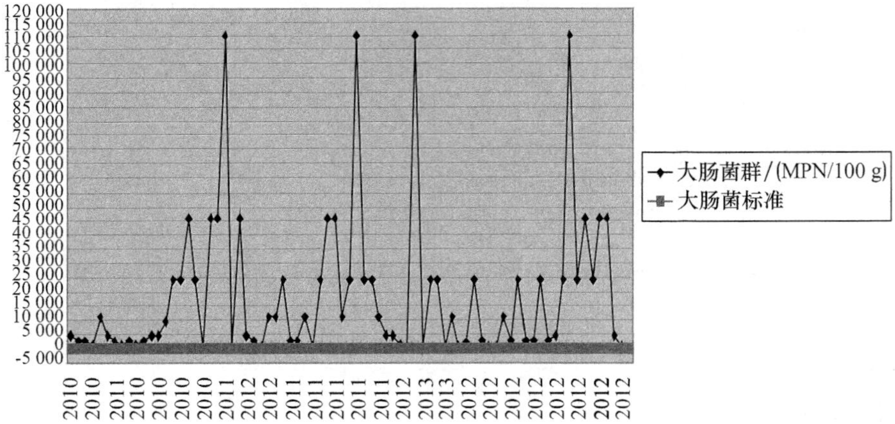

图 C－5　2010 年到 2012 年食品中大肠菌群含量变化趋势图(1)

(4)用 Excel 作出 2010 年到 2012 年食品中检测出的添加剂污染中柠檬黄含量变化趋势,如图 C－6 所示。从图 C－6 中可以看出 2010 年到 2012 年食品中检测出的添加剂污染中柠檬黄含量逐年下降,由此可知含柠檬黄添加剂的产品合格率逐年上升。

(5)用 Excel 作出 2010 年到 2012 年食品中检测出的重金属中铝的残留量含量变化趋势如图 C－7 所示。

从图 C－7 中可以看出 2010 年到 2012 年食品中检测出的重金属污染中铝的残留量含量呈波动上升的趋势,逐年超标,可知含有其的产品的合格率也逐年降低。

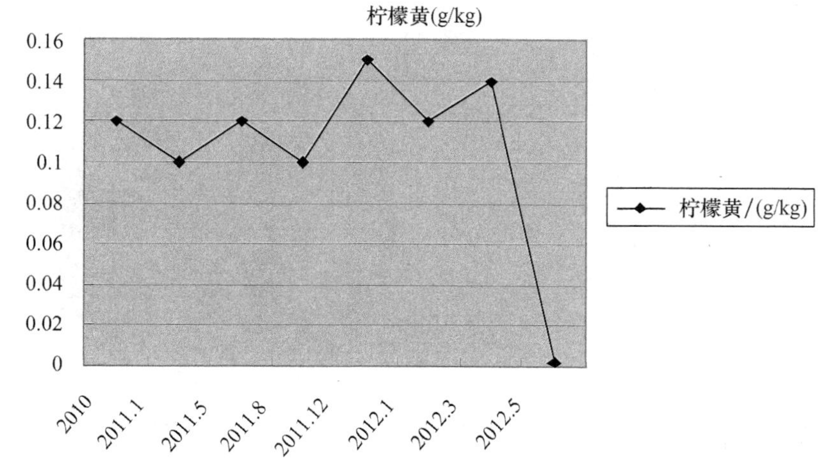

图 C－6 2010 年到 2012 年食品中柠檬黄含量变化趋势图(2)

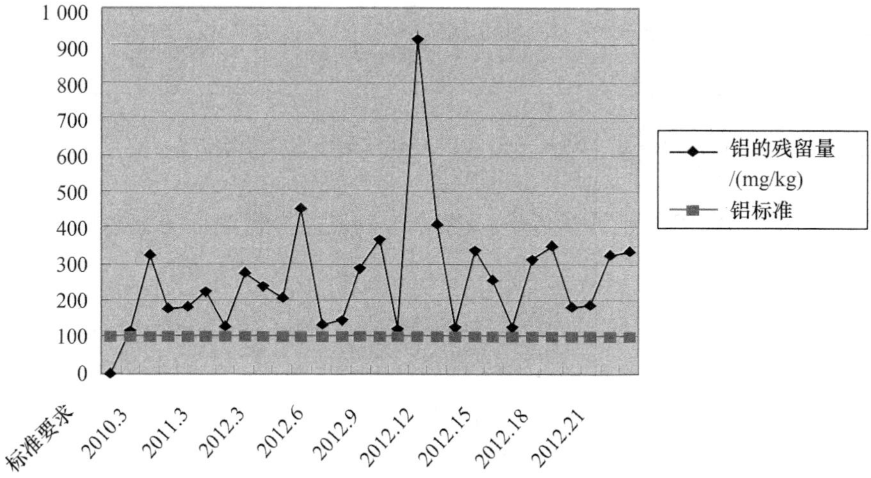

图 C－7 2010 年到 2012 年食品中铝的残留量含量变化趋势图

C4.2 问题(2)的分析及模型建立与求解

1. 问题(2)的分析

对于问题(2),我们知道,为了建立合理的抽检模型,我们首先需要对现有的统计信息进行定量分析。由于问题(2)的求解几乎需要考虑文中提供的所有已知信息,所以为了简化数学模型的计算复杂度,我们可以在某些直观问题上进行简单的定性分析。

在基本确定主要食品是食用植物油抽检项目后,首先我们利用分层抽样模型确定食用植物油及调味品在每个抽检地点所要抽检的批次数的最优值;然后,我们利用法定的工作时间确定最大抽检时间和费用;最后,计算出每个地点中要抽的批次数及每个批次的项目数,对其优劣进行综合评价。

(1)用 Excel 作出 2010 年到 2012 年调味品不合格频次,如图 C－8 所示。

从图中可以看出 2010 年到 2012 年各个地区的调味品都存在抽检不合格现象,并且不合格率都比较高。

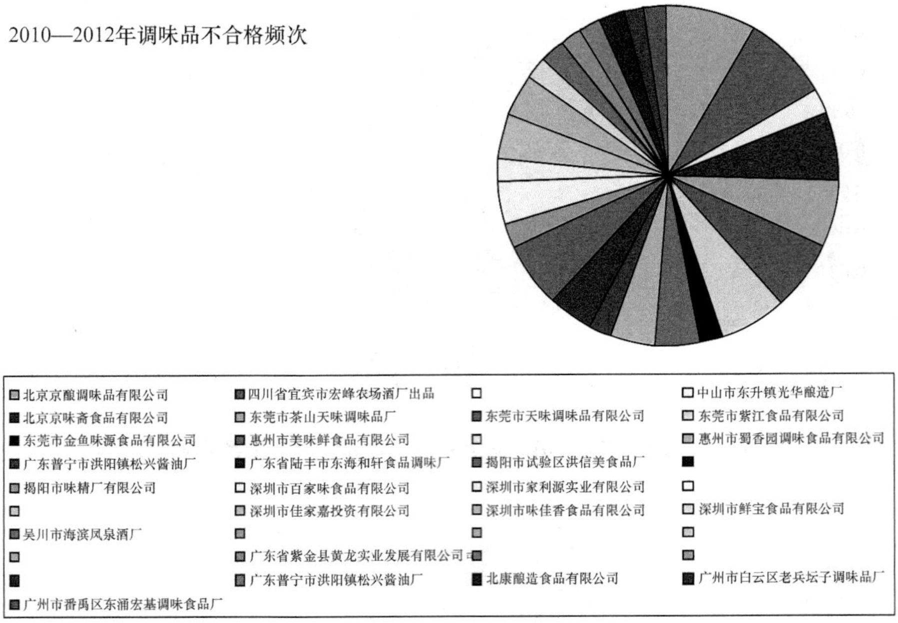

图 C－8　2010 年到 2012 年调味品不合格频次饼图

(2)用 Excel 作出 2010 年到 2012 年以粮食为例食品销售地点与食品质量的关系,如图 C－9 所示。

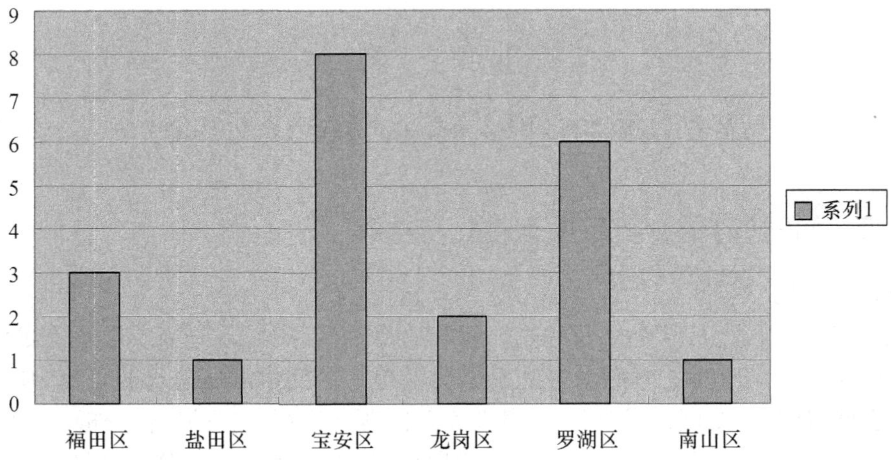

图 C－9　2010 年到 2012 年以粮食为例食品销售地点与食品质量的关系条形图

从图 C－9 中可以看出 2010 年到 2012 年食品销售地点与食品质量有一定的关系,例如宝安区以及罗湖区的不合格率比较高,盐田区以及南山区的不合格率比较低。经查找在宝安区和罗湖区附近都有生产产品的大型工厂,所以我们猜测食品质量可能与地区有很大的关系。

2. 模型的建立

(1)分层抽样

通过上述对问题(2)的分析,我们利用分层抽样法建立下列函数关系。

设整个抽样为一个系统 L,系统中含有 L_i 种地点,每个地点的生产批次数为 l_i,则总体均值 $\overline{L}_{st}$的估计量:

$$V(\overline{L}_{st}) = V(\sum_{i=1}^{N} W_i \overline{l}_i) = \sum_{i=1}^{N} W_i^2 \frac{S_i^2}{l_i}(1 - f_i) \tag{C-1}$$

第 i 层的方差:

$$S_i^2 = \sum_{j=1}^{L_i} (L_{ij} - \overline{L}_i)^2/(L_i - 1) \tag{C-2}$$

由误差知识可得

$$V(\overline{L}_{st}) = \left(\frac{d}{u_a}\right)^2 \tag{C-3}$$

联立上述各式可得

$$\sum_{i=1}^{N} W_i^2 \frac{S_i^2}{l_i}(1 - f_i) = \left(\frac{d}{u_a}\right)^2 \tag{C-4}$$

调查费用函数:

$$C = C_0 + \sum_{i=1}^{N} (c_i + \beta t_i) l_i \tag{C-5}$$

各层样本量的最优分配:

$$\frac{l_i}{l} = \frac{W_i S_i / \sqrt{C_i}}{\sum_{i=1}^{N} W_i S_i / \sqrt{C_i}} \tag{C-6}$$

由于每个样本的调查费用相同,故上式可以化为

$$f_i = f \frac{S_i}{\sum_{i=1}^{N} W_i S_i} \tag{C-7}$$

联立式(C-4)和式(C-7)可得,总体抽样率为

$$f = \frac{(\sum_{i=1}^{N} W_i S_i)^2}{\sum_{i=1}^{N} W_i S_i^2 + L\left(\frac{d}{u_\alpha}\right)^2} \tag{C-8}$$

也可得到分层抽样率为

$$f_i = S_i \frac{\sum_{i=1}^{N} W_i S_i}{\sum_{i=1}^{N} W_i S_t^2 + L\left(\frac{d}{u_\alpha}\right)^2} \tag{C-9}$$

(2)模型的建立——线性目标规划

在以上函数关系以及抽检费用有限制的条件下,模型以抽检项目数最多为目标函数所

建立的模型如下：

$$\max Z = \sum_{i=1}^{n} L_i f_i \xi$$

$$\text{s.t.}\begin{cases}\sum_{i=1}^{N} L_i f_i \xi \leqslant T_{\max}/t \\ \sum_{i=1}^{N} L_i f_i \xi \leqslant P_{\max}/p \\ 0 < \xi \leqslant \xi_{\max} \\ L_i, f_i > 0 \\ T_{\max}, P_{\max}, \xi_{\max} > 0\end{cases} \tag{C-10}$$

(3)检测误差(即检测的可靠性)分析的方法

$$\mu_x = \frac{\sigma_x}{\sqrt{n}}\sqrt{\frac{N-n}{N-1}}$$

$$\sigma_x = \sqrt{\frac{\sum_{i=1}^{N}(x-\mu)^2}{N-1}}$$

$$\mu = \frac{\sum_{i=1}^{N} X_i}{N}$$

3.模型的求解

(1)层次抽样模型

食用植物油在各个地点广泛地使用,针对部分地点进行模拟抽检。针对食用植物油进行分层。第一层为五星级酒店、三星级酒店、高级餐厅、中级餐厅、速食快餐店、小吃店的批次数,然后对每层随机抽样,得到样本。分层抽样图如图 C-10 所示。

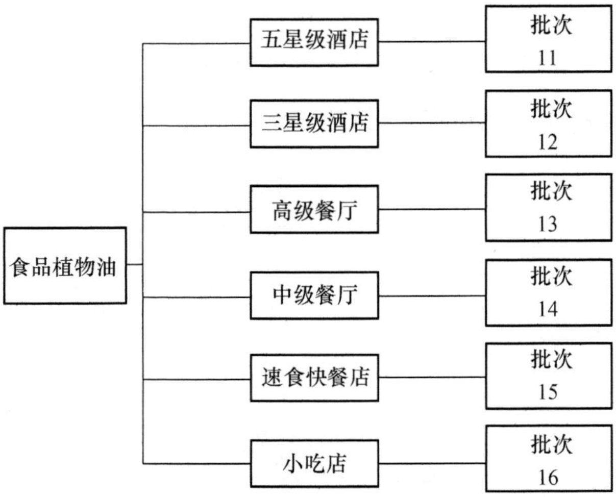

图 C-10　分层抽样图

(2)部分参数的假设

①各地点生产批次序列为$(L_1, L_2, L_3, L_4, L_5, L_6) = (90, 80, 60, 75, 65, 70)$。

②置信度取95%,根据对其他参数的讨论,按照ISO质量管理体系和AQL抽样标准得到实际中抽检概率在8%~10%之间能够达到抽检效果,标准差S_h取值范围0.037~0.042,并在此区间内等距选取六个数进行计算,六个数分别为$(S_1, S_2, S_3, S_4, S_5, S_6) = (0.037, 0.038, 0.039, 0.040, 0.041, 0.042)$,$d$取0.01。

由标准正态分布表查表可知:$u_\alpha = 1.64$。

其他参数的计算:

$$\begin{aligned} N &= L_1 + L_2 + L_3 + L_4 + L_5 + L_6 \\ &= 90 + 80 + 60 + 75 + 65 + 70 \\ &= 440\ (\text{批}) \end{aligned}$$

所以由$W_1 = L_1/N$有

$W_1 = 90/440 = 9/44$; $W_2 = 80/440 = 2/11$; $W_3 = 60/440 = 3/22$

$W_4 = 75/440 = 15/88$; $W_5 = 65/440 = 13/88$; $W_6 = 70/440 = 7/44$

(3)分层抽样率的计算

由式(C-9)计算得到各层的抽样率如表C-1所示。

表C-1 各层的抽样率

抽检地点	五星级酒店f_1	三星级酒店f_2	高级餐厅f_3	中级餐厅f_4	速食快餐店f_5	小吃店f_6
抽样率	0.081 3	0.083 5	0.085 7	0.087 9	0.090 1	0.092 3

假设$t = 1.5$,$p = 60$,$P_{max} = 6\ 000$,$T_{max} = 176$,$\xi_{max} = 11$

项目数为2.564 1≈3项。

误差:

$$\mu_x = \frac{\sigma_x}{\sqrt{n}}\sqrt{\frac{N-n}{N-1}}$$

$$\sigma_x = \sqrt{\frac{\sum_{i=1}^{N}(x-\mu)^2}{N-1}}$$

$$\mu = \frac{\sum_{i=1}^{N}X_i}{N}$$

$$\mu = \frac{\sum_{i=1}^{N}X_i}{N} = 440/6 = 73.3$$

$$\sigma_x = \sqrt{\frac{\sum_{i=1}^{N}(x-\mu)^2}{N-1}}$$

$$= \sqrt{\frac{(90-73.3)^2 + (80-73.3)^2 + (60-73.3)^2 + (75-73.3)^2 + (65-73.3)^2 + (70-73.3)^2}{6-1}}$$

$= 10.8013$

$$\mu_x = \frac{\sigma_x}{\sqrt{n}}\sqrt{\frac{N-n}{N-1}} = \frac{4.8305}{\sqrt{39}}\sqrt{\frac{440-39}{440-1}} = 1.6530$$

误差百分比：$1.6530/39 = 4.24\% < 5\%$

权重：

$$\begin{bmatrix}
1 & 1 & 3 & 3 & 5 & 5 & 6 & 7 & 1 & 9 & 9 \\
1 & 1 & 3 & 3 & 5 & 5 & 6 & 7 & 1 & 9 & 9 \\
1/3 & 1/3 & 1 & 1 & 5/3 & 5/3 & 2 & 7/3 & 1/3 & 3 & 3 \\
1/3 & 1/3 & 1 & 1 & 5/3 & 5/3 & 2 & 7/3 & 1/3 & 3 & 3 \\
1/5 & 1/5 & 3/5 & 3/5 & 1 & 1 & 6/5 & 7/5 & 1/5 & 9/5 & 9/5 \\
1/5 & 1/5 & 3/5 & 3/5 & 1 & 1 & 6/5 & 7/5 & 1/5 & 9/5 & 9/5 \\
1/6 & 1/6 & 1/2 & 1/2 & 5/6 & 5/6 & 1 & 7/6 & 1/6 & 3/2 & 3/2 \\
1/7 & 1/7 & 3/7 & 3/7 & 5/7 & 5/7 & 6/7 & 1 & 1/7 & 9/7 & 9/7 \\
1 & 1 & 3 & 3 & 5 & 5 & 6 & 7 & 1 & 9 & 9 \\
1/9 & 1/9 & 1/3 & 1/3 & 5/9 & 5/9 & 2/3 & 7/9 & 1/9 & 1 & 1 \\
1/9 & 1/9 & 1/3 & 1/3 & 5/9 & 5/9 & 2/3 & 7/9 & 1/9 & 1 & 1
\end{bmatrix}$$

$(w_1, w_2, w_3, w_4, w_5, w_6, w_7, w_8, w_9, w_{10}, w_{11}) = (0.2175, 0.2175, 0.0725, 0.0725, 0.0435, 0.0435, 0.0362, 0.0311, 0.2175, 0.0242, 0.0242)$

排序：酸价、黄曲霉毒素 B1、过氧化值、日落黄、山梨酸、脂肪酸组成、苯甲酸、胭脂红、羰基价、铅、感官要求。随机抽检三个项目，前三项抽检概率最大，分别为酸价、黄曲霉毒素 B1、过氧化值。

用 MATLAB（程序见附件 1）做出函数当 $n=1$，$n=2$，$n=3$，$n=4$ 的图形，如图 C－11 所示。

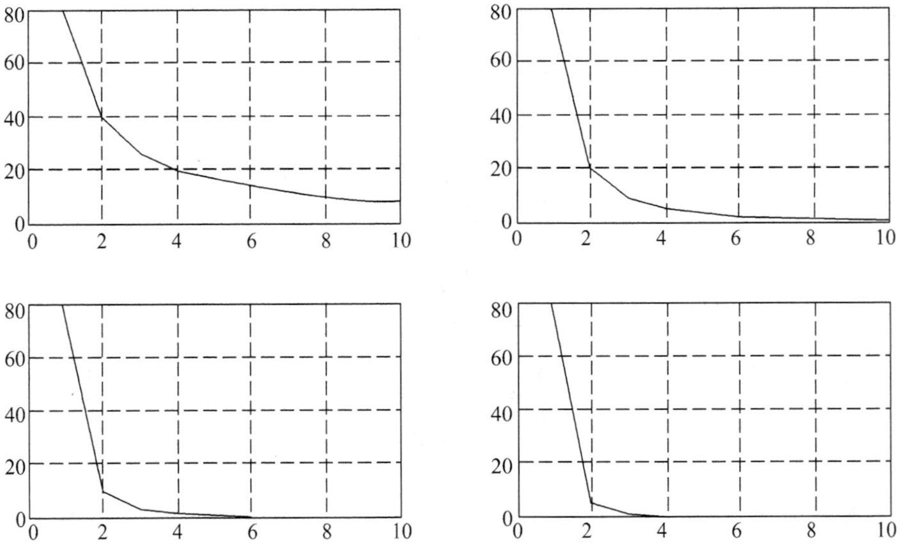

图 C－11　函数 $n=1,2,3,4$ 时的图形

由图形可得，当取 $t'=4$ 时，即跟踪抽检四次时，效果、费用和时间的关系如表 C－2

所示。

表 C－2 数据表(1)

图号	效果	费用	时间
图 1	165	8 250	330
图 2	113	5 650	226
图 3	93	4 650	186
图 4	85	4 250	170

当取 $t'=3$ 时，即跟踪抽检三次时，效果、费用和时间的关系如表 C－3 所示。

表 C－3 数据表(2)

图号	效果	费用	时间
图 1	145	7 050	290
图 2	108	5 400	216
图 3	92	4 600	184
图 4	85	4 250	170

由表中内容可得：L 与 t'的函数为 $L(t')=\frac{L_1}{t^2}$，共需跟踪抽检三次，共抽检 113 个批次。

C4.3 问题(3)的分析及模型建立与求解

1. 问题(3)的分析

深圳市本来的抽检方式包括定期抽检和不定期抽检。主要针对：消费者申诉及举报较多的食品；监督检查中发现问题比较集中的食品；案件查办中涉及的食品；根据有关部门通报情况需要进行抽检的食品；因其他原因需要在定期抽检的基础上，进行不定期抽检的某类食品、某一生产经营者的食品或者某一区域的食品。但是，食品抽检是需要费用的，而且，对于那些抽检结果稳定且抽检频次过高的食品领域我们应采取以下模型进行改进。

2. 问题(3)模型的建立与求解

对于问题(3)问我们首先建立了基于高优指标的最优化模型，具体的模型如下：

由于已经有了第一次检测的相应数据，我们在进行跟踪检测前需要对第一次抽检的数据进行整理分析。有了第一次抽检的数据后，跟踪检测可以转化为利用线性规划求最大风险度的问题。我们建立基于高优指标的最优化模型来求解，过程如下所示：

为建立模型，我们引入风险系数 δ_{ij}，其定义为

$$\delta_{ij} = \omega_i \times R_{ij}$$

其中 i 表示第 i 个因素，j 表示第 j 个品牌，我们规定品牌为 1，2，3，…，12，因素按照总酸、苯甲酸、脱氢乙酸钠、山梨酸、环已基氨基磺酸钠、柠檬黄、氨基酸态氮、菌落总数、糖精钠、谷氨酸钠的次序依次为 1，2，3…10。ω_i 为第 i 项因素的权重，在第三问中我们已经求出

其值 ω_i = (0.186 8,0.056 1,0.041 4,0.066 6,0.179 8,0.024 0,0.165 0,0.208 3,0.044 6,0.025 6)其值越大,它所对应的因素就越重要,我们称之为高优指标。R_{ij}表示第 j 个品牌第 i 个因素在第一次检测时出现问题的次数,它可以由第一次抽检的数据中得到。由以上定义式我们可以计算出各个品牌、各项因素的风险系数。另外,我们需要计算利用基于权重的抽检模型所分配给各项因素的抽检次数,因此假设一共要进行 N 次批检测,于是我们可以得到分配次数表,如表 C-4 所示。

表 C-4　抽检调味品的各个因素的次数分配

备选方案	检测次数
总酸	0.186 8N
苯甲酸	0.056 1N
脱氢乙酸钠	0.041 4N
山梨酸	0.066 6N
环己基氨基磺酸钠	0.179 8N
柠檬黄	0.024 0N
氨基酸态氮	0.165 0N
菌落总数	0.208 3N
糖精钠	0.046 6N
谷氨酸钠	0.025 6N

我们以表 C-4 中的分配次数作为一组约束条件,考虑到历史数据中有一些品牌的一些环节在前几次抽检时没有被抽检到,故可以认为其风险系数为零,即不给这些因素分配抽检次数。

在以上分析的基础上,我们可以建立基于高优指标的最优化模型,假设 x_{ij}表示分配给第 j 个品牌第 i 项因素的抽检批次数,为方便起见,不妨用 P_{ij}表示利用基于权重的抽检模型所分配给各项因素的抽检次数,其中 $i=1,2,\cdots,10;j=1,2,\cdots,12$。于是:

目标函数

$$\max = \sum \delta_{ij} x_{ij}$$

约束条件

$$\sum x_{ij} = N$$

$$\sum_{i=1}^{10} x_{ij} \geqslant N \times P_{ij}, j = 1,2,\cdots,12$$

$$x_{ij} = 0$$

其中,x_{ij}表示历史数据中未出现过的因素。

对于模型的求解,我们可以用 LINGO 编程(程序代码见 C 附-3)求得其最优解和最大风险。

C5　结果分析

本文的误差主要在于由于食品的种类、品牌和批次繁多,从生产加工到销售食用中间环节复杂,质检部门不可能对所有食品做到全面的质量检测,一般只能做一定的抽检。所以我们规定调查样本在一定的范围内是均一的,以免数据不方便处理。对于检测环节不同、不同因素的成本和工时不同,我们都忽略不计。食品的种类以及安全性因素还有很多没有考虑,由于时间限制,我们也没有深入研究这个问题,但可以作为今后努力的方向。

C6 模型的改进和推广

C6.1 模型的改进

本文在建立层次分析法的判断矩阵时,由于历史数据的匮乏,导致了在各因素的相对重要性的判断上的主观性太强,因此对此缺点作如下改进:在收集大量数据的基础上建立一套完整的重要性评估体系,以便于进行科学、准确的判断。也可以采用熵值法来求各个权重。

C6.2 模型的推广

(1)通过对题目的分析,不难发现这是一类运筹规划问题,因此我们也是以“最佳分配”为总体思路来建立模型的。本文中的模型都是针对食品进行抽样检测,但值得注意的是,在生产实践中各种商品都要进行抽样检测,来确定它们的合格率。本文中的模型虽然是针对食品安全抽检建立的,但是它们在建立的过程中并没有受到食品行业相关因素的限制,因此我们可以将改进后的模型用于日常生产生活中的多种抽样检测,决策者只要将相应的因素进行分类,然后使用这些模型进行求解即可制定出最佳的抽检方案。

(2)本文针对问题(3)所建立的模型具有较强的普适性,能够对各类主要食品进行精确度比较高的抽检,而且对批量生产的各种零件、衣服等的质量抽检提供了一种较为简单高效的方法,具有较强的研究意义。

C7 模型的评价

C7.1 对于模型一的评价

在问题(2)中建立的层次分析综合评价模型,比较清晰、科学地对题目中的所叙述的可能的食品危害性做出了定量的比较评估分析,并对各个危害因素进行了评价和排序,便于有关部门参考。对于问题中所给出的定性关系,利用层次分析法很好地实现了由定性到定量的转化,这是一般的决策和优化模型难以做到的。在层次分析法模型中,数据明确简单,便于计算决策。

不过,在此模型中也存在部分局限性,即模型中由定性到定量的转化过程中,没有统一的依据,没有相关的历史数据作为参考,部分数据难以形成统一的标准,因此在模型的求解过程中对数据的处理(例如判断矩阵的构造)存在一定的主观性。但是,由于层次分析法中对构造出的判断矩阵有一致性检验,因而只要通过一致性检验,就已经将由主观性造成的误差控制在合理范围内了,所得的结果也就具有较强的说服力。

总之,该模型对于求解题目中所说的“食品危害性”这种非定量事件还是的一种行之有效方法,因为该方法既保证了对危害性评价的科学性和影响食品安全性的各种危害因素的精确性，又保证了这两类指标综合评价的统一性，不失为一种在实际中操作性强的方法。

C7.2　对于模型二的评价

问题(3)的模型的优点是可以在资金数量已知且有限的情况下，全面考虑到十个检测项目，并可以制定出合理的抽检方案。此外，该模型不会像一般的抽检方法那样，造成在抽检过程中令被使用的资金数目不确定，从而影响了抽检的全面性。同时，该模型也有一定的局限性，即由于数据库给出的数据量有限，从而影响了各个因素权重计算的精确性。

(1)这个模型详细的详细地分析并解决了现实生活中，对于抽检结果稳定且抽检频次过高的食品领域该作怎样的调整，以及和抽检费用之间的关系。

(2)这个模型分析思路简洁清晰，可以紧密地联系到我们生活中的实际问题，有很强的实用性。

(3)本文的基于高标准的最优化模型，合理科学地为复杂的问题解决提供了基础。

(4)由于仅分析了近三年的数据，可能会有些不足，如在深圳的某个区为什么食品质量较差等问题上仍需要进一步的研究。

C8　参考文献

[1]孙玉清，王晓梅. 影响食品安全的因素及应对措施[J]. 中国食物与营养，2007(12)：17-19.

[2]刘卫国. MATLAB 程序设计教程[M]. 3 版. 中国水利水电出版社，2006.

[3]汪建明，贾磊. 对我国食品安全保障体系监管建设的建议[J]. 国外电子测量技术，2009，28(7)：71-75.

[4]陈锦屏，张志国. 关于影响食品安全因素的探讨[J]. 食品科学，2005，26(8)：490-493.

[5]唐苏文，马守贵，张浩. 食品卫生安全保障体系数学模型的研究[J]. 数学的实践与认识，2008，38(14)：50-58.

[6]曾海山，李婷玉. 我国食品安全监管研究[J]. 现代商贸工业，2009，21(15)：41-42.

[7]韩中庚数学建模方法及其应用[M]. 北京：高等教育出版社，2005.

[8]刘克武，张勇侠. 我国食品安全隐患与对策[J]. 食品科学，2003，24(8)：171-173.

[9]西里尔，利博曼. 运筹学导论[M]. 北京：清华大学出版社，2007.

[10]宋新明. 现行食品检验抽样方法的误差分析[J]. 食品科学，1989，10(8)：41-43.

[11]李兵，陈国华，杨涤尘，等. 食品安全体系的抽样理论研究[J]. 安徽农业科学，2009，37(22)：10336-10337.

[12]石飞，陆建，王炜，等. 居民出行调查抽样率模型[J]. 交通运输工程学报，2004，4(4)：72-75.

[13]朱德通. 最优化模型与实验[M]. 上海：同济大学出版社，2003.

C 附-1　程序

```
t=[1:1:10];
```

```
subplot(221)
y = 79./t;
plot(t,y)
subplot(222)
y = 79./(t.^2);
plot(t,y)
subplot(223)
y = 79./(t.^3);
plot(t,y)
subplot(224)
y = 79./(t.^4);
plot(t,y)
```

C 附 -2 MATLAB 程序代码

```
%求 Rij%
>> R = [8,0,0,1,5,0,9,0,0,0;
        5,1,0,0,0,0,8,0,0,0;
        0,0,1,1,5,0,5,4,3,0;
        3,0,1,1,7,0,0,8,0,0;
        0,0,1,1,6,0,1,8,1,1;
        0,1,1,1,0,1,8,4,4,0;
        9,1,0,1,4,1,5,0,0,0;
        5,0,0,0,0,0,1,1,0,0;
        5,0,0,0,1,0,5,5,0,1;
        0,0,0,0,0,0,0,7,0,0;
        0,0,0,1,0,0,4,0,4,0;
        0,1,0,0,7,1,1,4,1,0];
>> w = [0.1868,0.0561,0.0414,0.0666,0.1798,0.0240,0.1650,0.2083,0.0466,0.0256];
%求风险系数 δij%
>> for i = 1:10
     for j = 1:12
        d(j,i) = w(i) * R(j,i);
     end
   end
>> disp(d)
%求基于权重的抽检模型所分配给各项因素的抽检次数%
>> m = 1000 * w;
```

```
>>disp( m)
```

C附-3 LINGO程序(求最优解)

```
！模型;
model:

！数据;
data:
d=1.4944 0 0 0.0666 0.8990 0 1.4850 0 0 0
  0.9340 0.0561 0 0 0 0 1.3200 0 0 0
  0 0 0.0414 0.0666 0.8990 0 0.8250 0.8332 0.1398 0
  0.5604 0 0.0414 0.0666 1.2586 0 0 1.6664 0 0
  0 0 0.0414 0.0666 1.0788 0 0.1650 1.66640.0466 0.0256
  0 0.0561 0.0414 0.0666 0 0.0240 1.3200 0.8332 0.1864 0
  1.6812 0.0561 0 0.0666 0.7192 0.0240 0.8250 0 0 0
  0.9340 0 0 0 0 0 0.1650 0.2083 0 0
  0.9340 0 0 0 0.1798 0 0.8250 1.0415 0 0.0256
  0 0 0 0 0 0 0 1.4581 0 0
  0 0 0 0.0666 0 0 0.6600 0 0.1864 0
  0 0.0561 0 0 1.2586 0.0240 0.1650 0.8332 0.0466 0;
m=187 56 41 67 180 24 165 208 47 26;
enddata

！分配次数;
sets:
i/1...10/;
j/1...12/;
x(i,j);
endsets

！目标函数;
max=@sum(d*x);

！约束条件;
@sum(x(i):
@sum(x(j)))=1000;
@for(x(i):
@sum(x(j))>=m(i));
end
```

附录 D　基因组组装

摘要

1997 年，第一代测序技术出现，经过 30 多年的发展，第二代测序技术也逐渐成熟并商业化。基于第二代测序技术，第三代测序技术也向着高通量、低成本、高精度发展起来。现在积累的测序数据越来越多，如何快速、准确地将大量的测序数据组装成更有价值的 scaffolds 备受关注，研究并开发可运行在个人计算机上的独立的组装算法是非常有必要的。

测序前，DNA 分子要经过复制、打碎、过滤等过程，然后通过测序仪，把 DNA 片段读出，读出来的序列称 reads。要获得整个 DNA 分子的碱基序列，首先要根据 reads 构造 contigs（重叠群），然后将产生的 contigs 组装成 scaffold。本文所研究的就是 contigs 组装成 scaffold 的组装阶段。为此，本文采用了快速筛选配对信息的算法与 contig 组装算法。通过配对信息库的构造过程得到了所有 contig 上面所存在的配对信息，设计了两个映射结构获得任意两条 contig 之间的关联关系，采用独特的数据结构来保存任意两条 contig 之间的配对信息数目，最终完成了从头测序组装算法。

对于问题（1），我们通过以下方法来解决：

（1）read 之间比对拼接算法研究，为了提高比对拼接速度，首先设计能够反映配对信息的 k－mer 结构，在此基础上提出通过快速查询配对信息筛选合理 read 进行比对拼接的策略，这个过程也称全基因组的拼接阶段，由本课题组的其他成员完成。

（2）contig 延伸连接算法研究，提出利用配对信息快速筛选合理的 read，对 contig 进行延伸的策略。这个过程也称组装阶段，是本文的主要研究内容。DNA 从头测序组装算法的工作是首先通过一定的算法找出配对信息，然后利用这些配对信息确定 contig 之间的顺序与方向，从而组装成最终的 scaffold。

对于问题（2），我们将会把数据放入建立好的算法程序中，使其运算得出结果。

关键词

从头测序；配对信息；基因组组装

D1 问题重述

快速和准确地获取生物体的遗传信息对于生命科学研究具有重要的意义。对每个生物体来说，基因组包含了整个生物体的遗传信息，这些信息通常由组成基因组的 DNA 或 RNA 分子中碱基对的排列顺序决定。获得目标生物基因组的序列信息，进而比较全面地揭示基因组的复杂性和多样性，已成为生命科学领域的重要研究内容。

确定基因组碱基对序列的过程称测序（sequencing）。测序技术始于 20 世纪 70 年代，伴随着人类基因组计划的实施而突飞猛进。从第一代到现在普遍应用的第二代，以及近年来正在兴起的第三代，测序技术正向着高通量、低成本的方向发展。尽管如此，目前能直接读取的碱基对序列长度远小于基因组序列长度，因此需要利用一定的方法将测序得到的短片段序列组装成更长的序列。通常的做法是将基因组复制若干份，无规律地分断成短片段后进行测序，然后寻找测得的不同短片段序列之间的重合部分，并利用这些信息进行组装。例如，若有两个短片段序列分别为

ATACCTT **GCTAGCGT**

GCTAGCGTAGGTCTGA

则有可能基因组序列中包含有 ATACCTT**GCTAGCGTAGGTCTGA** 这一段。当然，由于技术的限制和实际情况的复杂性，最终组装得到的序列与真实基因组序列之间仍可能存在差异，甚至只能得到若干条无法进一步连接起来的序列。对组装效果的评价主要依据组装序列的连续性、完整性和准确性。连续性要求组装得到的（多条）序列长度尽可能长；完整性要求组装序列的总长度占基因组序列长度的比例尽可能大；准确性要求组装序列与真实序列尽可能符合。

利用现有的测序技术，可按一定的测序策略获得长度约为 50 ~ 100 个碱基对的序列，称读长（reads）。基因组复制份数为 50 ~ 100。基因组组装软件可根据得到的所有读长组装成基因组，这些软件的核心是某个组装算法。常用的组装算法主要基于 OLC（Overlap/Layout/Consensus）方法、贪婪图方法、de Bruijn 图方法等。一个好的算法应具备组装效果好、时间短、内存小等特点。新一代测序技术在高通量、低成本的同时也有错误率略有增加、读长较短等缺点，现有算法的性能还有较大的改善空间。

问题（1）：试建立数学模型，设计算法并编制程序，将读长序列组装成基因组。你的算法和程序应能较好地解决测序中可能出现的个别碱基对识别错误、基因组中存在重复片段等复杂情况。

问题（2）：现有一个全长约为 120 000 个碱基对的细菌人工染色体（BAC），采用 Hiseq2000 测序仪进行测序，测序策略以及数据格式的简要说明见附录一（略）和附录二（略），测得的读长数据见附录三（略），测序深度（sequencing depth）约为 70 ×，即基因组每个位置平均被测到约 70 次。试利用你的算法和程序进行组装，并使之具有良好的组装效果。

D1.1 测序策略

测序策略如图 D－1 所示。DNA 分子由两条单链组成，在图中表现为两条平行直线，两条直线上相对位置的两个碱基相互结合形成碱基对（bp），并且与碱基 A 结合的碱基必为

T,与碱基 C 结合的碱基必为 G。将一个含 120 000 个 bp 的完整基因组,随机打断成 500 bp 的片段,然后对 500 bp 的片段进行测序。测序方法如图 D-1 中第 3 步所示,分别从 500 bp 片段的两端,对两条单链进行测序,测得的读长记为 read1,read2。read1,read2 的长度均为 88 bp,且该对 reads 相距 500 bp。

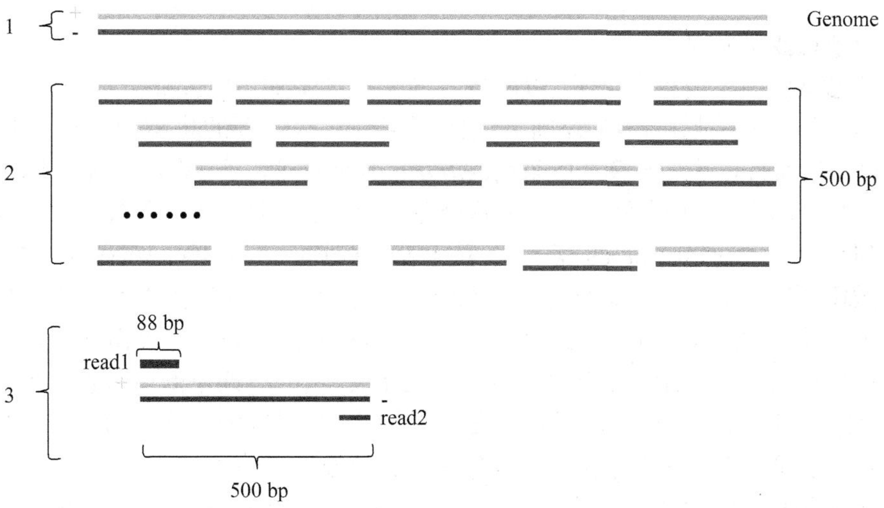

图 D-1 测序策略示意图

(更详细的测序策略描述参见 http://res.illumina.com/documents/products/techspotlights/techspotlight_sequencing.pdf)

D1.2 数据格式

读长数据格式为 fastq 格式,每 4 行表示一条 reads。

第一行:@ 序列 ID,包含 index 序列及 read1 或 read2 标志;

第二行:碱基序列,大写"ACGTN";

第三行:"+",省略了序列 ID;

第四行:质量值序列,字符的 ASCII 码值 -64 = 质量值。

(更详细的 fastq 格式介绍参见 http://support.illumina.com/help/SequencingAnalysisWorkflow/Content/Vault/Informatics/Sequencing_Analysis/CASAVA/swSEQ_mCA_FASTQFiles.htm)

D1.3 读长数据

测序得到的读长数据存放于两个 fastq 文件中(见附件一,略),其中 McMc_BAC_1.fq.gz.clean.dup.clean 和 McMc_BAC_2.fq.gz.clean.dup.clean 分别存放 reads1 和 reads2 的数据。

D2 模型建立

D2.1 配对信息库的构建

1. 配对信息数据处理

配对信息是由测序过程产生的,由两条方向相对的 read 构成,来自于 DNA 片段的两端,并且可以用它来估计出 DNA 片断之间的距离。配对信息的典型应用就是用来组装 contig,这也是目前大多数组装算法所采用的方法。在测序的时候,首先将基因组的 DNA 随机打断成为特定的大小,大约在 2 ~ 10 kb 这个范围内,然后,经过末端修复、生物素标记、环化等一系列步骤后,再把环化后的 DNA 分子打断成更小的片断,400 ~ 600 bp,之后通过带有霉素的磁珠把那些带有生物素标记的片段捕获。这些捕获的片段再经过末端修饰和加上特定接头后建成大片段文库,直接在测序仪器上对这些文库两端进行测序。配对信息文库的建立过程如图D - 2所示。测序产生的便是两个文件,并且两个配对数据文件中相对应的 read 是配对关系,称配对信息。拼接阶段只使用两个配对数据文件中的一个,进行 contig 的拼接。在组装阶段需要这两个配对文件作为问题的输入之一。

原始配对数据文件来源于大肠杆菌 DNA,是用新一代测序技术中的 Illumina 公司的 Solexa 测序仪测得的。原始 read 数据文件内容及格式如图D - 3与图 D - 4 所示,配对数据文件的格式为 FASTQ 格式,FASTQ 格式的文件一般有四行:第一行由"@"开始,后面跟着碱基序列的描述信息;第二行是测序过程产生的 read 序列;第三行由" + "开始,后面也可以跟着序列的描述信息;第四行是测序时对碱基序列的质量评价,字符数与第二行的碱基数是相等的。只需要第二行的 read 碱基信息,所以在向内存中读入的时候只读每个 read 所对应的第二行。由第三行知道,每个 read 的长度为 36 bp,把这 36 bp 长度的碱基序列分割成四个段:第一段有 12 个碱基,第二段、第三段、第四段均为 8 个碱基,这样分割的原因是方便在后面的 read 库中搜索配对 read。

在全基因组从头测序的组装阶段,只需要配对数据文件中 read 的碱基信息。由于 read 的数目太多,所以需要给 read 进行编号,方法是第一个配对数据文件中的 read 全部编成偶数号,第二个配对数据文件中的 read 全部编成奇数号,如下所示:

0:GCTACGGAATAA…AGCAC 1:ATTAACAACAAA…TTCAG

2:GCAGAAAATGGG…CAGCT 3:TGATGCGACGAC…TTCAG

4:GAGAGAGCAGTG…ATGAT 5:CTGTGGATAACA… TTTTC

其中,0 号 read 与 1 号 read 是配对关系,2 号 read 与 3 号 read 是配对关系。

2. contig 数据处理

拼接过程输出的结果是原 DNA 序列的多个片段,即为 contig。这些 contig 中大于等于 100 bp 有 1 093 条,方向都是从 5' 端到 3' 端,来自 DNA 链的正链或反链。这些不能确定正反链的 contig 是组装算法的输入数据之一。拼接产生的 contig 保存到文件中,文件的内容与格式如图 D - 5 所示。

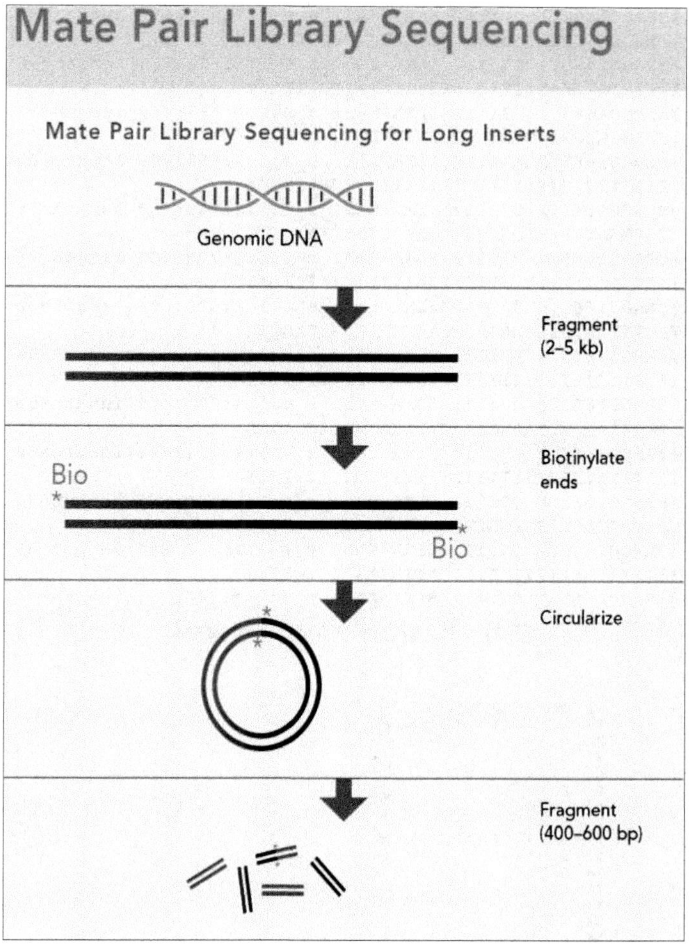

图 D－2 配对文库建立

```
@SRR001665.1 071112_SLXA-EAS1_s_4:1:1:672:654 length=36
GCTACGGAATAAAACCAGGAACAACAGACCCAGCAC
+SRR001665.1 071112_SLXA-EAS1_s_4:1:1:672:654 length=36
IIIIIIIIIIIIIIIIIIIIIIIIEII9IIIEIIII
@SRR001665.2 071112_SLXA-EAS1_s_4:1:1:657:649 length=36
GCAGAAAATGGGAGTGAAAATCTCCGATGAGCAGCT
+SRR001665.2 071112_SLXA-EAS1_s_4:1:1:657:649 length=36
IIIIIIIIIIIIIIIIIIIIIIIIII8II=II;III
@SRR001665.3 071112_SLXA-EAS1_s_4:1:1:708:653 length=36
GAGAGAGCAGTGGGCGAGGTTGGGACATGTCATGAT
+SRR001665.3 071112_SLXA-EAS1_s_4:1:1:708:653 length=36
IIIIIIIIIIIIIIIIIIIIIIII?I=IIDIIIIII
@SRR001665.4 071112_SLXA-EAS1_s_4:1:1:675:644 length=36
GAACATTTATTATAATCCTATTCAATTATAATAATC
+SRR001665.4 071112_SLXA-EAS1_s_4:1:1:675:644 length=36
IIIIIIIIIIIIIIIIIIIIIIIIIIIIIIIIIIII
@SRR001665.5 071112_SLXA-EAS1_s_4:1:1:721:668 length=36
GCTGTAGATCTGGAAATCGCAACGGAGGAAGAAAGA
+SRR001665.5 071112_SLXA-EAS1_s_4:1:1:721:668 length=36
IIIIIIIIIIIIIIIIIIIIIIIIIIIIIIIIIIII
@SRR001665.6 071112_SLXA-EAS1_s_4:1:1:748:638 length=36
GACACTGTTCATGCTGGTGTCGCTGTCGGGCATTAT
+SRR001665.6 071112_SLXA-EAS1_s_4:1:1:748:638 length=36
IIIIIIIIIIIIIIIIIIIIIIIIIIIIIII5II'I
@SRR001665.7 071112_SLXA-EAS1_s_4:1:1:747:721 length=36
```

图 D－3 第一个原始配对数据文件

```
@SRR001665.1 071112_SLXA-EAS1_s_4:1:1:672:654 length=36
ATTAACAACAAAGGGTAAAAGGCATCATGGCTTCAG
+SRR001665.1 071112_SLXA-EAS1_s_4:1:1:672:654 length=36
IIIIIIIII4IIIIIGIHIIIIIII=IIIIIII??
@SRR001665.2 071112_SLXA-EAS1_s_4:1:1:657:649 length=36
TGATGCGACGACGCACCTCGTTGTTACGCACTTCAG
+SRR001665.2 071112_SLXA-EAS1_s_4:1:1:657:649 length=36
IIIIIIIIIIIIIIIIIIIIIIIIIIIII5IIII@I
@SRR001665.3 071112_SLXA-EAS1_s_4:1:1:708:653 length=36
CTGTGGATAACATGGTGTAAGATCCTGTTTATTTTC
+SRR001665.3 071112_SLXA-EAS1_s_4:1:1:708:653 length=36
IIIIIIIIIIIIIIIIIII4IIIIIIIIIIIIII
@SRR001665.4 071112_SLXA-EAS1_s_4:1:1:675:644 length=36
TACTTTTATATGCAAGACCAAATTTACCGATACTTG
+SRR001665.4 071112_SLXA-EAS1_s_4:1:1:675:644 length=36
IIIIIIIIIIIIIIIIIIIIIHIIIIIIIII<III4
@SRR001665.5 071112_SLXA-EAS1_s_4:1:1:721:668 length=36
AAGCATAACATCAAACAAACAAATAACACACCGAAA
+SRR001665.5 071112_SLXA-EAS1_s_4:1:1:721:668 length=36
IIIIIIIIIIIIIIIIIIIIIIIIIIIIIIIIIIII
@SRR001665.6 071112_SLXA-EAS1_s_4:1:1:748:638 length=36
CATCACCACCAGTTCGCTGCGCTGCGCCAGCATCCC
+SRR001665.6 071112_SLXA-EAS1_s_4:1:1:748:638 length=36
IIIIIIIIIIIIIIIIIIIIIIIIIHIIII/II<IIII
@SRR001665.7 071112_SLXA-EAS1_s_4:1:1:747:721 length=36
```

图 D－4　第二个原始配对数据文件

```
>1 length: 1763110
1   A   1   (7927027,36,36,-)
2   C   0
3   G   0
4   C   0
5   G   0
6   T   0
7   G   0
8   G   1   (7652359,36,36,-)
9   G   0
10  G   0
11  G   0
12  C   0
13  G   0
14  G   0
15  T   1   (2049275,36,36,-)
16  G   1   (6856831,36,36,-)
17  T   0
18  C   0
19  G   2   (6857369,1,36,+)    (2845295,35,35,-)
20  G   2   (4478126,1,36,+)    (2275820,1,36,+)
21  T   0
22  G   2   (2955198,1,36,+)    (8255042,33,33,-)
23  G   1   (8335755,1,36,+)
24  T   1   (2155931,1,36,+)
```

图 D－5　拼接产生的 contig 输出格式

需要对这个文件进行一下说明，每条 contig 均是以“ > ”开头，后面是 contig 的长度，接下来的两列是每条 contig 上的碱基及其编号，第三列是这个位置上成功拼接上的 read 的条数、read 的编号、read 的初始位置、read 的方向。由此可见，在拼接的输出结果中，除了得到 contig 的内容以及长度等信息外，也可以知道这些 contig 上 read 的信息。但是，在拼接阶段，由于新一代测序技术产生的数据错误或选取 read 策略误差的原因，不可能全部的 read 都参与拼接，所以，应该从原始的配对数据文件中筛选相应 read 信息，不需输出结果中的 contig 上面的 read 信息。所以，要对原始输出文件作相应处理，把 contig 碱基序列提取出来并保存到相应的文件中。

3. read 库的构建

任意两条 contig 之间的相对位置关系有两种情况：第一种是两条 contig 之间有重叠，如图 D－6 所示；第二种是两条 contig 恰好相连或之间有 gap 存在，如图 D－7 所示。由于测序过程中可能出现错误，同时基因组中存在大量复重片段，这些都可能导致拼接结果的误差，主要是把不应该拼上的 read 错误地拼接到了 contig 上，这可能导致在组装的时候，两条 contig 之间是有重叠的。但是在评测拼接结果的时候发现，两条 contig 之间有重叠的情况发生的概率很小，对本文的研究不会造成很大的影响，几乎可以忽略。因此，本文只考虑两条 contig 之间无重叠的情况。

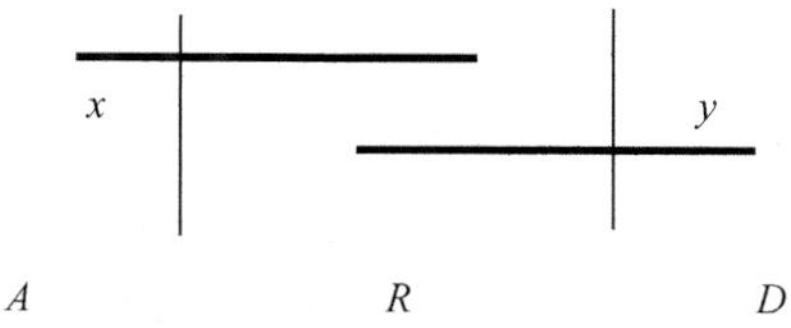

图 D－6　两条 contig 有重叠

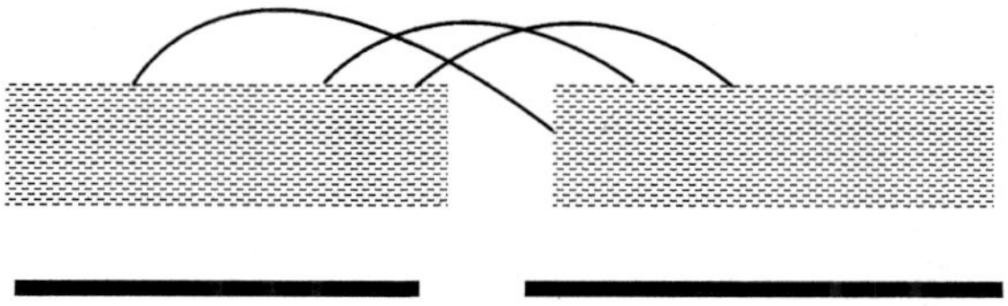

图 D－7　两条 contig 无重叠

由于本文只考虑 contig 之间无重叠的情况，所以不需要找到 contig 上的所有配对信息，只需要找到 contig 两端某一范围内的配对信息即可。所以确定两端需要考虑的范围是个关键问题，本文通过以下两个方向因素来考虑。

第一，由其他小组成员对拼接结果分析得到如下的数据：长度为 100 bp ~ 500 bp 的 contig 数量是 858 条；长度为 500 bp ~ 1 kbp 的 contig 数量是 67 条；长度为 1 kbp ~ 10 kbp的 contig 的数量是 24 条；长度为 10 kbp ~ 20 kbp 的 contig 的数量有 17 条；长度为 20 kbp ~ 40 kbp的 contig 的数量是 8 条；长度大于 40 kbp 的 contig 的数量有 19 条。由此可知，绝大多数的 contig 长度为 100 bp ~ 500 bp。

第二，本文的两个原始配对数据文件中的 read 之间的距离满足正态分布，并且集中分布在 200 bp，即两条互为配对信息的 read 之间的平均距离大多为 200 bp，所以考虑的范围应该大于 200 bp，以便于在 contig 上面尽量找到较多的配对 read。

考虑到以上两个因素，为了使得结果更精确，在 contig 的两端分别截取了 300 个碱基。联系测序数据的生物特征，只需要找到方向指向 contig 两端的配对 read 即可，也就是在 contig 的 5’端只需要查找方向指向 5’端的配对 read；在 contig 的 3’端只需要查找方向指向 3’端的配对 read。由此可见，通过利用数据的特征，大大减少了待查找的原始配对数据文件中的 read 数量，不仅可以节省内存，同时也在很大程度上提高了算法的运行效率。

新一代测序技术产生的 read 是来源于 DNA 的正反链的，所以由这些 read 拼接得到的 contig 也是来自 DNA 的正反链的。在将 contig 组装成 scaffold 的过程中，不能把来自不同 DNA 链的 contig 组装在一起，也就是说最终得到的 scaffold 中的碱基全部来自 DNA 的同一条链。假如可以组装的两条 contig 来自 DNA 的不同链，则需要将其中的一条进行反向互补，然后组装在一起。前面已经提到，需要在每个 contig 两端截取 300 bp 的碱基，为了便于查找配对数据文件中的 read 在 contig 两端出现的位置、方向等信息，需要把从 contig 截取下来的 300 bp 碱基序列分割成与 read 同样的长度，即 36 bp 长度的碱基序列。然后将这些 36 bp长度的碱基序列保存到数据结构中。将 contig 两端截取 300 bp 的碱基分割成 36 bp 长度碱基序列的方法取决于两条 contig 之间的相连情况。任意两条 contig 之间的位置关系有如下四种情况。

(1)第一种情况

第一条 contig 来自 DNA 的正链，另一条 contig 来自 DNA 的反链。这种情况下，组装的时候，应该把第一条 contig 与第二条 contig 的反向互补序列连接起来。DNA 分子是由两条反向平行的核苷酸链围绕同一中心轴缠绕而成的，这两条多核苷酸链彼此称互补链。例如，其中的一条链为 3’—AACTGAT—5’，则另一条链为 5’—ATCAGTT—3’。在此，不妨假设上面那条链是从 5’到 3’方向的，下面那条链是从 3’到 5’方向的，后面三种情况做同样的假设，后面不再赘述。如图 D－8 所示，黄色线代表 DNA 双链，绿色线代表第一条 contig，蓝色线代表第二条 contig，需要找的两个配对数据文件中的 read 方向如图 D－8 上的箭头所示。

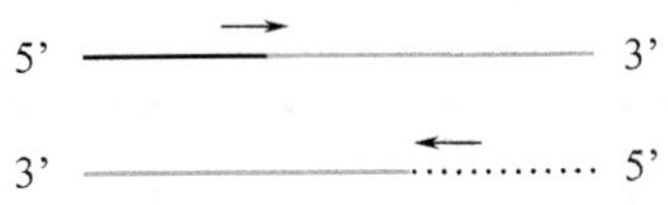

图 D－8　contig 之间位置关系示意图(1)

为了找到如图 D－8 所示的配对数据文件中的 read 信息，对 contig 两端300 bp范围内的碱基序列截成 36 bp 序列的方法如下。

所有 contig 在 3’端，按照 5’到 3’的方向依次截取长度为 36 bp 序列，所截取的 36 bp 序列的条数共有 265 条(300－36＋1＝265)。记录的信息有：每次截取的 36 bp 序列的最后一个碱基距离 contig 的 3’端最后一个碱基的距离，即为该 36 bp 碱基序列的位置，规定截取的最后一条长度为 36 bp 碱基序列距离为 0；该 36 bp 碱基序列所在的 contig 编号；记录该 36 bp 碱基序列在 contig 右端；碱基信息。将这些信息保存到被称为 read 库的数据结构中。

(2)第二种情况

第一条 contig 与第二条 contig 均来自 DNA 的正链。这种情况下，组装的时候，应该把第一条 contig 与第二条 contig 直接连接起来。如图 D－9 所示，黄色线代表 DNA 双链，绿色线代表第一条 contig，蓝色线代表第二条 contig，青色线代表第二条 contig 的反向互补序列，需要找的配对数据文件中的 read 的方向如图 D－9 上的箭头所示。

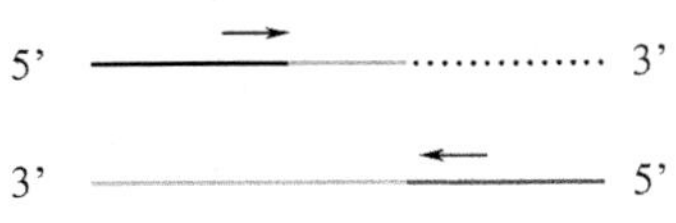

图 D－9　contig 之间位置关系示意图(2)

为了找到如图 D－9 所示的配对数据文件中的 read 信息，即图中箭头所表示的碱基串，首先，对于图中绿色线所代表的 contig 按照第一种情况处理，对于图中蓝色线所代表的那些 contig，需要将所有 contig 取反向互补，得到图中青色线代表的序列，在这些序列的 3'端，按照 5'到 3'的方向依次截取 36 bp。由于第一种情况已经处理了全部的 contig，所以在这种情况下，只需要将全部的 contig 序列取反向互补，然后在取反向互补后的序列的 3'端，按照 5'到 3'的方向依次截取 36 bp。同样，所截取的 36 bp 序列的条数共有 265 条(300 − 36 + 1 = 265)。记录的信息包括：每次截取的 36 bp 序列的最后一个碱基距 contig 的 3'端最后一个碱基的距离，即为该 36 bp 碱基序列的位置，规定截取的最后一条长度为 36 bp 碱基序列距离为 0；该 36 bp 碱基序列所在的 contig 编号；记录该 36 bp 碱基序列在 contig 左端；碱基信息。将这些信息填充到 read 库中。

(3)第三种情况

第一条 contig 来自 DNA 的反链，第二条 contig 来自 DNA 的正链。这种情况下，组装的时候，应该把第一条 contig 的反向互补序列与第二条 contig 连接起来。如图 D − 10 所示，黄色线代表 DNA 双链，绿色线代表第一条 contig，青色线代表第一条 contig 的反向互补序列，蓝色线代表第二条 contig，红色线代表第二条 contig 的反向互补序列。需要找的配对数据文件中的 read 方向如图 D − 10 上的箭头所示。

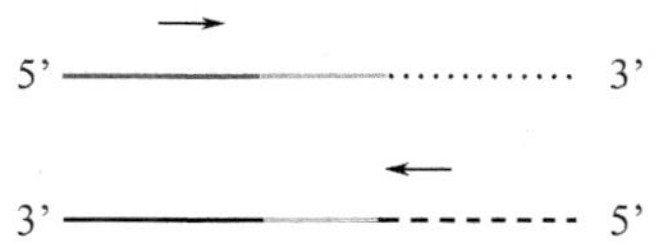

图 D − 10　contig 之间位置关系示意图(3)

将 contig 两端的 300 bp 碱基序列截取成 36 bp 序列的方法：取所有 contig 反向互补序列，并且在这些互补碱基序列的 3'端，按照 5'到 3'的方向依次截取 36 bp，所截取的 36 bp 序列的条数共有 265 条(300 − 36 + 1 = 265)。需要记录的信息有：所截取的 36 bp 序列的条数共有 265 条(300 − 36 + 1 = 265)。记录的信息包括：每次截取的 36 bp 序列的最后一个碱基距离 contig 的 3'端最后一个碱基的距离，即为该 36 bp 碱基序列的位置，规定截取的最后一条长度为 36 bp 碱基序列距离为 0；该 36 bp 碱基序列所在的 contig 编号；记录该 36 bp 碱基序列在 contig 左端；碱基序列信息。将这些信息填充到 read 库中。

(4)第四种情况

第一条 contig 与第二条 contig 均来自 DNA 的反链。这种情况下，组装的时候，应该把第一条 contig 与第二条 contig 直接连接起来。如图 D − 11 所示，黄色线代表 DNA 双链，绿色线代表第一条 contig，蓝色线代表第二条 contig，青色线代表第一条 contig 的反向互补序列，需要找的配对数据文件中 read 方向如图 D − 11 上的箭头所示。

图D − 11　contig 之间位置关系示意图(4)

截取 36 bp 碱基序列的方法：首先，对于图 D－11 中绿色线所代表的 contig 取反向互补，得到青色线代表的序列，需要将所有 contig 在这些序列的 3'端，按照 5'到 3'的方向依次截取 36 bp。对于蓝色线所代表的那些 contig，按照第一种情况处理。同样，所截取的 36 bp序列的条数共有 265 条（300－36＋1＝265）。保存的信息与第二种情况相同。

结合上面所有的情况，可以得到将 contig 两端 300 bp 截取成 36 bp 碱基串的方法。首先在所有的 contig 的 3'端，按照 5'到 3'的方向依次截取 36 bp。其次，取所有 contig 的反向互补序列，在所取得的反向互补序列的 3'端，按照 5'到 3'的方向依次截取 36 bp。截取得到的全部长度为 36 bp 的序列的相关信息保存到如图 D－12 所示的数据结构里，称 read 库，以便于以后给定配对数据文件中的 read 信息，找到在 read 库中与其相同的碱基信息，从而确定配对数据文件中的 read 在 contig 中的位置与方向等信息。由于参与组装的 contig 很多，所以对其编号，编号的顺序是升序的，用 contigID 表示；distance 表示每次截取的 36 bp 序列距 3'端的距离，即该序列的位置，规定最后一条序列距离为 0；如果 36 bp 碱基序列是在原 contig 序列上截取的，则认为来自 contig 的右端，如果 36 bp 碱基序列是在原 contig 的反向互补序列上截取的，则认为来自 contig 的左端，并且用 flag 标志，flag 的取值为 0 或 1；为了减少内存开销，并不保存真正的碱基，而是把碱基转化为二进制数。转化的方法是碱基 A 用 00 表示，碱基 C 用 01 表示，碱基 G 用 10 表示，碱基 T 用 11 表示。同时，为了以后方便给 read 库中的二进制整数排序，用数组来存储碱基信息，其中 base[0]存储前 12 个碱基对应的二进制数，base[1]、base[2]、base[3]分别存储依次的 8 个碱基。

read 库数据结构如下所示。

contigIDdistance flagbase[4]

－ － － －

到此，read 库构造完毕，接下来分析一下算法的时间复杂度与空间复杂度。

contig 两端分别截取了 300 bp，并且设 contig 的数目为 n，则构造 read 库的时间复杂度为 $2*300*n=O(n)$；read 库中元素的个数为 $(300-36+1)*2*n$，其中 $(300-36+1)*2$ 是每一条 contig 两端截取的 36 bp 碱基序列的个数。read 库中每个元素分配的内存空间为 20 字节，其中 contigID 占 2 个字节；distance 占 11 位，flag 占 5 位，两者共同占 2 个字节；base 数组共占了 16 个字节。所以，read 库所占内存大小为 $20*2*(300-36+1)*n$ 字节。

4. read 库的排序

对 read 库进行排序的算法是基于桶排序思想的。整体思路就是先对前 12 个碱基进行排序，前 12 个碱基序列排好序后，必然又分割成很多组，其中，每一组内前 12 个碱基序列都是相同的。然后针对前 12 个碱基相同的那些组，再对接下来的 8 个碱基进行排序，则会得到前 20 个碱基相同的很多组，然后再对接下来的 8 个碱基进行排序划分，这样得到的前 28 个碱基序列是有序的，最后再对剩余的 8 个碱基进行排序，最终得到了全部的有序列。前面已经将从 contig 上截取的 36 bp 碱基序列转化成二进制数，并且保存在 read 库中。经过统计，read 库中有 356 422 个整数，对应同样数目的 36 bp 长度的碱基序列。由于 read 库中的碱基序列均是 36 个碱基，一个碱基对应两个二进制数，则 12 个碱基对应 24 位。首先申请 $(2^{24}-1)$ 大小的静态内存空间，内存的地址与碱基序列是一样的，将前 12 个碱基序列的二进制数保存到数组 base[0]中，在 $[0,2^{24}-1]$ 范围内对 base[0]中的内容进行第一次桶排序，称这个桶为 12 碱基桶。第一次桶排序完成后，在 36 bp 长度的碱基中前 12 个碱基是有序的了，但是后面的 24 个碱基仍是无序的。所以接下来再进行第二次桶排序，由于接下来对 8 bp 碱基进行排序,对应二进位为 16 位,所以要再申请内存大小为($2^{16}-1$)的内存空间,在[0,$2^{16}-1$]范围内对 base[1]中的内容进行排序,称这个桶为 8 碱基桶。第二次排序完成后,只有剩余的 16 bp 碱基序列是无序的,所以再对 base[2]与 base[3]里的内容进行第三次、第四次桶排序,内存空间是($2^{16}-1$)。最终得到有序的 36 个碱基序列,过程如图 D-12 所示。

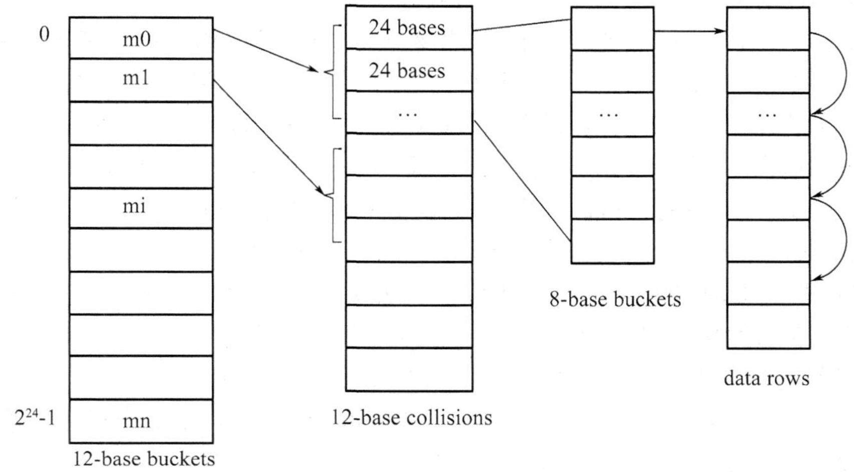

图 D-12　read 库排序算法示意图

接下来分析一下 read 库排序的时间复杂度,read 库的排序是基于桶排序思想的,需要排序的元素个数是 read 库中元素的个数,前面已经做了分析,这个数目是(300-36+1)*2*n,所以给这些元素排序的时间复杂度为 O(n)。由于先排 12 个碱基,申请了 242 大小的内存空间,也就是可以容纳 242 个元素,设一个变量来表示这个数值为 N_sort,即 N_sort=242,由于需要遍历大小的 N_sort 的 read 库来确定分组问题,所以遍历这个内存空间的时间复杂度为 O(N_sort)。综合上述,得到整个 read 库排序的时间复杂度是 O(n+N_sort)。read 库的空间复杂度前面做了分析,不再赘述。

D2.2　配对信息的搜索

将从 contig 上面截取的 300 bp 长度的碱基序列分割成同配对数据文件中 read 序列同样大小的 36 bp,并且保存相关信息。如果把配对数据文件中的 read 在 read 库中找到,那么就知道了配对数据文件中的配对 read 信息在 contig 中的位置、方向、所在的 contig 编号等信息。测序产生的原始的配对数据文件中的 read 可能来自目标 DNA 双链中的任意一条,但不知道究竟是哪一条。拼接到 contig 上的 read 既有正链上的,又有反链上的,所以拿全部 read 在 read 库中搜索后,也要把 read 的反向互补再搜索一遍。要搜索的配对 read 信息主要有三种:

(1)将第一个配对数据文件中的 read 在 read 库中搜索,并保存到已经设计好的数据结构中,称之为 list1 结构。

(2)将第一个配对数据文件中 read 序列的反向互补碱基序列在 read 库中搜索并保存到数据结构 list1 中。

(3)将第二个配对数据文件中的 read 碱基序列在 read 库中搜索保存到数据结构 list2

中。前面在处理配对数据文件中的数据的时候，已经把第一个配对数据文件中的 read 编为偶数号，第二个配对数据文件中的 read 编为奇数号。同样，也需要将原始的两个配对数据文件中的 read 碱基序列转化为二进制数。

在 read 库中搜索配对数据文件中的 read 的方法是二分搜索算法。由于前面已经把 read 库中的序列排好了序，所以采用二分搜索法速度会非常快。首先读取第一个配对数据文件中的第一个 read，并将其转化为二进制数，然后在 read 库中用二分搜索算法查找。若查找到，则记录下这个 read 的编号，用 readID 来表示，它们均是偶数；若没有查找到，则取其反向互补序列对应的二进制数在 read 库中查找，若查找到，则记录 readID，否则丢弃这条 read。然后取第二个 read 序列，直到第一个配对数据文件中的 read 信息搜索完毕为止。将搜索到的 readID 保存到一个大的数组中，并且每个 readID 都对应一个 list1 结构，list1 结构中保存了这个 read 所在的 contig 的编号，所在的 contig 中的位置，在 contig 的左端或是右端。其次，取第二个配对数据文件中的 read 序列对应的二进制数在 read 库中进行二分搜索，如果找到则记录 readID，这些 readID 都是奇数，否则丢弃这条 read。将搜索到的 readID 保存到一个大的数组中，并且每个 readID 都对应一个 list2 结构。由于第二个配对数据文件中的 read 并没有参与拼接，所以不需要在 read 库中搜索其反向互补序列。

read 库中是有重复序列的，这是因为截取的 contig 难免有相同的，所以配对数据文件中的 read 可能会在多条 contig 上出现，这也是造成对于一个 readID 在 list1 可能会有多条记录的现象的原因。为了找到原始配对数据文件中的 read 出现的所有 contig，在查找配对 read 的时候，如果已经查找到了与之相同的碱基序列，那么还要向找到的这个碱基序列的两端分别查找，直到找到与之不相同的碱基序列为止。事实上，list2 结构与 list1 结构是相同的，只不过为了减少以后不必要的搜索，将两个数据文件中的 read 在 contig 中的信息保存到了两个结构中。到此为止，得到了原始配对数据文件中的 read 在 contig 上的信息，配对信息库建立完成。list 表结构如下：

contigID
distance
flag
–
–
–

接下来分析一下通过二分搜索法来搜索配对数据文件中 read 在 contig 中位置算法的时间复杂度。假设原始的每个配对数据文件中 read 的条数是 N_read，在 read 库中搜索一条 read 所需要的时间复杂度，也就是二分搜索法的时间复杂度为 logn，但是本文的算法在找到待查找的 read 之后，还需要向上或向下继续查找几步，设这个步数的最大值为 rp_max，事实上，这个 rp_max 代表的内在含义是原始配对数据文件中的 read 出现在几条 contig 上面。所以在在 read 库中搜索一条 read 所需要的时间复杂度总共是 logn + rp_max + rp_max，则查找所有 read 所需要的时间为 2 * N_read * (logn + rp_max + rp_max)。根据本文程序的运行结果看 rp_max 的值为 5，这个值是个很小的值，所以对总的时间复杂度并不构成影响。所以查找完原始的两个配对数据文件中的所有 read 信息所需要的总的时间复杂度为 O(N_read * logn)。

1. Contig 组装算法

(1)read_contig 映射结构的构建

配对信息由两个方向相对的 read 组成,在 read 库中搜索一对配对信息时会出现三种情况:第一种情况,偶数号 read 查找成功,与之配对的奇数号 read 查找失败;第二种情况,偶数号 read 查找失败,与之配对的奇数号 read 查找成功;第三种情况,偶数号 read 和与其配对的奇数号 read 均查找成功。前两种情况不能算得上查找配对信息成功,只有两条 read 碱基序列均在 read 库中查找成功才可以。前面已经把成功查找到的两个配对数据文件中的 read 在 contig 上的信息保存到结构 list1 与结构 list2 中。并且 list1 对应的 readID 都是偶数号,来自第一个配对数据文件;list2 对应的 readID 都是奇数号,来自第二个配对数据文件。需要遍历一遍 list1 与 list2 结构,删除两个配对 read 中一个指向为空而另一个指向不为空的 readID,并且在相应的 list1 与 list2 结构中,清空其对应的信息。例如:list1 文件中 2 号 read 指向为空,也就是没有找到匹配的 contig,则在 list2 文件中删除 3 号 read 指向的内容。

在遍历 list1 与 list2 结构的同时,如果互为配对的 read 均能找到与之相匹配的 contig,则将其与 contig 之间的信息保存在数据结构中,称之为 read_contig 映射结构,如图 D-13 所示。read_contig 映射结构保存了配对数据文件中的 read 碱基序列所在的 contig 编号,所在的 contig 的位置,所在的 contig 的左右端,并且统计了第一个配对数据文件中的 read 在 contig 上出现的次数,与之配对的第二个配对数据文件中的 read 在 contig 上出现的次数。这个数据结构由两部分组成,左边部分是个五元组,分别是:配对 read 编号;偶数号 read 出现在 contig 上的次数,用 even_num 表示;后面接着一个指针 efirstrow,指向另一个结构,这个结构保存了偶数号 read 出现在哪些 contig 上,所在的位置等信息;接下来是与这个偶数号 read 有配对关系的奇数 read 出现在 contig 中的次数,用 odd_num 表示;后面接着指针 ofirstrow,指向与指针 efirstrow 同样的数据结构。并没有保存配对数据文件中的 read 碱基信息,只是给这些 read 编号,这是为了减少内存开销,之所以统计配对 read 序列在 contig 上出现的次数是为了便于精确地计算后面另一个数据结构的内存开销。也没有保存奇数号 read 的编号,只是保存偶数号 read 的编号,这样可以节省内存,并且找到偶数号 read,与之配对的 read 信息也能找到。

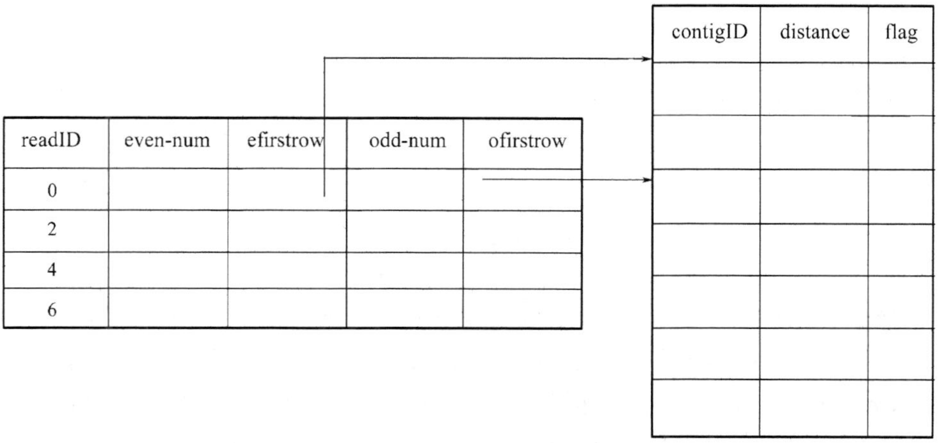

图 D-13 read_contig 映射结构

本文已经确定了配对信息库中的 read 与全基组拼接算法得到的 contig 之间的关系。接下来分析一下该映射结构的空间复杂度，设 read_contig 映射结构中记录的个数是 N_succ，这个数代表的含义是成功查找到的配对信息的数目。先来分析左边结构的空间复杂度，左边的结构中分配的内存情况为 readID 占 4 个字节，even_num 占 2 个字节，efirstrow 占 4 个字节，odd_num 分配 2 个字节，ofirstrow 分配 4 个字节，所以左边的结构中每条记录分配的内存大小为 16 字节。则左边结构总的空间复杂度为 N_succ * 16 字节。接下来分析右边的结构，前面已经定义了一条 read 所在的 contig 数目，最大值为 rp_max，又因为一对配对信息是由两条 read 构成的，所以右边结构中元素的个数为 2 * rp_max * N_succ。分配的内存情况如下：contigID 分配 2 字节，distance 与 flag 共同分配 2 字节。所以右边结构的空间复杂度为 2 * rp_max * N_succ * 4 字节。综上所述，read_contig 映射结构的空间复杂度为 N_succ * 16 字节 +2 * rp_max * N_succ * 4 字节，即为 O(N_succ)。

（2）contig_read 映射结构的构建

给定配对信息库中的 read 序列的编号，通过遍历 read_contig 映射结构可以很快得到该 read 所在的 contigID、位置等信息。因为最终想得到的是 contig 之间相连接的评分标准，这个标准就是任意两条 contig 之间存在的配对信息的数目，所以必须要知道每个 contig 上面有哪些 read 存在。所以，本文又设计了一个新的数据结构来实现这个功能，称之为 contig_read映射结构，如图 D－14 所示。contig_read 映射结构是个结构体，其中有五个元素，包括：需要参与组装的所有 contig 的编号，即 contigID，contig 的编号从 0 开始，按升序编号；任一条 contig 的右端所出现的 read 的数目，用 right_num 表示；指针 rfirstrow，指向另一个结构体，这个结构里面保存了 contig 的右端出现的 read 的编号，所在的 contig 中的位置；变量 left_num 表示 contig 左端所出现的 read 的数目；指针 lfirstrow 指向结构同 rfirstrow 是相同的，唯一的区别是保存 contig 左端出现的 read 的信息。

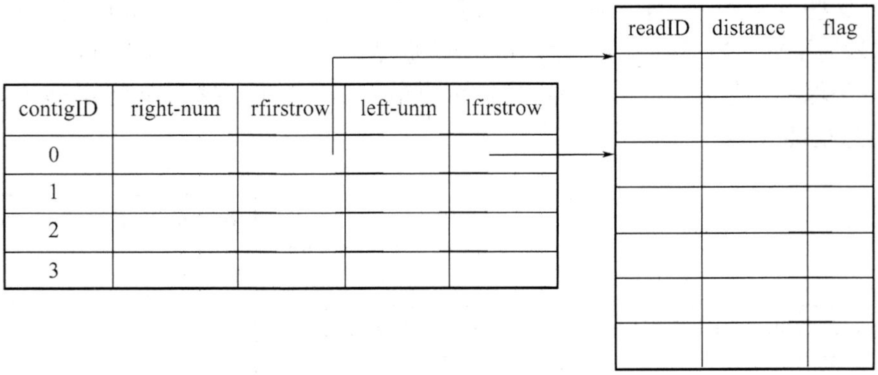

图 D－14　contig_read 映射结构

为了减少不必要的内存开销，需要两次遍历 read_contig 映射结构，第一次遍历是为了得到 contig_read 映射结构中右半部分的内存大小，如果不事先统计 contig 上面出现的 read 的总数目，无法知道到底申请多少内存才可以。第二次遍历 read_contig 映射结构是为了填充 contig_read 映射结构中右半部分。首先，读取 read_contig 映射结构中的第一条记录，可以得到 readID、efirstrow 指针、ofirstrow 指针。由于 efirstrow 指针与 ofirstrow 指针分别指向了偶数号 read 与奇数号 read 所在 contig 结构的开始的首地址，所以可以根据这些指针得到

read 所在的 contigID 编号和左右端标记，若该 read 是在 contig 的右端，即 flag = 1，则在 contig_read 映射结构中找到对应的 contigID 编号，将变量 right_num 加 1；若该 read 是在 contig 的左端，即 flag = 0，则在 contig_read 映射结构中找到对应的 contigID 编号，将变量 left_num加 1；重复这个过程直到 read_contig 映射结构中所有的 read 处理完为止。这样可以把 contig_read 的映射结构中 right_num 与 left_num 填充完，并且指针 rfirstrow 与指针 lfirstrow 分别指向了 contig 右端出现的第一条 read 的地址和 contig 左端出现的第一条 read 的地址。同时也获得了 contig_read 映射结构中右半部分所需要的内存大小。第二次遍历 read_contig 映射结构，根据 readID 得到其所在的 contigID 及其位置等信息，然后再从 contig_read 映射结构找到相应的 contigID，并且根据指针 rfirstrow 与指针 lfirstrow 的指向，将 readID，及其所在 contig 中的位置等信息填到数据结构中。到此，知道了每个 contig 上有哪些 read 出现，以及出现的位置和左右端等信息。也可以通过遍历这个数据结构得到 contig 上出现的 read，以便于为后来的笛卡儿积结构的修改做好准备。

接下来分析一下构造 contig_read 映射结构的时间复杂度与空间复杂度。首先分析一下构造该映射结构的时间复杂度，contig_read 映射结构是遍历 read_contig 映射结构得到的，前面已经假设过 read_contig 映射结构中元素的个数是 N_succ，所以 contig_read 映射结构的时间复杂度为 O(N_succ)。接下来分析 contig_read 映射结构的空间复杂度，首先分析一下该结构左边的部分，左边结构记录的条数是 n，也就是参与组装的 contig 的数目，每一条记录分配的内存情况如下：contigID 分配 2 字节，right_num 分配 2 字节，rfirstrow 分配 4 字节，left_num 分配 2 字节，lfirstrow 分配 4 字节，总共是 14 字节，所以左边结构的所占空间为 n * 14 字节。接下来分析 contig_read 映射结构右边部分的空间复杂度，需要设一个变量 M，表示一条 contig 上面最多出现的 read 的数量，则右边结构中的元素个数为 2 * M * n。该结构中每条记录所占空间的大小为：readID 分配 4 字节，distance 与 flag 共同分配 2 字节，总共分配 6 个字节，所以 contig_read 映射结构右边部分所占空间为 2 * M * n * 6 字节。综上所述，contig_read 映射结构所占的内存空间大小为 2 * M * n * 6 字节 + n * 14 字节，所以 contig_read 映射结构的空间复杂度为 O(M * n)。

2. 笛卡儿积结构

(1)笛卡儿积结构的构建

两条 contig 是否能够相连的标准是它们之间存在的配对信息数目的多少，这也是目前大多数全基因组组算法所采用的标准。为了使两条 contig 之间相连的条件更强，设定一个阈值，这个阈值(MIN_PE_NUM)表示任意两个 contig 之间的配对信息数目必须大于等于 2 个时，这两个 contig 才可以相连。在参与组装的 contig 集合中，任意两条 contig 之间都可能存在相连的关系，所以必须知道任意两条 contig 之间所存在的配对信息数目，并且把这个数字保存到数据结构中，称笛卡儿积结构。称之为笛卡儿积结构的原因是要做笛卡儿积变换，如图 D－15 所示。由于 contig 自身不能够相连，所有笛卡儿积结构中对角线位置都是零，并且无论是在初始化或是在更新该结构的时，对角线位置都是不变的，均为零。但是，该结构并不是对称的。事实上，这个结构是类似于矩阵的，用一个二维数组(weigh[ ][ ])来保存任意两个 contig 之间的配对数目。任意一条 contig 是可以向两个方向延伸的，所以 contig 需要用两个编号表示，假设某 contig 的 contigID 是 N，则 N + 代表该 contig 的右端，可以使该 contig 向右端延伸；N－代表该 contig 的左端，可以使该 contig 向左端延伸。例如，某 contigID 为 1，则该 contig 分别用 1 +、1 － 表示，其中 1 + 代表 contig 右端，1 － 代表 contig

左端。

contigID	1 +	1 -	2 +	2 -	……	1093 +	1093 +
1 +							
1 -							
2 +							
2 -							
1093 +							
1093 -							

图 D-15　笛卡儿积结构示意图

先来分析笛卡儿积结构的空间复杂度。由于前面假设了 contig 的数目为 n，又由于在笛卡儿积结构中，一条 contig 有两个编号，所以笛卡儿积结构元素的个数为 $2n \times 2n = 42n$，其中每个元素的所分配的空间为 4 个字节，所以笛卡儿积结构所占的空间大小为 $42n \times 4$ 字节，所以笛卡儿积结构的空间复杂度为 O(2n)。

接下来分析一下如何给这个笛卡儿积结构初始化，这个过程主要借助于前面建立的 read_contig 映射结构。首先将笛卡儿积结构中对角线位置全部置为零，如图 D-16 所示，这样做的原因是 contig 不能与自身相连。其次，访问 read_contig 映射结构，这个结构的左边部分保存一对配对信息的 readID，even_num，efirstrow，odd_num，ofirstrow，每个 readID 所在的 contig 信息都保存到该映射结构的右半部分，信息为 contigID，distance，flag。遍历得到一个 readID，根据指针 efirstrow 所指向的地址，便可得到一组 contigID，distance，flag 信息，在此只需要 contigID 与 flag 信息；将遍历得到的 readID 加 1，便得到与这个 readID 配对 read 的奇数编号，根据 ofirstrow 指针指向的地址，同样可以得到该奇数号 read 所对应的一组 contigID 与 flag。偶数号 readID 所在的 contig 的编号及其 flag 集合命名为 S，奇数号 readID 所在的 contig 的编号及其 flag 集合命名 T，集合 S 与集合 T 中的元素都是二元组(contigID，flag)，并且集合 S 中的元素对应数组 weigh[ ][ ]的行号，集合 T 中元素对应数组 weigh[ ][ ]的列号。对集合 S 与集合 T 中的元素作笛卡儿积，并且将数组 weigh[ ][ ]对应的元素值增加 1。例如集合 $S = \{1+, 3+, 2+\}$，集合 $T = \{3-, 5-\}$ 作笛卡儿积得到(1+,3-)，(1+,5-)，(3+,5-)，(2+,3-)，(2+,5-)，则 weigh[1+][3-]，weigh[1+][5-]，weigh[3+][5-]，weigh[2+][3-]，weigh[2+][5-]对应的值加 1。由上例可以看出，两个集合做笛卡儿积的时候并没有产生(3+,3-)这个组合，这是因为这对配对信息处于同一条 contig 上面，是无用的，需要找的是不同 contig 之间的配对信息数目。所以，如果集合 S 与集合 T 中若有相同元素，则这些元素之间不能做作笛卡儿积。按照上述步骤不断地读取 read_contig 映射结构，直到 read_contig 映射结构中的 readID 全部处理完为止。此时笛卡儿积结构中保存了 contig 组装算法初始时，所有 contig 之间存在的配对信息的数目。

contigID	1 +	1 -	2 +	2 -	……	1093 +	1093 -
1 +	0	0					
1 -	0	0					
2 +			0	0			
2 -			0	0			
…					……		
1093 +						0	0
1093 -						0	0

图 D-16 初始化笛卡儿积结构对角线

接下来分析一下笛卡儿积结构初始化的时间复杂度。初始化笛卡儿积结构主要用到的数据结构是 read_contig 映射结构,前面已经假设 read_contig 映射结构中元素的个数用变量 N_succ 来表示,并且 t 用变量 rp_max 来表示。根据初始化笛卡儿积结构的算法可知,read_contig 映射结构中对互为配对关系的两条 read 所在的 contig 集合做笛卡儿积,而前面假设了 read 所在的 contig 的最大数目为 rp_max,则每对配对 read 所对应的 contig 集合做笛卡儿积所得的最大元素数目为 rp_max * rp_max,又因为 read_contig 映射结构中有 N_succ 对配对信息,所以总共会做 N_succ * rp_max * rp_max 笛卡儿积。又因为每做一次笛卡儿积就在笛卡儿积结构中对应的位置增 1,当做完全部笛卡儿积后,笛卡儿积结构就初始化完毕了。所以初始化笛卡儿积结构所占用的时间,就是做笛卡儿积的次数。所以笛卡儿积结构初始化的时间复杂度为 O(N_succ * rp_max * rp_max)。

(2)笛卡儿积结构的更新

笛卡儿积结构的更新是个很重要的过程。任意一条 contig 上存在的 read 可能与多条 contig 上面存在 read 是配对关系,也就是说任意一条 contig 可能与多条 contig 有连接关系。根据两条 contig 之间互连的评分标准,一旦选定了两条 contig 互连,那么这两条 contig 就可以看成是一条 contig,促使他们相互连接的配对 read 信息被看成是不存在的。但是这些需要被看成是不存在的配对信息在初始化笛卡儿积结构的时候是有贡献的,这些配对信息使得与这两条互连的 contig 有相连关系的其他 contig 在初始化笛卡儿积结构中多增加了 1。所以两条 contig 组装成功后,应该找到那些与已组装上的 contig 之间有配对信息存在的 contig,这些 contig 与已互连的 contig 所决定的笛卡儿积结构中的位置均要减 1。为了便于说明问题,下面举一实例,假设有三条 contig,编号分别为 1,3,5。其中假设 1 号 contig 的右端与 5 号 contig 的左端连接性最强,也就是这两条 contig 之间的配对信息最多,这些配对信息的 read 编号分别为(0,1),(2,3),(4,5),其中 0,2,4 号 read 在 1 号 contig 的右端,而 1,3,5 号 read 在 3 号 contig 的左端,另外,假设 1 号 read 出现在 5 号 contig 左端,2 号 read 出现在 5 号 contig 右端。则将这 1 号 contig 与 3 号 contig 相连,这时候应该将这两条 contig 之间的配对信息抹去,需要修改 weigh[1 +][5 -]、weigh[5 +][3 -],使它们的值减 1。

笛卡儿积结构的更新分为两个方面,第一个方面,根据评分标准选定了两条 contig 相连后,笛卡儿积结构中将第一条 contig 所对的行中的元素全部置为零,也就意味着这条 contig 不能再向右侧延伸,同时将第二条 contig 所对的列中的元素全部置为零,意味着这条 contig 不能再向左侧延伸。清零的原因是这两条 contig 相连之后,就应该将他们从笛卡儿积结构中除去,但是这两个 contig 组成的新的 contig 仍能向两边延伸。另一方面,两条 contig 互连后,为它们相连做出贡献的配对信息此时是不存在的了,因为两条 contig 互连以后就变成一条新的且长度更长的 contig 了。同时这些配对信息在初始化笛卡儿积结构时对其他 contig 造成影响,所有算法要更新笛卡儿积结构,从而去掉这些影响。方法如下:如果有两条 contig 互连,将其 contig 编号保存在一个双向队列中,取它们的 contigID 并且在 contig_read 映射结构中找到这些 contigID,根据 rfirstrow 指针或者 lfirstrow 指针可以找到这些 contig 右端或左上存在的 readID,具体使用哪个指针取决于相连的 contig 是左端还是右端。从 contig_read映射结构得到互相连接的 contig 的左端或右端上的配对 read 的 readID 集合,设分别为 M,N。取集合 M,N 中的 readID 并且在 read_contig 映射结构中找到这些 readID,集合 M,N 中的每一个 readID 在 read_contig 映射结构中根据 efirstrow 指针或 ofirstrow 指针都可以找到对应的 contigID 集合,设为集合 P,同时也可以找到与该 readID 配对的 readID 所对应的 contigID 集合,设为集合 Q。集合 P 中一定至少包含互连的两条 contig 的编号中的一个,设这两个 contigID,分别为 a,b,则将 a 和 b 与集合 Q 中异于 a,b 的那些 contig 编号做笛卡儿积,并且在笛卡儿积结构中找到这些笛卡儿积所对的位置减去 1。到此,介绍完了笛卡儿积结构的更新策略。

(3)contig 延伸算法

首先遍历笛卡儿积结构,从中选出一个最大的数值,当然这个数值必须是大于 2 的,因为设置了两条 contig 连接的最小配对信息数目。这样得到相连性最强的两条 contig,不妨设其编号为 m,n。选取的 contig 的编号有四种情况:

①第一条 contig 的右端与第二条 contig 的左端,即 weigh[m+][n-],则将第二条连接在第二条 contig 的后面,直接互相连接。

②第一条 contig 的右端与第二条 contig 的右端,即 weigh[m+][n+],则将第二条 contig 取反向互补序列,然后将新得到的序列接到第一条 contig 的后面。

③第一条 contig 的左端与第二条 contig 的右端,即 weigh[m-][n+],则将第一条 contig 取其反向互补序列,并且将第二条 contig 取其反向互补序列,然后将第二条 contig 的反向互补序接到第一条 contig 的反向互补序列之后。

④第一条 contig 的左端与第二条 contig 的左端,即 weigh[m-][n-],则将第一条 contig 取其反向互补序列,后面直接连接第二条 contig。

连接两条 contig,并且将已经连接的 contig 的编号保存到一个双向队列中,这个双向队列用数组来实现。该双向队列的结构如下:(contigID,flag,left,right),其中,flag 标识 scaffold 是向右扩展还是向左扩展;left 标记当前 contig 的前面的 contig 数组下标;right 标记当前 contig 的后面 contig 的数组下标。之所以将保存已组装 contig 的数据结构设计成双向队列是因为 contig 的组装是向两个方向的,也就是说 contig 是向两边延伸的。由于 contig 是向两边延伸的,所以要保存第一个进入双向队列的 contigID,以便右侧不能延伸时,从这个 contig 开始向左侧延伸。为了区分 contig 向左右扩展的情况,设计了标记位,当 flag 是 0 或 1 时表明 contig 是向右扩展的,当 flag 的数值是 10 或者 11 时表明 contig 开始向左扩展。当然,每次扩展一步都要根据前面介绍的算法来更新一下笛卡儿积结构。如果向右扩展到一定程度后,没有合适的 contig 参与组装,则开始向左扩展,直到没有合适的 contig 参与组装为止,这时就得到了一条 scaffold。然后再从笛卡儿积结构中再次选取配对信息数目大于 2 的数值,得到两个 contigID,重复上述的组装过程,直到笛卡儿积结构中的数值小于均小于 2,或者 contig 全部组装完成为止。

这里需要注意一个特别的问题,每次选定一条 contig 参与组装时,都要根据查看一下双向队列中是否已经存在了这条 contig。这是因为假设队列中存在 contig 分别为 1,2,13,记为 1 - >2 - >13,再向后延伸的时候有可能候选的 contigID 为 1,这是因为 13 号 contig 的右端与 1 号 contig 的左端之间存在配对信息。由于该 scaffolD 还可以向左端扩展,所以 1 号 contig 所在的列并没有清零,造成了这种现象存在。处理的策略是,每次往双向队列中填入 contigID 之前都要看一下该 contigID 是否已经存在,如果存在则说明这条 contig 已经参与组装,应该选择另一条 contig 参与组装,同时将双向队列中最后一条 contig 与误选的这条 contig 在笛卡儿积结构中对应的位置置为零。本例子中,将第 13 条 contig 与第 1 条 contig 在笛卡儿积结构中对应的位置置为零,即 weigh[13 +][1 +]、weigh[13 +][1 -]、weigh[13 -][1 +]、weigh[13 -][1 -]置为零。

接下来分析一下 contig 组装算法的时间复杂度与队列的空间复杂度。首先来分析一下 contig 组装算法的时间复杂度,这个总的时间复杂是分三个部分的,第一个部分是在笛卡儿积结构中选取一个最大值的时间复杂度,也就是遍历一遍二组数组 weigh[ ][ ]的时间,这个数组中元素个数为 42n,所以这部分的时间复杂度为:O(2n);第二部分是两条 contig 互连完成后,给笛卡儿积结构中它们所对的行与列清零的过程,因为笛卡儿积结构中每行或每列有 2n 个元素,所以该过程的时间复杂度为 O(n)。第三部分是两条 contig 互连以后,给笛卡儿积结构中相应的位置减 1 的过程。这个过程又分两步来完成,首先是分析 contig_read 映射结构时间复杂度,根据笛卡儿积结构的更新算法,需要在 contig_read 映射结构中找到互连的 contig 上面的 read。前面已经假设过在 contig_read 映射结构中,每条 contig 上面含有的最大的配对 read 的数目为 M,则两条互连的 contig 对应的最大的配对 read 数目为 2 * M。接下来分析 read_contig 映射结构中的操作,根据笛卡儿积结构的更新算法,需要在 read_contig 映射结构中找到上述配对 read 所对应的 contig 集合,前面已假设每个配对 read 所在的 contig 的最大目数为 rp_max,所以每对配对信息决定的最多要更改的笛卡儿积结构中的位置为 rp_max 个,又因为前面假设了成功查找到的配对信息数目为 N_succ,所以这部分的时间为 N_succ * rp_max 。所以这两个步骤结合得到的时间复杂度为 O(N_succ * rp_max * M),又因为这是每连接一个 contig 所需要的时间,一共有 n 个 contig,所以第三部分最终的时间复杂度为 O(N_succ * rp_max * M * n)。所以 contig 组装算法的时间复杂度为:O(2 n) + O(n) + O(N_succ * rp_max * M * n)接下来分析双向队列的空间复杂度,由于队列中的元素最大数目为 n,即 contig 的条数,每个元素所分配的内存如下:contigID 与 flag 共同分配 2 字节,left 与 right 均分配 2 字节空间。所以最终的空间复杂度为 n * 6 字节,即 O(n)。

到此,全基因组组装算法基本介绍完毕,接下来给出整个算法的鸟瞰,并给出了全基因组组装算法的流程图,如图 D - 17 所示。

①处理全基因拼接阶段产生的 contig 文件。

②将处理好后的 contig 文件中的 contig 截取两端截取 300 bp 碱基序列,然后截成同配对信息同样长度的 36 bp,保存到 read 库中。

③给 read 库排序。

④将原始配对数据文件中的 read 在排序后的 read 库中用二分搜索算法搜索,将搜索到的信息保存到 read_contig 映射结构中。借助 read_contig 映射结构,可以知道成功搜索到的 read 所在的 contigID 与位置等信息。

⑤读取 read_contig 映射结构中的内容填充 contig_read 映射结构。借助 contig_read 映

射结构，可以知道每条 contig 左右两端出现了哪些 read，出现的位置等信息。

⑥根据 read_contig 映射结构，构建并初始化笛卡儿积结构。笛卡儿积结构中保存了任意两条 contig 之间的配对信息数目，作为它们相连的评分。

⑦从笛卡儿积结构中选取 contig 逐渐进行组装，每组装上一条 contig，都要对笛卡儿积结构进行更新，直到笛卡儿积结构中的值都小于 2 为止。

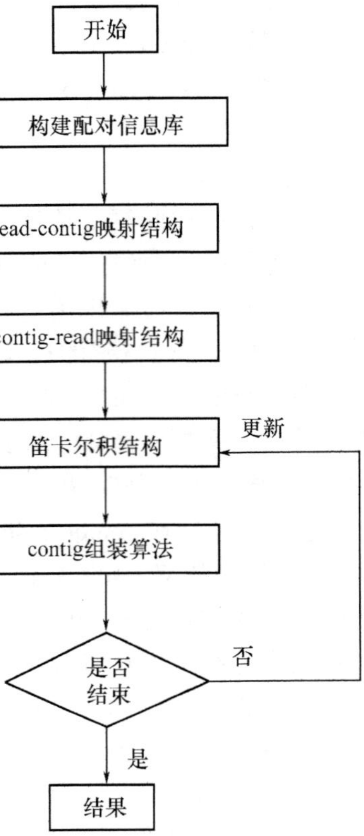

图 D－17　组装算法流程

D3　算法实例

为了使算法更直观形象，给出了一个简单的实例，并且分析该实例的执行过程。为了便于理解，只假设 5 条 contig 相连的情况，并且两条 contig 相连的阈值设为 0。设存在 5 条 contig，编号分别为 1～5，共有 4 对配对信息，编号分别为 0～7，并且配对关系如下：(0,1)，(2,3)，(4,5)，(6,7)，同时给出了它们在 contig 上面的分布情况，如图 D－18 所示。

假设已经利用前文构建的配对信息库的算法找到了配对信息，并保存到了 list 结构中，由于 read 在 contig 中的位置信息对 contig 组装不造成影响，所以都将位置信息略去，用 X 来表示，后面存在位置的结构也将其略去。list1 与 list1 结构中的内容分别如表 D－1 与表 D－2所示。

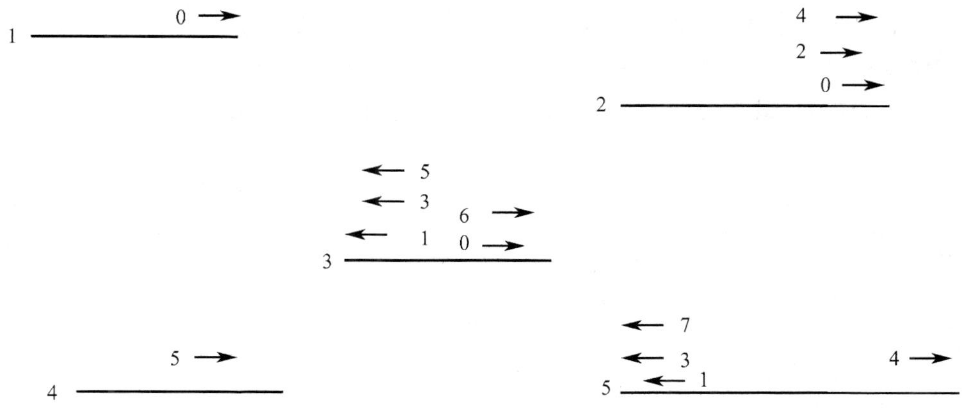

图 D－18　配对信息分布

表 D－1　list1 文件内容

contigID	flg	distance
1	+	X
3	+	X
2	+	X
2	+	X
2	+	X
5	+	X
3	+	X

表 D－2　list2 文件内容

contigID	flg	distance
3	－	X
5	－	X
3	－	X
5	－	X
3	－	X
4	+	X
3	－	X

首先读取 list1 中的第一条记录，得到 readID，以及所对应的信息，共有 3 条，填入 read_

contig 结构中,每读一条记录 even_num 增加 1,efirstrow 指针指向第一条记录开始的地址。然后读取 list2 文件内容,第一条 read 的 readID = 2,填入 read_contig 映射结构中,并将其对应的所在的 contig 信息依次填入 read_contig 映射结构的右边部分,每填入一条记录,左边部分结构体变量 odd_num 增加 1,并且指针 ofirstrow 指向第一条记录的地址。这样轮流读取两个文件中的内容,最终得到 read_contig 映射结构,如图 3 – 7 所示。

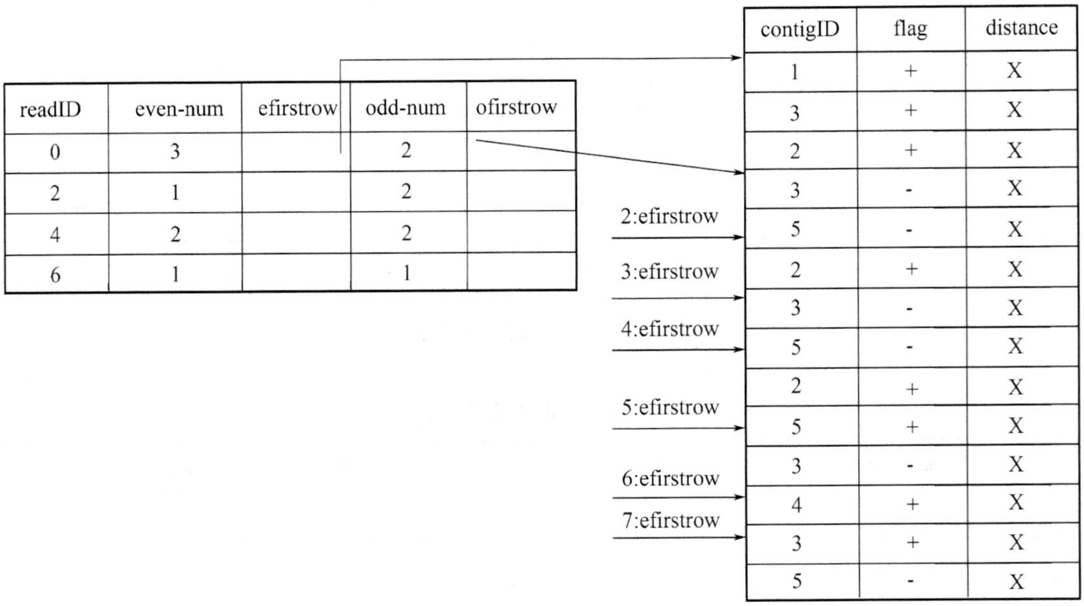

图 D – 19　read_contig 映射结构内容

由图 D – 19 可知,0 号 read 出现在 1,2,3 号 contig 的右端,与之配对的 1 号 read 出现在 3,5 号 contig 的左端;2 号 read 出现在 2 号 contig 右端,与之配对的 3 号 read 出现在 3 号与 5 号 contig 的左端;4 号 read 出现在 2 号与 5 号 contig 的右端,与之配对的 5 号 read 出现在 3 号 contig 左端与 4 号 contig 右端;6 号 read 出现在 3 号 contig 的右端,7 号 read 出现在 5 号 contig 的左端。根据 read_contig 映射结构,可以得到的 contig_read 映射结构。首先遍历一遍 read_contig 映射结构,填充 contig_read 映射结构的左边部分,第二次遍历 read_contig 映射结构,填充 contig_read 映射结构的右边部分,如图 D – 20 所示。

由图 D – 20 可知,1 号 contig 右端存在 0 号 read,左端不存在 read;2 号 contig 右端存在 0,2,4 号 read,左端不存在 read;3 号 contig 右端存在 0 号与 6 号 read,左端存在 1,3,5 号 read;4 号 contig 右端存在 5 号 read,左端不存在 read;5 号 contig 右端存在 4 号 read,左端存在 1,3,7 号 read。

由上述笛卡儿积结构初始化算法,构建笛卡儿积结构,内容如图 D – 21 所示。

contigID	right-num	rfirstrow	left-num	lfirstrow
1	1		0	
2	3		0	
3	2		3	
4	1		0	
5	1		3	

readID	flag	distance
0	+	X
0	+	X
2	+	X
4	+	X
0	+	X
6	+	X
1	-	X
3	-	X
5	-	X
5	+	X
4	+	X
1	-	X
3	-	X
7	-	X

图 D－20　contig_read 映射结构内容

	1＋	1－	2＋	2－	3＋	3－	4＋	4－	5＋	5－
1＋	0	0				1				1
1－	0	0								
2＋			0	0		3	1			2
2－			0	0						
3＋					0	0				2
3－					0	0				
4＋							0	0		
4－							0	0		
5＋						1	1		0	0
5－									0	0

图 D－21　构建的笛卡儿积结构

由图 D－21 可知，1 号 contig 的右端与 3 号 contig 的左端之间的配对信息数目为 1 对；1 号 contig 的右端与 5 号 contig 的左端之间的配对信息数目为 1 对；2 号 contig 的右端与 3 号 contig 的左端之间的配对信息数目为 3 对；2 号 contig 右端与 4 号 contig 右端之间的配对信息数目为 1 对；2 号 contig 右端与 5 号 contig 左端之间的配对信息数目为 2 对；5 号 contig 右端与 3 号 contig 的左端之间的配对信息数目为 1 对；5 号 contig 右端与 4 号 contig 右端之间的配对信息数目为 1 对。

遍历初始化后的笛卡儿积结构，也就是从保存笛卡儿积结构内容的 weigh[ ][ ]数组中找一个最大值，得到 weigh[2 +][3 -] =3，则将 contigID =2 与 contigID =3 的这两条 contig 连接起来，连接方式为直接相连接，因为是 2 号 contig 的右端与 3 号 contig 的左端之间有配对，记为 2 - >3。接下来更新笛卡儿积结构，首先，将 2 号 contig 所在的两行，即 2 + 与 2 - 对应的行全部置为零，同时将 3 号 contig 所在两列，即 3 + 与 3 - 对应的列全部置为零。其次，去掉 contigID = 2 的 contig 的右端与 contigID = 3 的 contig 的左端上面的 read 对其他 contig 的影响，如图 D - 22 所示。

	1 +	1 -	2 +	2 -	3 +	3 -	4 +	4 -	5 +	5 -
1 +	0	0			0	0				1
1 -	0	0			0	0				
2 +	0	0	0	0	0	0	0	0	0	0
2 -	0	0	0	0	0	0	0	0	0	0
3 +					0	0				2
3 -					0	0				
4 +					0	0	0	0		
4 -					0	0	0	0		
5 +					0	0	1		0	0
5 -					0	0			0	0

图 D - 22　第一次更新笛卡儿积结构

现在的 scaffold 是 2 - >3，根据 contig 组装算法，该继续向右边扩展，则从 weigh[ ][ ]数组中，3 号 contig 所在的行选取一个最大的值，得到最大值 weigh[3 +][5 -] =2，所以接下来要组装的 contig 是 5 号，即现在的 scaffold 是 2 - >3 - >5。接下来用笛卡儿积结构的更新策略更新，得到的新的笛卡儿积结构内容如图 3 - 11 所示。

	1 +	1 -	2 +	2 -	3 +	3 -	4 +	4 -	5 +	5 -
1 +	0	0			0	0			0	0
1 -	0	0			0	0			0	0
2 +	0	0	0	0	0	0	0	0	0	0
2 -	0	0	0	0	0	0	0	0	0	0
3 +					0	0			0	0
3 -					0	0			0	0
4 +					0	0	0	0	0	0
4 -					0	0	0	0	0	0
5 +					0	0	1		0	0
5 -					0	0			0	0

图 D - 23　第二次更新笛卡儿积结构

继续向右扩展 scaffold:2 - >3 - >5,从 weigh[ ][ ]数组中,5 号 contig 所在的行选取一个最大的值,得到最大值 weigh[5 +][4 +] = 1,所以接下来要组装的 contig 是 4 号,但是 4 号 contig 需要取其反向互补序列才能与 scaffold 相连。所以现在新的 scaffold 是:2 - >3 - >5 - >4。接下来用笛卡儿积结构的更新策略更新,得到的新的笛卡儿积结构内容如图 D - 24 所示。

	1 +	1 -	2 +	2 -	3 +	3 -	4 +	4 -	5 +	5 -
1 +	0			0	0	0	0	0	0	0
1 -	0			0	0	0	0	0	0	0
2 +	0	0	0	0	0	0	0	0	0	0
2 -	0	0	0	0	0	0	0	0	0	0
3 +					0	0	0	0	0	0
3 -					0	0	0	0	0	0
4 +					0	0	0	0	0	0
4 -					0	0	0	0	0	0
5 +					0	0	0	0	0	0
5 -					0	0	0	0	0	0

图 D - 24　第三次更新笛卡儿积结构

接下来应该再向右扩展 scaffold:2 - >3 - >5 - >4,应该查找 4 号 contig 所在的行,结果最大值为 0,向右扩展完毕。接下来应该向左扩展该 scaffold,在 weigh[ ][ ]数组中查找 1 号 contig 所在的列的最大值,结果为 0,所以这条 scaffold 扩展结束。然后遍历笛卡儿积结构,里面的值全部不大于零,所以只找到一条 scaffold:2 - >3 - >5 - >4。1 号 contig 组装失败。

D4　总结

(1)设计了快速筛选合理配对信息的算法和逐渐组装 contig 的算法,后者需要前者提供的配对信息作为评分标准。全部算法运行时间只需 240 秒,这主要依赖于本文设计的既节省内存,又方便保存组装过程信息的数据结构。与传统组装算法利用的图这一复杂数据结构相比较来看,本算法使用的内存非常小。同时充分地研究并利用生物学数据的特征,减少不需要处理的数据。同时,本文给出了构建配对信息库所需要的时间复杂度与空间复杂度分析。

(2)本文中的组装算法提取了全基因组拼接组装研究的组装阶段,提出了独立的算法,方便使用者控制输入数据,而不局限于拼接阶段产生的数据。例如可以输入更多的 contig,并且可以随意控制 contig 的长度,从而得到不同的输出结果,这样不仅有利于测试算法,而且有利于分析数据的生物特征。这一点也是大多全基因组拼接组装算法所不能做到的。

(3)本文设计的算法以及数据结构是针对个人电脑的,由于新一代测序技术产生的数据是海量的,并且目前现有的组装算法往往借助复杂的数据结构,所以无论是对处理器还是内存的要求都比较高。只有那些大型的公司或实验室才有能力去研究。

D5 参考文献

[1]SANGER F,AIR G M,BARRELL B G,et al. Nucleotide sequence of bacteriophage phi X174 DNA[J]. Journal of Molecular Biology,1978,125(2):225 -246.

[2]MARGULIES M,EGHOLM M,ALTMAN W E,et al. Genome sequencing in microfabricated high-density picolitre reactors[J]. Nature,2005,437(7057):376 -80.

[3] FEDURCO M,ROMIEU A,WILLIAMS S,et al. BTA,a novel reagent for DNA attachment on glass and efficient generation of solid - phase amplified DNA colonies[J]. Nucleic Acids Research,2006,34(3):e22.

[4] TURCATTI G, ROMIEU A, FEDURCO M, et al. A new class of cleavable fluorescent nucleotides: synthesis and optimization as reversible terminators for DNA sequencing by synthesis[J]. Nucleic Acids Research,2008,36(4):e25.

[5]SHENDURE J,PORRECA G J,REPPAS N B,et al. Accurate multiplex polony sequencing of an evolved bacterial genome[J]. Science,2005,309(5741):1728 -1732.

[6] Clarke J,Wu H C,Jayasinghe L,et al. Continuous base identification for single - molecule nanopore DNA sequencing[J]. Nature Nanotechnology,2009,4(4):265.

[7] BRASLAVSKY I,HEBERT B,KARTALOV E,et al. Sequence information can be obtained from single DNA molecules[J]. Proceedings of the National Academy of Sciences of the United States of America,2003,100(7):3960 -4.

[8]HARRIS T D,BUZBY P R,BABCOCK H,et al. Single-Molecule DNA Sequencing of a Viral Genome[J]. Science,2008,320(5872):106 -9.

[9]WANG J,WANG W,LI R,et al. The diploid genome sequence of an Asian individual[J]. Nature,2012,456(7218):60 -65.

[10]GU H,BOCK C,MIKKELSEN T S,et al. Genome-scale DNA methylation mapping of clinical samples at single - nucleotide resolution[J]. Nature Methods,2010,7(2):133 -138.

[11] BENTLEY D R. Whole-genome re-sequencing [J]. Current Opinion in Genetics & Development,2006,16(6):545 -552.

[12] BONFIELD J K,KF S,STADEN R. A new DNA sequence assembly program[J]. Nucleic Acids Research,1996,23(24):4992 -4999.

[13] MILLER J R, KOREN S, SUTTON G. Assembly Algorithms for Next - Generation Sequencing Data[J]. Genomics,2010,95(6):315 -327.

[14] CHAISSON M J,PEVZNER P A. Short read fragment assembly of bacterial genomes[J]. Genome Research,2008,18(2):324 -330.

[15] WARREN R L,SUTTON G G,JONES S J M,et al. Assembling millions of short DNA sequences using SSAKE[J]. Bioinformatics,2007,23(4):500 -501.

[16] JECK W R,REINHARDT J A,BALTRUS D A,et al. Extending assembly of short DNA sequences to handle error[J]. Bioinformatics,2007,23(21):2942 -2944.

[17] DOHM J C, LOTTAZ C, BORODINA T, et al. A fast and highly accurate short-read

assembly algorithm for de novo genomic sequencing[J]. Genome Research,2007,17(11):1697 - 1706.

[18] BUTLER J,MACCALLUM I,KLEBER M,et al. ALLPATHS: de novo assembly of whole - genome shotgun microreads[J]. Genome Research,2008,18(5):810 - 820.

[19] MACCALLUM I, PRZYBYLSKI D, GNERRE S, et al. ALLPATHS 2: small genomes assembled accurately and with high continuity from short paired reads[J]. Genome Biology, 2009,10(10):R103.

[20] HERNANDEZ D, FRAN? OIS P, FARINELLI L, et al. De novo bacterial genome sequencing: millions of very short reads assembled on a desktop computer[J]. Genome research,2008,18(5):802 - 809.

[21] SIMPSON J T,WONG K,JACKMAN S D,et al. ABySS:a parallel assembler for short read sequence data[J]. Genome Research,2009,19(6):1117 - 1123.

[22] ZERBINO D R,BIRNEY E. Velvet: algorithms for de novo short read assembly using de Bruijn graphs[J]. Genome Research,2008,18(5):821 - 829.

[23] PEVZNER P A,TANG H,TESLER G. De novo repeat classification and fragment assembly [J]. Genome Research,2004,14(9):1786 - 1796.

[24] BATZOGLOU S,JAFFE D B,STANLEY K,et al. ARACHNE: a whole-genome shotgun assembler[J]. Genome Research,2002,12(1):177 - 189.

[25] JAFFE D B, BUTLER J, GNERRE S, et al. Whole-genome sequence assembly for mammalian genomes: ARACHNE 2[J]. Genome Research,2003,13(1):91 - 96.

[26] POP M,KOSACK D S,SALZBERG S L. Hierarchical scaffolding with Bambus[J]. Genome Research,2004,14(1):149 - 159.

[27] PEVZNER P,TANG H. Fragment assembly with double - barreled data[J]. Bioinformatics, 2001(17):225 - 333.

[28] KIM P G,CHO H G,PARK K. A scaffold analysis tool using mate-pair information in genome sequencing[J]. Journal of Biomedicine & Biotechnology,2008(1):675 - 741.

[29] Phillippy A M,Schatz M C,Pop M. Genome assembly forensics:finding the elusive mis - assembly[J]. Genome Biology,2008,9(3):1 - 13.

[30] BRYANT D W,WONG W K,MOCKLER T C. QSRA-a quality-value guided de novo short read assembler[J]. BMC Bioinformatics,2009,10(1):1 - 6.

[31] PAUL F,EWAN B. Sense from sequence read:methods for alignment and assembly[J]. Nature Methods,2009(10):1038 - 1376.

[32] HUANG X, YANG S P. Generating a genome assembly with PCAP [J]. Curr Protoc Bioinformatics,2005(11):3 - 11.

[33] MYERS E W,SUTTON G G,DELCHER A L,et al. A whole-genome assembly of Drosophila [J]. Science,2000(287):2196 - 2204.

[34] CHEN J, SKIENA S. Assembly for double-ended short - read sequencing technologies [M]//MARDIS E,KIM S,TANG H,et al. Advances in Genome Sequencing Technology and Algorithms. Boston:Artech House Publishers,2007:1 - 15.

[35] CHAISSON M J,BRINZA D,PEVZNER P A. De novo fragment assembly with short mate -

paired reads: does the read length matter? [J]. Genome Research,2009,19(2):336.

[36] LI R,ZHU H,RUAN J,ET AL. De novo assembly of human genomes with massively parallel short read sequencing[J]. Genome Research,2010,20(2):265 - 272.

[37] GNERRE S, MACCALLUM I, PRZYBYLSKI D, et al. High-quality draft assemblies of mammalian genomes from massively parallel sequence data[J]. Proceedings of the National Academy of Sciences of the United States of America,2011,108(4):1513.

[38] ZHANG W,CHEN J,YANG Y,et al. A practical comparison of de novo genome assembly software tools for next - generation sequencing technologies [J]. Plos One, 2011, 6 (3):3 -9.

[39] LI R, FAN W, TIAN G, et al. The sequence and de novo assembly of the giant panda genome[J]. Nature,2010(463): 311 -317.

[40] SIEGEL A F,VAN D E G,HOOD L,et al. Modeling the feasibility of whole genome shotgun sequencing using a pairwise end strategy[J]. Genomics,2000(68):237 -246.

[41] BATZOGLOU S. Algorithmic Challenges in Mammalian Genome Sequence Assembly[M]// DUNN M,JORDE L,LITTLE P. Encyclopedia of Genomics,Proteomics and Bioinformatics. New Jersey:Wiley,2005:1 -15.

[42] POP M. DNA Sequence Assembly Algorithms[M]//MCGRAW-HILL. McGraw-Hill 2006 Yearbook of Science and Technology. New York:McGraw - Hill,2005:11 -15.

[43] SUTTON G,DEW I. Shotgun fragment assembly[M]//RIGOUTSOS I,STEPHANOPOULOS G. Systems Biology:Genomics. New York:Oxford University Press,2007:79 -117.

[44] MYERS E W. Toward simplifying and accurately formulating fragment assembly[J]. A Journal of Computational Molecular Cell Biology,1995,2(2):275 -290.

[45] IDURY R M, WATERMAN M S. A new algorithm for DNA sequence assembly[J]. A Journal of Computational Molecular Cell Biology,1995,2(2):291 -306.

附录 E “禁摩限电”效果综合分析问题

摘要

本文主要研究的是“禁摩限电”对城市的道路通行能力、交通需求结构、各种交通工具效率以及环境和安全的影响。

针对问题(1),介绍道路通行能力和通行效率的相关概念,通过Excel表格和道路横断面情况分析图对影响通行能力的因素进行了量化分析,并通过机动车穿越临界间隙模型分析了机非道路交叉信号口的通行能力,且基于负指数概率分布模型讨论在机动车仅仅发生右转弯的情况下,其面对非机动车的干扰而选择的可能发生的三种情况,并建立电动车、摩托车在各个路段的通行模型以研究电动车、摩托车对道路通行能力的影响。

针对问题(2),根据交通需求结构,本文建立了基于均衡原理的超量需求均衡模型,构建虚拟网络,得到虚拟附加路段的阻抗函数,基于Wardrop均衡原理以及所构建的附加虚拟网络,建立超需求均衡模型,由此可以判断车道是否超量,超量可以采取“禁摩限电”等措施来缓解交通拥堵问题。而后,根据交通波模型来计算车流的变化情况,算出摩托车后车辆受阻的回波速为4.62 km/h,摩托车后面车辆以4.62 km/h的回波速度向后车辆传递阻碍车辆前进,假设摩托车行驶1/6 h,其影响长度范围为0.77 km,若车流密度为50辆/km,则受阻车辆为38辆,摩托车离去后,车辆消散需要0.211 h,总受阻时间为22.7 min。由此可见,城市机动车交通对交通需求结构有着严重的影响

针对问题(3),利用无序反应概率模型讨论出城市居民最普遍的交通方式是公共交通,并结合全市机动化出行方式分担率饼图得出,公交出行分担率为38.3%(包括公共大巴、公共中小巴、地铁)、小汽车分担率为44.2%,得出最受居民欢迎的交通方式是公共交通工具(公交车、地铁等)。由此我们可以得出各种交通工具中公共交通效率最高的结论。

针对问题(4),安全方面,对车辆特性考察时本文采用时间和空间转换系数模型,例如,当考察动态车辆时,电动车与自行车的时间转换系数分别是1.2与1.5,当考察静态车辆时,空间转换系数分别是1.1和1.2。由此可以看出,电动车在行驶时,需要更大的空间,并且危险性相对较大。环境方面,由排放因子与平均速度曲线可以看出,由于摩托车对其他机动车的影响,导致机动车速度由50 km/h下降到24 km/h,相应的排放污染物HC、CO、NO_S变化分别是2.34 g/(vhe · km)、30.49 g/(vhe · km)和 −0.03g/(vhe · km)。受阻车辆总的污染物排放量分别增加了68.5 g、892 g和 −0.88 g,虽然NO_S的排放有所减少,但是这个值较小,可以忽略不计。根据数据和模型可以看出,摩托车交通具有动态占用空间大、安全性差、环境污染等特点,所以,在城市中应该限制摩托车交通的发展。

关键词

禁摩限电;右转穿越间隙模型;超量需求均衡模型;交通波模型

E1　问题重述

E1.1　问题背景

随着社会的发展,人类社会的不断进步,城市道路问题也越来越得到社会的广泛关注,也一直是国家重点建设内容。交通工具数量迅速增长(包括摩托车、电动三轮车等),不仅会引发一系列的严峻的社会和环境问题,而且制约经济发展,因此交通问题引起了政府机关、科研机构乃至全体社会公民的极高关注。

由于城市交通具有交通流密度大、连续性强的特点,不少城市采取的限牌,限号,收局部区域拥堵费,淘汰污染超标车辆及其他的管理措施,收到了较好的效果,也得到了公众的理解。为了更好地解决城市道路交通问题,“禁摩限电”得到了大多数人的支持。

E1.2　问题的提出

为了更好地了解“禁摩限电”对城市道路问题的影响程度,本文依次提出以下问题:

(1)“禁摩限电”对道路通行能力的影响;

(2)“禁摩限电”对交通需求结构的影响;

(3)“禁摩限电”对交通工具效率的影响;

(4)“禁摩限电”对环境和安全的影响。

E2　问题假设

(1)假设道路交叉口机动车只右转;

(2)假设本文所研究路段是平坦的,不存在上下坡情况;

(3)假设行驶在机动车道上的电动车归类为摩托车;

(4)假设居民的出行方式仅限于深圳市的陆地交通工具。

E3　符号说明

N_P——1 条机动车道的设计通行能力(pcu/h)。

T_1——连续车流平均车头时距(s/pcu)。

N_m——1 条机动车道的设计通行能力(pcu/h)。

A_C——机动车道道路分析系数。

t_S——机动车启动损失时间。

L——自行车车身长度。

W——机动车宽度。

V_B——交叉口内自行车平均行进速度。

L_B——自行车车头空距。

q_B——自行车到达率(bicycle/s)。

t_R——信号红灯时间(s)。

n——平行前行的自行车数量。

V_B——自行车通道断面流率(bicycle/s. m)。

C_S——信号周期时长。

x_a——路段 a 上的交通流量,它们组成的向量为 $x=(x_1,\cdots,x_a,\cdots,x_n)$。

T_a——路段 a 的交通阻抗。

$T_a(x_a)$——路段 a 的以流量为自变量的阻抗函数。

$B_rs(\cdot)$——交通需求函数的反函数,交通需求函数建议采用式(1)的形式。

$\bar{Q}rs$——起点 r 到终点 s 总出行量的上限。

模型的 TDM 应用中将现状的 OD 矩阵作为上限。

A_rs——附加路段的交通流量。

F_k^{rs}——点对(r,s)间的第 k 条路径的交通流量,其向量为 $\boldsymbol{F}=(F_1^{rs},\cdots,F_k^{rs},\cdots,F_n^{rs})$。

$x_{a,k}^{r,s}$——关系变量,如果路段 a 在(r,s)间的第 k 条路径上,$x_{a,k}^{r,s}=1$,否则 $x_{a,k}^{r,s}=0$。

E4 模型的建立与求解

E4.1 问题(1)的建模与求解

1. 道路通行能力与通行效率

城市道路通行能力,是指通常道路条件与通常交通条件下,在单位时间内连续通过道路的某一断面或一车道的最大车辆数,它包括路段通行能力好路口的通行能力。

路段通行能力又分为可能通行能力与设计通行能力,在城市一般道路与一般交通的条件下,并不受平面交叉口影响时,一条机动车的可能通行能力按下式计算:

$$N_p = 3600/t_1$$

不受平面交叉影响时,一条机动车道的设计通行能力按下式计算:

$$N_m = a_{cp}\cdot N_p$$

道路通行能力也称道路容量,是道路的一种性能,是度量道路疏导车辆能力的一种指标。同时,它是道路设计的一项重要指标。根据不同等性质的道路,通过对道路通行能力和设计小时通量分析,可以确定道路的机动车道数。同时,通过这种分析,可以确定道路的机动车道的缺陷,便于针对问题指出改进道路通行能力的措施以及交通管理措施等。

2. 影响城市道路通行能力的因素

影响城市道路通行能力的因素主要是道路条件、交通条件及服务水平等因素。道路条件一般指道路分类、道路横断面、车道宽度、道路线型、交叉口形式、路面抗滑能力等;交通条件指大型车辆、公共交通、自行车的混入、超车、车道分布、交通量的变化、交通管理、交通管制等;而服务水平则是指道路使用者根据交通状态从速度、舒适、方便、经济和安全等方面所能得到的服务程度。本文主要研究交通条件和道路条件对城市道路通行能力的影响。

(1)交通条件的影响

在城市道路上,一旦交通流中有大型车辆、摩托车车辆、自行车的混入,行车中的超车现象,交通量的变化,车道分布的不合理,交通管理、交通管制混乱等现象的出现,道路通行能力势必受到影响，而这些因素统称为道路的交通条件影响因素。

①大型车辆的混入

大型车辆由于其车体大，所占道路面积大，它的加速、减速和保证车速的性能均较其他小汽车差。故在上下坡时，其与前车的距离会加大，影响其他车辆的行驶，从而影响道路的通行能力。

②摩托车、电动车等非机动车的混入

摩托车、电动车的等非机动车的车速远比小汽车低，它们混在一起使用道路，互争道路空间，相互干扰，大大影响道路通行能力。

③超车

在双车道上，尤其是大型汽车与小汽车混合行驶的情况下，由于车速不同需要超车，对向车道上的车流不能连续行驶，前后车之间需要保持供超车的最小距离，致使道路的通行能力降低。

④车道分布

多车道道路并不是所有车道上都有相同的交通量，一般交通量少时，内侧交通量大，随着交通量增大，内侧交通量提高，而外侧交通量减少，也会使该段道路的通行能力下降。此外，道路的交通管理不好，路口的交通管制混乱，行人过街等都会影响道路的通行能力。

(2)道路条件的影响

①道路分类

《城市道路设计规范》根据道路在道路网中的地位、交通功能，以及对沿线建筑物的服务功能等，城市道路分为四类：快速路、主干道、次干道、支路。一般来说，道路的等级愈高其通行能力愈高。但在我国目前条件下，快速路、主干道在城市道路网中所占的比例还小，而城市车辆的增长速度却迅猛异常，致使交通量的发展失衡。许多道路上的交通量已接近或超过了设计通行能力，迫切需要进行改造，提级增容，提高其通行能力。虽然道路的等级对道路的通行能力具有制约作用，但并不是说要将所有的道路都设计成高等级的。这要根据当地的交通流量、经济战略地位等诸多因素综合考虑。若在交通量较低的路线修建快速路或主干路，势必给国家造成巨大的浪费。道路等级的确定，应是根据道路在城市中的功能进行，各等级的道路应在城市中有明确分工，缺一不可。各种道路只有互相配合协调，才能适应城市中各种交通需求，完成各种交通任务。

②道路横断面

城市道路横断面形式有单幅路、双幅路、三幅路及四幅路。

a. 单幅路

单幅路将所有的车辆(机动车、非机动车)组织在一条道上混合行驶。道路上，由于机动车与非机动车混行，因此互相间的干扰势必就大，通行能力受到很大程度的影响，更重要的是双方都有一种不安全感，其通行能力难以提高。单幅路的横断面形式如图 E－1 所示。

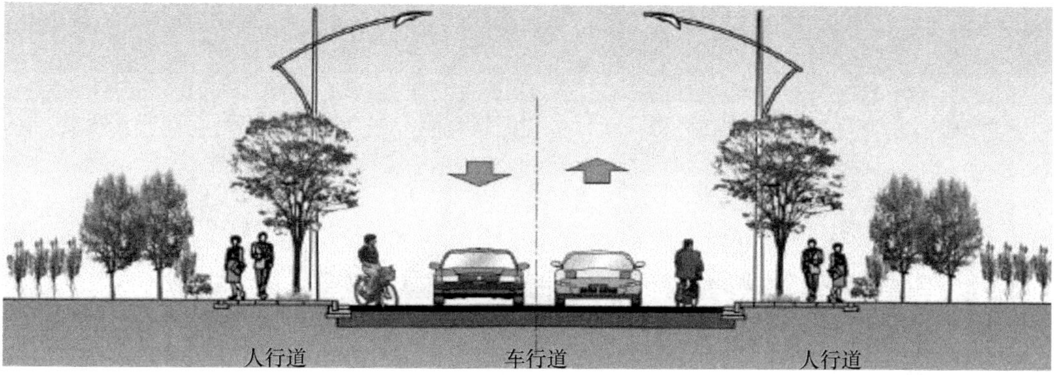

图 E－1 单幅路横断面

b. 双幅路

双幅路利用中央分隔带(或防撞墙)将机动车道按上下行方向隔离。双幅路将机动车道的双向进行了分隔,减少了对向车流的干扰,道路通行能力比单车幅路有所提高。但由于其在一个方向上机非混行,机非之间的干扰还是存在,道路的通行能力还是受到制约。双幅路的横断面形式如图 E－2 所示。

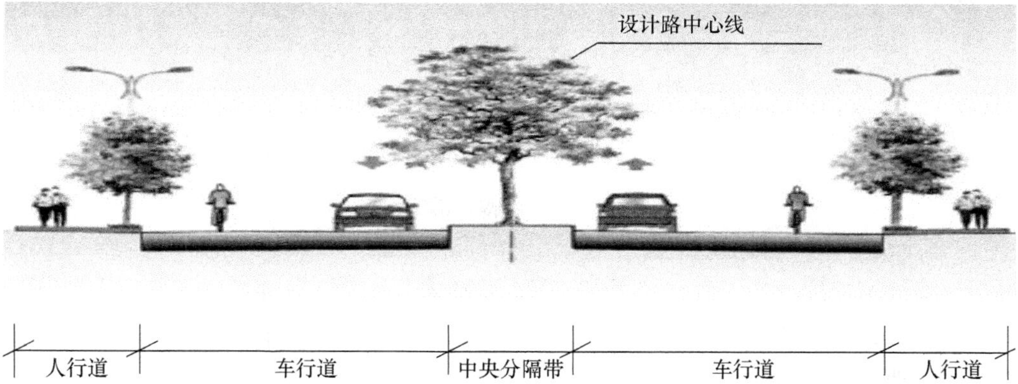

图 E－2 双幅路横断面

c. 三幅路

三幅路利用机非分隔带将机动车道与非机动车道分离。三幅路的组成将机动车道与非机动车进行分隔,避免了机非之间的干扰,从而很大程度上提高了道路的通行能力。但由于其没有将机动车道上下行分隔,机动车道对向车流的干扰同时存在。三幅路的横断面形式如图 E－3 所示。

d. 四幅路

四幅路利用中央分隔带(或防撞墙)、机非分隔带将机动车道双向、机动车道与非机动车道之间分隔。四幅路彻底避免了机非之间、对向车流之间的干扰,从而大大提高了道路的通行能力,是最理想的道路横断面形式,缺点是路幅宽占地多,四幅路的断面形式如图 E－4所示。

③道路宽度

车道宽度是决定道路上车辆行驶速度的重要因素,城市道路规范规定:

图 E-3　三幅路横断面

图 E-4　四幅路横断面

当计算行车速度≥40 km/h,车道宽度为 3.75 m,而当行车速度 <40 km/h,车道宽为 3.5 m。可见,速度越大,要求车道宽度越宽,通行能力越大。当车道宽 <3.5 m 时,就应考虑采用车辆通行能力的折减系数,如表 E-1 所示。

表 E-1　车道宽度对通行能力影响的折减系数

车道宽度/m	通行能力的折减系数
3.5	1.0
3.25	0.9
3.0	0.85
2.75	0.77

④道路交叉口形式

城市道路交叉口形式通常分为平面交叉和立体交叉。城市道路平面交叉口的形式有十字形、T 形、Y 形、X 形、环形、多路、错位、畸形交叉等。通常采用最多的是十字形交叉,十字形交叉以正交为宜,斜交时交叉角应大于 45°。规范规定应避免错位交叉、多路交叉和畸形交叉。平面交叉口的特点是交叉路口的冲突点和交织点多,视线盲区大,交通流量大,各方面的车辆均在此实现合流分流,相互交织、冲突的机会增多。相交道路冲突点总数如表E－2所示。

表E－2 相交道路冲突点总数

相交道路系数	冲突点总数
3	3
4	16
5	50
6	120

由表E－2可知,5条道路相交冲突点总数多达50个,这样发生“塞车”的机会明显增多,严重影响道路的通行能力。由于平面交叉的冲突点、交织点难以消除,故平面路口的通行能力难以得到提高。通常,提高平面交叉口通行能力的方法有将路口进行渠化,对车流进行有效引导,增设交叉口进口的车道数等。

城市道路立体交叉分为分离式和互通式两类。互通式立体交叉又分完全互通式、不完全互通式和环形式三种。由于平面交叉口制约了道路通行能力,现在很多城市的各级道路(道路、铁路、高速公路等),如快速路与快速路、主干路,主干路与主干路等交通量较大的交叉口等均采用立体交叉。采用立体交叉可以减少或消除交叉口的冲突点,从而从根本上提高道路的通行能力。

⑤路面抗滑移能力

行车时道路表面的抗滑能力不仅影响交通安全,同时也影响道路通行能力。道路表面和轮胎之间的摩擦力称道路表面的抗滑能力。同样一条道路,如果表面干燥、清洁;抗滑能力就高,若是表面潮湿、泥泞或覆盖冰雪,变得非常滑溜,这时道路的路面抗滑能力就小,为了保证行车安全,避免行车时容易引发交通事故,驾驶员不得不把行车速度降得很低,从而直接影响道路的通行能力。提高道路抗滑能力的措施有路面材料的骨料应选择坚韧耐磨的石料,加铺防滑磨耗层等等。

3. 机非混合交通条件下信号交叉口通行能力分析

在信号交叉口内,电动车(本文的非机动车以电动车为例)与机动车的相互作用过程较为复杂。本论文将电动车对机动车的影响归结为如下几类:

(1)绿灯初期电动车以饱和流通过占用冲突区

电动车由于其自身机动灵活,易于启动和加速,通常可以在黄灯启动,抢先占领交叉口内的冲突区域。此时机动车无法行进,只能等该批自行车通过后才可通行。绿灯初期自行车抢先密集通过冲突区,造成机动车可利用通行时间的损失。

(2)机动车受穿越的电动车影响减速停车模型

当机动车判断电动车的间隙或延时不能够穿越时,为了避免与电动车相撞,机动车不得不减速,但是会尽量避免停车,而是先采取较大的减速度减速,然后使车辆处于低速滑行状态,该状态使得机动车可以随时停车或者加速穿越。机动车的减速停车运行情况分为三种:

①减速但是不完全停车

机动车边减速边寻找可以穿越的时机,当自行车出现可以穿越的机会时,机动车加速穿越通过。

②低速行驶但不完全停车

机动车减速到低速 v_0 时，若还无法穿越，就会继续低速滑行一段时间，等出现机会后加速离开。

③完全停车等待

机动车减速滑行直至与自行车很近时完全停车，等待一段时间后才加速驶离。

在信号交叉口，电动车的有效通过时间为绿灯时间，在一个绿灯周期内，自行车有三种可能的状态。

①密集车流状态

一般情况下发生在绿灯亮起后的短时段。此时电动车密集通过停车线，单位时间内的通过量最大。

②随即到达状态

一般发生于密集车队的尾车已经通过停车线后，此时陆续到达的电动车彼此之间间距比较大。一般不会形成车队，而是零星到达。

③空闲状态

发生于电动车有效绿灯的后期，虽然仍有可以通行的信号，但是已经没有车辆到达。

4. 自行车影响下的右转机动车通行能力

(1)穿越自行车临界间隙

查阅资料得

临界间隙 t_c = 不停车状态下的最小可接受间隙 t_0 + 启动延误 t_s

因此，本文中机动车穿越自行车流的临界间隙 t_c 须满足两个条件：一是保证机动车启动；二是保障安全、避免碰撞，如图 E－5 所示，因此，t_c 包括车辆启动损失时间和不停车状态下最小可接受间隙时间(保证避免碰撞的时间)两部分，即

$$t_c = t_s + (L + w)/v_B \quad (E-1)$$

(2)绿灯初期自行车饱和流通过时间

在平面交叉口信号相位条件下，自行车由于其自身启动停止的灵活性，可以在黄灯下启动，因而抢先占领交叉口内的机非冲突区域，这使得机动车无法行进，只能等电动车群通过后方可通行。在绿灯的初始阶段，自行车处于密集车流状态，此时电动车密集通过停车线，单位时间通过量较大。

设电动车在绿灯初期抢先占领冲突区，密集通过冲突点所需要的时间为 T_{SB}，这部分的车辆是在红灯时间 t_R 和通过需求时间 T_{SB} 时间内共同累积的，于是满足

$$T_{SB} = L_B \frac{q_B(t_R + T_{SB})}{n} / v_B \quad (E-2)$$

整理得

$$T_{SB} = \frac{L_B q_B t_R}{n v_B - L_B q_B} \quad (E-3)$$

其中，v_B 建议值为 0.613。

在 T_{SB} 内，机动车无法行进，只能等该批自行车通过后才可通行。

(3)机动车不减速右转(无电动车影响期间)的通行能力

右转机动车不减速通过，也就是在右转期间无自行车到达影响。国内外学者对自行车

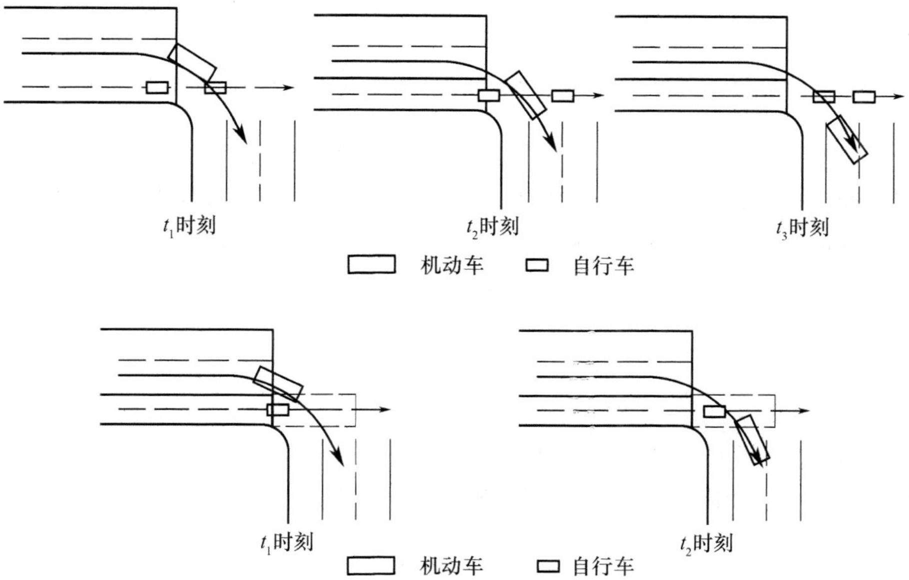

图 E-5 穿越间隙示意图

(**a**)右转机动车穿越直行自行车间隙;(**b**)右转机动车穿越直行自行车延时

到达时距的概率分布进行了较多的研究,分析结果是在没有分隔带的交通环境下,自行车车间时距符合负指数分布。因此,假设电动车随机到达,并符合负指数分布。

在分析时段 t 内,冲突区前无自行车到达的概率(X 为 t 内到达的自行车数)应为

$$P_0 = p\{X = 0\} = e^{-q_B r} \tag{E-4}$$

则冲突区前无自行车等候的时间近似为($t_G - t_{SB}$),t_G 为绿灯时间。在这段时间内,冲突车流以速度 v_0 通过冲突点,对应流量为 $q(Veh/h)$。

由此可得冲突车流在无自行车等候期间通过的车辆数为

$$N_{none} = q_0 p_0 (t_G - t_{SB})/3600 \tag{E-5}$$

(4)机动车减速穿越期间的通行能力

右转机动车流在通行时需要穿越与左转和直行自行车的冲突点。我国的运营实践表明:交叉口内右转车辆车速较低,加之电动车遵章性较差,抢行现象较为普遍,因此非机动车往往较机动车拥有更多路权。基于这一事实,本文假定在冲突点处,与电动车冲突的右转机动车按照让行规则运行。设左转、直行非机动车到达时距分别为 H_L 和 H_T,其到达率分别为 q_{BL} 和 q_{BT} 为右转车辆穿越非机动车的临界间隙($\alpha = t_c$),α_R 为右转车辆最小车头时距。

当 $\alpha + (n-1)\alpha_R \leqslant H_L < \alpha + n\alpha_R$ 且 $\alpha + (n-1)\alpha_R \leqslant H_T$;

$\alpha + (n-1)\alpha_R \leqslant H_T < \alpha + n\alpha_R$ 且 $\alpha + (n-1)\alpha_R \leqslant H_L$

满足其一的时候,允许一次有 n 辆右转车通过冲突点,其概率为

$$\begin{aligned} P_n = & P_r(\alpha + (n-1)\alpha_R \leqslant H_t < \alpha + n\alpha_R) \cdot P_r(\alpha + (n-1)\alpha_R \leqslant H_r) \\ & + P_r(\alpha + (n-1)\alpha_R \leqslant H_r < \alpha + n\alpha_R \cdot P_r(\alpha + (n-1)\alpha_R \leqslant H_L \end{aligned} \tag{E-6}$$

该情况持续的时间为 $t_G - \max(\%, \% r)$,其中,t_G 为机动车所属相位的有效绿灯时间 T_{SBL} 和 T_{SBT} 分别为绿灯放行初期左转、直行自行车群密集通过冲突点所需要的时间。则在该时间段内可通行的右转车辆数的数学期望应为

$$N_R = [t_G - \max(T_{SBL}, T_{SBT})] \cdot \{q_{BL} \cdot \sum_{n=1}^{\infty} n \cdot P_r(\alpha + (n-1)\alpha_R \leqslant H_L < \alpha + n\alpha_R) \cdot P_r(\alpha + (n-1)\alpha_R \leqslant H_T) + q_{BT} \cdot \sum_{n=1}^{\infty} n \cdot P_r(\alpha + (n-1)\alpha_R \leqslant H_T < \alpha + n\alpha_R) P_r(\alpha + (n-1)\alpha_R \leqslant H_L)\} \quad (E-7)$$

国内外学者对自行车到达时距的概率分布进行了较多研究,其中最常见的是使用负指数分布对其拟合,即在分析时段内,冲突区前有非机动车到达的概率为

$$P_r(x > 0) = 1 - p(x = 0) = 1 - e^{-q^{t_B}} \quad (E-8)$$

整理可得

$$N_R = [t_G - \max(T_{SBL}, T_{SBT})] \cdot e^{-(q_{BL}+q_{BT}\alpha)} \cdot [q_{BL}(1 - e^{-q_{BL}\cdot\alpha_0}) + q_{BT}(1 - e^{-q_{BT}\cdot\alpha_0})]/[1 - e^{-(q_{BT}+q_{BL})\alpha}]^2 \quad (E-9)$$

(5)右转车道机非冲突区通行能力计算

在一个信号周期内,绿灯期间能够通过机非冲突区的右转机动车数应为上述情况之和,即右转车道的机非冲突区通行能力为

$$C_{BR} = (N_{none} + N_R) \cdot 3\,600/C_S \quad (E-10)$$

其中,C_S 为信号周期时长。

在允许红灯右转情况下,右转机动车在经过与直行非机动车、行人的冲突区后还要通过与直行机动车的交织区,因此,计算红灯期间右转车道通行能力还应结合交织区的通行能力。其中,交织区的右转机动车通行能力计算可参照非信号交叉口车流可能通行能力的计算方法。

5. 交叉口内滞留非机动车占道影响

当滞留自行车的数量超过等候区域的存储容量时,滞留自行车就会占用临近直行车道,直行机动车流速度会因此下降,交叉口处车流速度的下降造成饱和流量的降低

E4.2 问题(2)的建模与求解

1. 交通结构的概述

近年来,从交通需求管理入手缓解交通拥堵问题已经得到了业内的广泛认同。世界各大城市交通管理实践表明,需求管理是解决交通拥堵问题的标本兼治的有效措施之一 。

(1)传统的交通需求管理理论和方法存在下述局限。

①统计偏差。交通拥堵治理措施方案的制定是建立在有限的统计样本数据基础之上的,难以避免统计陷阱,偏差较大。

②局部性。"头痛医头,脚痛医脚",只注重表面拥堵点的交通需求管理问题,治标不治本。

③短期性。只能缓解暂时的交通拥堵,治理效果的持续时间偏短。

④非系统性。未从整体结构上分析拥堵的成因,往往治理好一处拥堵点,另一新的拥堵点会随之出现。

(2)交通需求可根据不同的划分方法分为不同的类型。

①根据目的、任务进行划分

a. 固定需求

如各种商业活动、劳务流动、学生潮等目的性强并且较为稳定的活动,其特点是需求比

较固定，一般不会受外界因素干扰而改变。其需求量对时间、价格或服务质量等因素敏感性较弱。

b. 可变需求

如探亲访友、商场购物、休闲旅游等活动，其特点是灵活性较强、易受外界因素干扰而改变，并且对时间、价格或服务质量等因素较为敏感。

如果记总需求为 Q，固定需求为 Q_1，可变需求为 Q_2，则有 $Q = Q_1 + Q_2$。

②根据交通出行的产生与分布特性进行划分

a. 点需求

其指诸如某出行产生点（如家庭出行）与某出行吸引点（如商场、工厂）之间的出行活动。其特点是只反映出两点间的出行需求交换量，没有考虑与相邻区域间的相互影响，缺乏系统性。

b. 线需求

其指因地面公交、轨道交通等大运量交通方式的运行而产生的沿线出行活动。其特点是大运量交通方式运行线路对出行需求量的影响较大，代表了沿线通道的出行需求行为，具有一定的系统性。

c. 空间需求

其指 N 个出行产生点与 M 个出行吸引点相互之间产生的出行活动的空间组合。其特点是能够全面、系统地表示某对象区域的出行需要，易于发现出行需求的结构特点和存在的问题，能够为交通需求管理措施的科学制定提供理论依据。

③交通需求函数

交通需求函数的参数包括出行时间、各交通小区的土地利用性质、强度、人口规模、就业密度等，这些因素均能反映 OD 对 $r-s$ 间的出行机会。但是，$r-s$ 间需求函数的唯一变量是出行时间，且需求函数在 OD 对出行时间内是单调下降的。

④基于均衡原理的超量需求均衡模型

a. 虚拟网络的构建

图 E-6 中的网络代表某一城市道路网系统，其着重表示了某一 OD 对 $r-s$。定义一条虚拟的附加路段，该路段的位置为连接每一 OD 对 $r-s$ 的起终点。附加路段的流量定义为 A_n。

假设 OD 对 $r-s$ 间的交通需求函数为 Q_n，需求函数是有上限的。假设起点 r 到终点 s 总出行量的上限是 $\overline{Q}_{rs}$，则 $A_n = \overline{Q}_{rs} - Q_{rs}$ 表示起点 r 与终点 s 间不能容纳的出行量，即超量需求量。$B_{rs}(\cdot)$ 表示逆需求的超量变量函数，即 $B_{rs}(A_{rs}) = D_{rs}^{-1}(Q_{rs})\ \forall_{r,s}$，则 $B_{rs}(A_{rs})$ 具有路段特性函数的所有性质，即为该虚拟附加路段的阻抗函数。

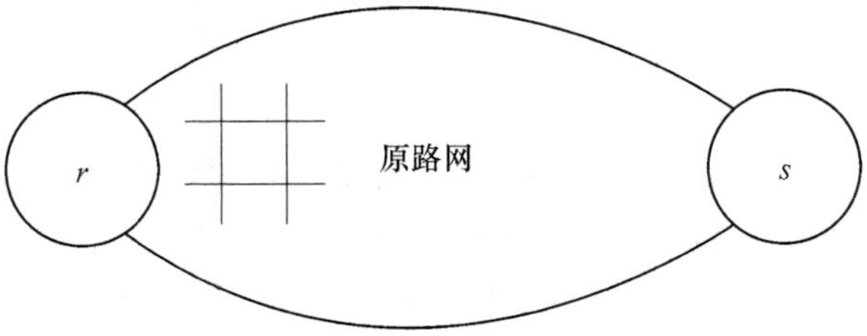

(a)

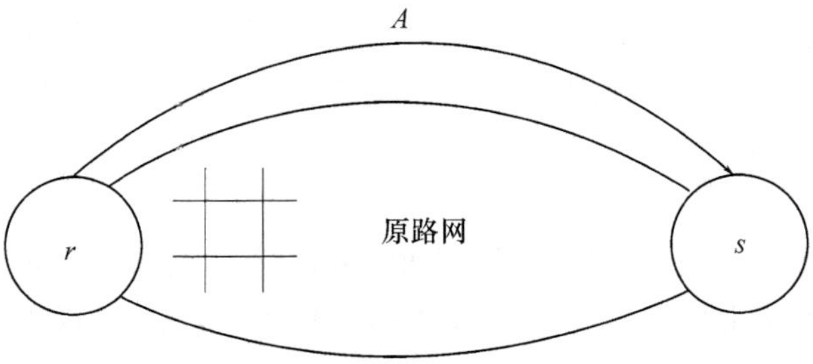

(b)

图 E－6

(a)原路网;(b)增设附加路段

b. 超量需求均衡模型

基于 Wardrop 均衡原理以及构建的附加虚拟网络. 建立超量需求均衡模型的数学形式描述如下:

$$\min:Z(X,A) = \sum_{a}\int_{0}^{x_a} T_a(\mu)\,\mathrm{d}\mu + \sum_{rs}\int_{0}^{A_{rs}} B_{rs}(v)\,\mathrm{d}v \qquad (E-11)$$

$$\sum_{k} F_k^{rs} + A_n = \overline{Q}_{rs}\ \forall_{r,s}$$

$$A_{rs}, F_k^{rs} \geqslant 0\ \forall_{k,r,s} \qquad (E-12)$$

$$x_a = \sum_{r,s}\sum_{k} F_k^{rs}\cdot x_{a,k}^{r,s},\ \forall a \qquad (E-13)$$

2. 交通需求结构的分析

作为机动车的一种,摩托车一般行驶在机动车道上,其运行特性对其他机动车辆不可避免地会产生一定的影响。由于摩托车交通的存在,其他机动车辆的性能会有不同程度的下降。在路段上,摩托车的速度比其他机动车要慢。一般情况下,摩托车在最外侧的机动车道行驶,基本上不会对其他机动车产生影响。但是,摩托车车身虽小,它的动态空间相对其几何尺寸而言较大,加上车道变换频繁,致使后续车辆超车困难,影响整条道路的车辆行驶速度。交通流速度的降低会相应地带来一系列的问题:延误增加、能源消耗增加、排气和噪声污染加剧,等等。靠近交叉口的时候,由于摩托车车身较小,在其他机动车辆减速的情况下,摩托车驾驶员可以利用车辆间的间隙行进到达排队车辆的前排。摩托车由于启动较快，可以在一定程度上利用这种特性尽快通过交叉口，减少交叉口的拥挤状况。但是，在红灯结束绿灯开始的时候，摩托车如果仍然抢道行驶将会产生很大的安全隐患。摩托车在交叉口左转、右转、直行的情况不明确，影响其他机动车辆的行驶，使交叉口产生混乱。

假设某条城市道路一条车道上汽车交通量（当量小汽车）为 $q_1 = 1\ 080$ 辆/小时，车流密度为 $q_2 = 24$ 辆/千米，行车速度为 45 km/h。一辆速度为 24 km/h 的摩托车变换车道，插入该汽车队列中，后面车辆不能超车（假设不能借用其他车道超车），被迫跟随摩托车行驶，这时道路上交通量为 $q_2 = 1\ 200$ 辆/小时、车流密度为 $k_2 = 50$ 辆/千米，摩托车在道路行驶持续 1/6 h 后离去。下面结合实例主要从时间延误方面分析摩托车对交通流所产生的影响。

（1）时间延误分析

在该实例中，汽车队列在摩托车插入后先减速后加速的行为类似于道路中瓶颈处交通流的变化。车流会产生一个与其运行方向相反的波，类似声波碰到障碍物时的反射，或者管道内的水流突然受阻时的后涌那样。车流在此过程中出现了拥挤、紊乱甚至阻塞。可以用交通波模型来计算车流的变化情况。具体分析如下：

摩托车后车辆受阻的回波速度 C 为

$$C = \frac{q_2 - q_1}{k_2 - k_1} = \frac{1\ 200 - 1\ 080}{50 - 24} = 4.62(\text{km/h}) \qquad (\text{E} - 14)$$

摩托车后面车辆以 4.62 km/h 的回波速度向后车辆传递阻碍车辆前进，摩托车持续行驶了 1/6 h，其影响长度范围为

$$4.62 \times 1/6 = 0.77(\text{km}) \qquad (\text{E} - 15)$$

这段长度道路上车流密度为 50 辆/km，受阻车辆为 $50 \times 0.77 = 38$（辆）。

摩托车离开道路，后面受阻的车辆开始消散逐渐恢复原有的状况。

$$1\ 200 - 1\ 020 = 180(\text{辆 / 小时})$$

消散时间为

$$t' = 38/180 = 0.211(\text{h}) \qquad (\text{E} - 16)$$

道路上车辆总的受阻时间为

$$T = t + t' = 1/6 + 0.211 = 0.38(\text{h}) = 22.7(\text{min}) \qquad (\text{E} - 17)$$

（2）结论

由于摩托车交通的存在，城市机动车交通对交通需求结构有着严重的影响。本文通过分析摩托车交通对城市交通中其他交通方式的影响，说明除了其本身的缺点之外，还会导致城市交通问题的加剧。因此，在城市交通中应该限制摩托车的发展，大力发展公共交通，从根本上缓解城市交通问题。

E4.3 问题(3)的建模与求解

1. 交通效率的内涵

效率已经成为人类社会经济生活中的一个重要范畴。效率源于工程学，它的原意是指设备在一定工作时间内所产生的有用功在总功中所占的比例. 由于“效率”这一词汇的广泛使用，使其具有多方面的含义。按照通常的理解，效率可定义为一定的时间内有用产出与投入量的比值，它揭示了投入和产出之间的比率关系。按照这样一种对效率的理解把它运用于对交通系统的效率诠释则是：一定的交通投入对交通需求的满足程度的对比关系。这

个比率越高，表明效率高，反之说明效率低。交通效率是一个多维度的概念，它可以界定为四维空间的一个点。交通效率的四维分别是：时间维、空间维、对象维和价值维。

2. 居民出行方式

城市交通是一个城市发展的基础和前提，是城市生产和人民生活必不可少的社会公共服务设施，是城市投资环境和居住环境的基本物质条件。随着国内经济、科技的不断发展，城市居民的出行方式呈现出多样化的形式 。

(1) 按照出行方式的性质来归类，一般可分为步行交通，个体交通，公共交通等。步行交通和公共交通在城市的定位及发展方向基本都有定论，即重视步行交通，坚持人本位的规划思想，大力发展公共交通，缓解城市交通矛盾 。

(2)我国城市居民出行采用的交通方式包括地铁(或正在建设)、高架、轻轨、有轨电车、无轨电车、常规公交车和自行车(包括助力车)。

图 E－7 为机动化出行方式分担率。

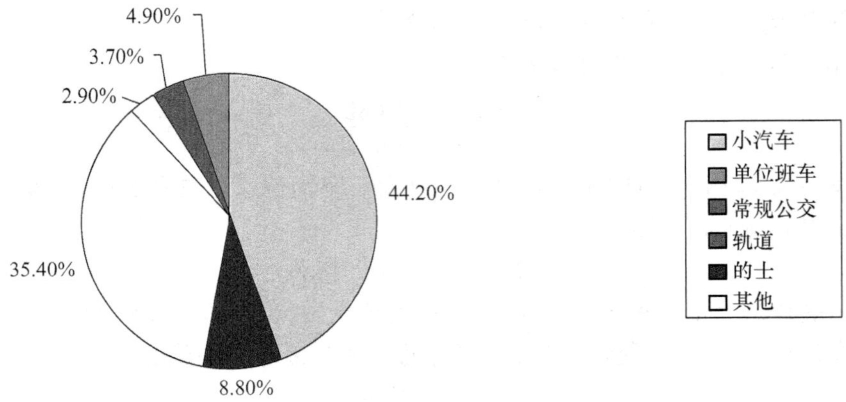

图 E－7　机动化出行方式分担率

由图 E－7 可知，全市机动化出行方式中，公交出行分担率为 38.3%(包括公共大巴、公共中小巴、地铁)、小汽车分担率为 44.2%，其他(摩托车、助动车)分担率为 4.9%，单位班车(含校车)分担率为 8.8%，的士分担率 3.7%。

随着城市规模扩大，城市居民出行方式也随着改变，居民选择体力出行较少的交通方式，或非体力出行。在大城市，居民理想的出行方式为公交车，城市理想的交通模式是公共交通。

(3)无序反应模型

无序反应模型可以用一随机效用模型激发。居民出行方式的选择是无序的，如果居民 i 选择了第 j 项出行方式(记为 $y_1=j$)，它的效用函数可以表达为 $U_{ij}=\beta Z_{ij}+\varepsilon_{ij}$。其中，$U_{ij}$代表出行者 i 选择了第 j 项出行方式所得的效用，而 Z_{ij}代表影响这个选择的因素，ε_{ij}是随机剩余项。假定 ε_{ij}是独立同分布的，并服从 Weibull 分布，即 $F(\varepsilon_{ij})=e^{-\varepsilon_{ij}}$。如果居民 i 选择了第 j 项出行方式，U_{ij}还应该满足关系 $U_{ij}>U_{ik}, j\neq k$，否则就违反了居民效用最大化的微观经济学原则。根据对 ε_{ij}分布的假定，可以得出居民 i 选择了第 j 项出行方式的概率为

$$P=(y_i=j)=\frac{\varepsilon^{z_{ij}}}{\sum_j e^{\beta' z_{ij}}} \tag{E－18}$$

通过各项讨论所得,居民效用最大的出行方式概率最大的是公共交通,与上文图表统计相符,所以说在各种交通效率中,公共交通效率最高。

E4.3.2 摩托车的交通效率

摩托车交通效率低下,城市交通系统应符合社会资源使用效率最大优先原则。城市的资金、道路等社会资源是有限的,因此未来交通发展必须强调资源利用效率最大。但摩托车是一种低效率的交通工具,其在行驶过程中使用效率仅相当于常规公共汽、电车的左右。据测算,一个人如果乘坐大型公交车,占有道路面积约为11.7%,骑自行车占有道路面积约为4.9%,乘坐出租车占有道路面积约为3.7%,骑摩托车占有道路面积约为35.4%,驾私家车占有道路面积约为44.2%。从这些数字不难看出摩托车的人均动态占地面积仅次于私人小汽车,而且其运行效率却远远低于私家车。另外,交通流速度的降低会带来一系列相应问题:延误增加,能源消耗增加,排气和噪声污染加剧。

由此可以看出,居民选择公共交通工具出行交通效率要高于摩托车,“禁摩限电”这种政策趋势已经在社会生活中产生。

E4.4 问题(4)的建模与求解

1. 摩托车、非机动车对安全的影响

(1)摩托车对交通事故的影响

2000年以来我国摩托车道路交通事故总体呈现持续上升态势,2002年后事故总数有所减少,但仍保持在高位,每年事故均达10万起以上。7年全国摩托车事故百事故死亡率为17.37%~25.7%,与同期汽车百事故死亡率(13.42%~23.5%)比较仍处于较高态势,摩托车事故的死亡烈度显著高于汽车($P<0.01$):二轮摩托车事故数量最多,占到摩托车事故总数的83%,而且其受伤和死亡人数分别占摩托车总事故数的86%和97%,显著高于三轮型摩托车和轻便型摩托车($P<0.01$),成为了摩托事故中的主要成分,更是造成人员伤亡的最主要原因;但其三种车型的百事故死亡率没有明显的统计学差异($P>0.05$)。2000—2006年摩托车事故伤亡人数持续上升,2006年伤亡人数有所下降,但其绝对数始终保持在高位,每年摩托车通事故致死人员均在2万人左右,致伤人员均在10万以上;全国摩托车交通事故伤亡人员中男性占72.99%以上。摩托车事故AIS小于3分的轻度损伤主要以头部、面部和下肢多见,AIS大于等于3分的重伤主要以头部和下肢多见;摩托车事故死亡人员以头部损伤为主,占61.22%;其他依次是下肢(22.43%)和胸部(19.39%);52.91%的人员由脏器直接损伤致死。

(2)电动自行车“轻摩化”严重

目前各大城市的电动自行车均存在“轻摩化”现象。“轻摩化”的电动自行车速度较大,车身质量较重,发生交通事故时冲击力大,造成的损伤更严重。有关研究电动自行车和自行车的换算表明,当考察车辆动态特性时采用时间换算系数,电动自行车和轻摩化电动自行车与自行车的时间换算系数为1.2和1.5;当考察车辆的静态特性时,采用空间换算系数,电动自行车和轻摩化电动自行车与自行车的空间换算系数为1.1和1.2。由此表明,轻摩化后的电动自行车在非机动车道上行驶时,需要更大的空间,并且危险性很大,有必要采取一定的措施对超标电动自行车进行治理。

2. 摩托车、非机动车对环境的影响

(1)能源消耗影响

由于现在机非混合行驶,汽车在实际行驶过程中受到非机动车的影响而不断地进行减速、加速过程。汽车在减、加速过程中,会使得汽车行驶时间比匀速行驶时间有所增加。同时汽车在减速时通过发动机和制动装置白白消耗掉一些能量;在加速过程中又会使汽车发动机的输出功率增加。这些变化都会使得汽车实际燃油消耗与理论行驶相比会显著增加。油耗增加值的大小与减速、加速过程中速度变化的幅度有关,速度幅度的变化值越大,汽车延误会增加,汽车加速过程消耗的功率也会显著增加。图 E-8 是汽车减速、加速过程中额外燃油消耗的变化趋势图,图中一条曲线代表从某一初始速度减速至任一速度后再加速至初始速度的额外燃油消耗。

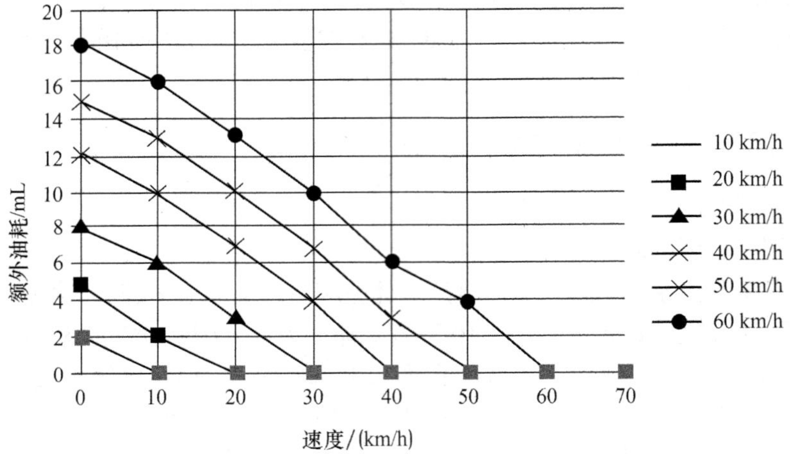

图 E-8 汽车减速、加速过程中的额外燃油消耗

速度对油耗的影响在于当速度增加后,一方面,汽车行驶阻力消耗功率,尤其是空气阻力消耗的功率会显著增加;但另一方面,由于车速高时,汽车的行驶时的挡位也较高,使得发动机的转速不一定很高,加上速度高时汽车的行驶时间缩短,因此百公里油耗并不总是一定随车速的增加而增加。当车速处于某一中等值(即汽车的经济车速)时,百公里油耗最小。高于或者低于此车速,汽车的百公里油耗都会增加。图 E-9 是不同速度对汽车百公里油耗的影响。

该实例中,汽车队列先减速,后加速,会产生额外的燃油消耗。从图 E-8 中可知,一辆汽车速度从 45 km/h 降至 24 km/h,然后再加速到 45 km/h 时的额外燃油消耗约为8 mL。在此例中受阻车辆为 38 辆,额外燃油消耗共为 304 mL。

从图 E-9 中可以看出,当车速处于 40~50 km/h 时,百公里油耗最小,此车速为汽车的经济车速。受阻车辆车速为45 km/h 时百公里油耗约为 8.1 L,车速为24 km/h 时百公里油耗约为 9.2 L,受阻过程中总共行驶了 24(km/h)×1/6(h)=4(km),增加的燃油消耗约为每辆车 44 mL。总共增加燃油消耗为 1 672 mL。两部分增加的燃油消耗总数为1 976 mL。

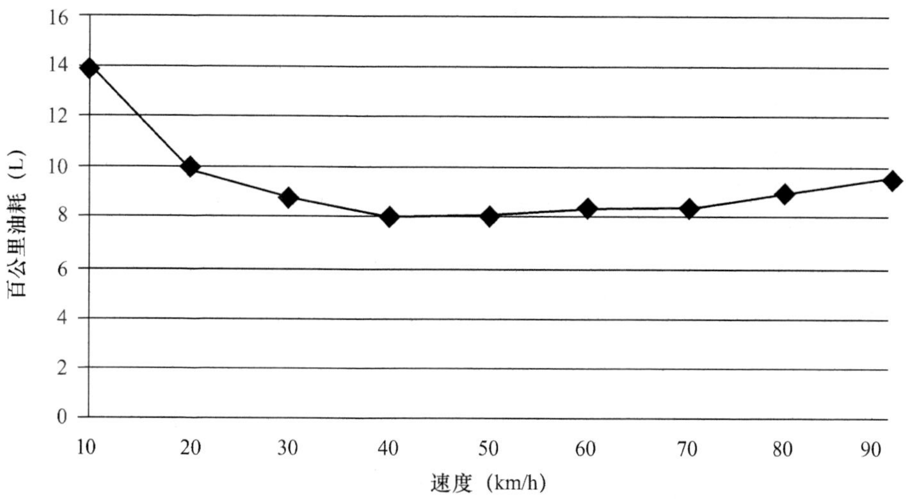

图 E－9 速度对汽车百公里耗油的影响

2. 环境污染分析

(1)排放污染

机动车排放的主要污染物有：一氧化碳(CO)、碳氢化合物(HC)、氮氧化合物(NO_S)、铅、细微颗粒物、二氧化硫(SO_2)、二氧化碳，氧化亚氮(N_2O)以及臭氧等。目前排放法规限制的是CO、HC、NO_S和微粒四种。影响汽车排放的因素很多，包括排放因子、车速、车型、交通量、停车延误等，其中，车速的影响较大。图E－10、图E－11、图E－12分别是夏季HC、CO、NO_S排放因子与平均速度关系图线。冬季曲线数值有所不同，但是变化趋势与夏季类似。

从图E－10至图E－12中可以看出，由于摩托车对其他机动车的影响，导致机动车速度由50 km/h下降到24 km/h，相应的排放污染物HC、CO、NO_S变化分别是2.34 g/(vhe · km)、30.49 g/(vhe · km)和－0.03 g/(vhe · km)。受阻车辆总的排放污染物分别增加了68.5 g、892 g和－0.88 g。虽然NO_S的排放有所减少，但是这个值较小，可以忽略不计。

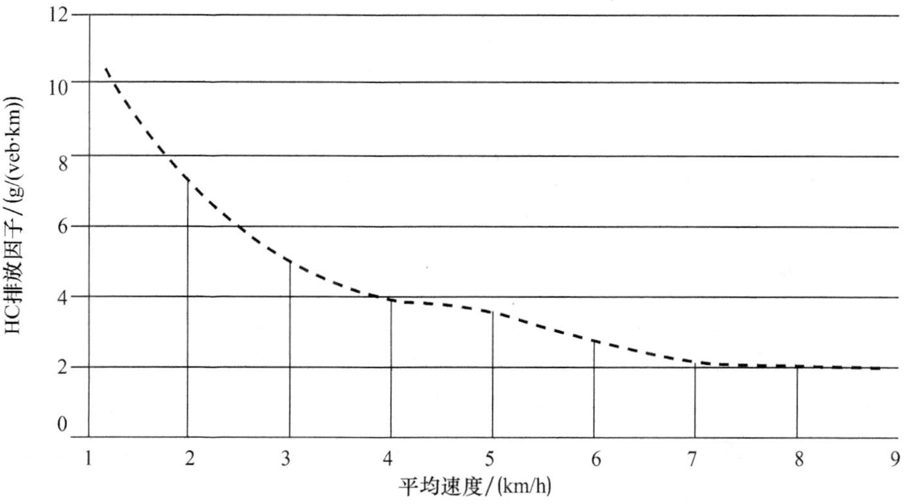

图 E－10 夏季 HC 排放因子与平均速度的关系

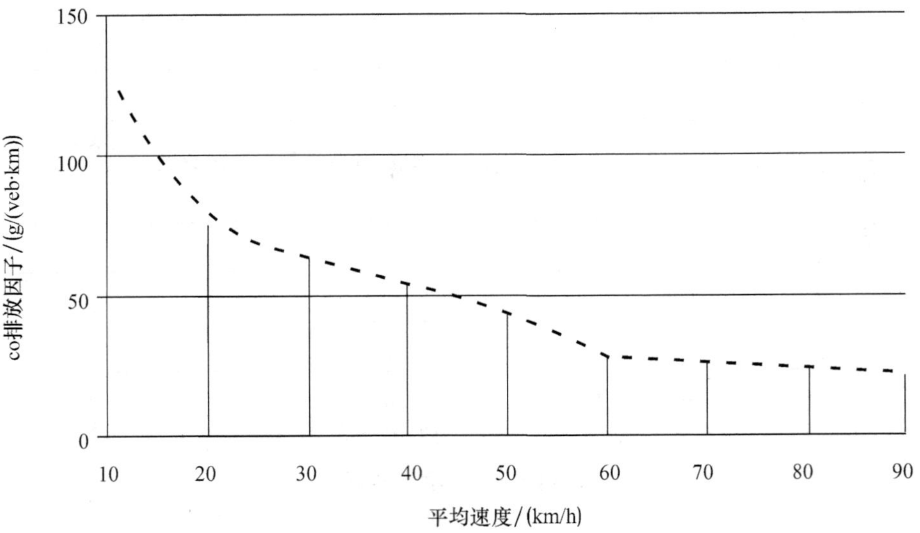

图 E－11　夏季 CO 排放因子与平均速度的关系

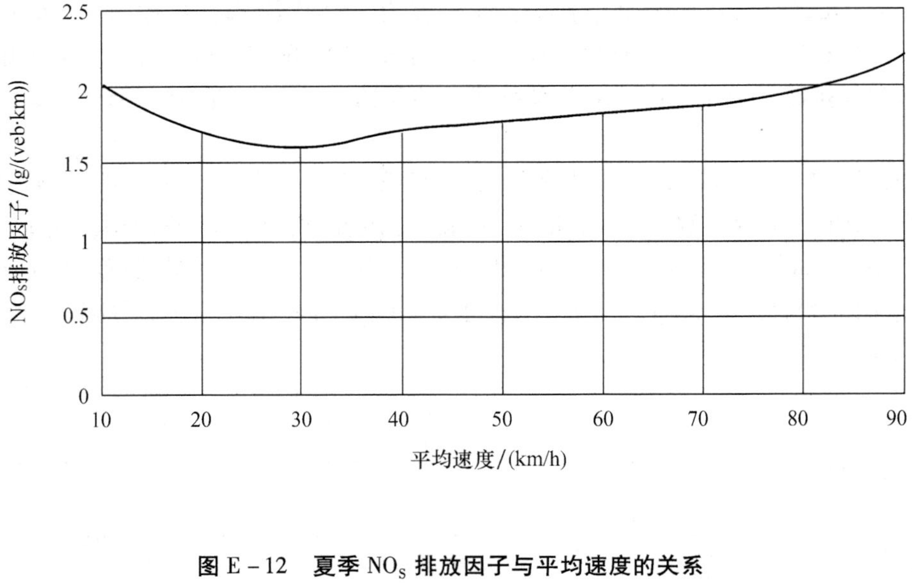

图 E－12　夏季 NO_S 排放因子与平均速度的关系

(2)噪声污染

在交叉口由于摩托车的影响,其他机动车的性能指标也都有不同程度恶化,在此不一一讨论。另外,在某些情况下,摩托车会进入非机动车道行驶,占用了非机动车的路权,同时会给非机动车带来一系列的不利影响。首先,摩托车与非机动车的车速差别较大,在非机动车道上摩托车是强势交通工具。由于非机动车的防护性能差、交通指示性能差。因此,二者容易发生交通事故,交通安全性明显下降。其次,摩托车在非机动车道上行驶,速度不可避免地要降低,因此燃料的消耗和污染物的排放也会增加。噪声方面除了排气噪声有所增加外,摩托车驾驶员对非机动车的速度要求而鸣喇叭也导致噪声加剧。

E5 参考文献

[1]李家杰,郑义.影响城市道路通行能力因素分析[J].城市道桥与防洪,2006(3):19-21.
[2]李晓蔚.城市道路通行效率及其影响因素的量化分析[D].北京:北京交通大学,2012.
[3]董友才.双交叉口交通流实时优化控制方案的研究[D].上海:上海交通大学,2007.
[4]陈静.交通运输规划与管理[D].成都:西南交通大学,2010.
[5]高建杰.基于均衡原理的交通需求结构分析方法研究[J].交通运输研究,2013(15):14-16.
[6]赵志宏,项乔君,王炜,等.摩托车对城市交通的影响分析[J].交通运输系统工程与信息,2005,5(1):111-114.0.
[8]俞礼军,靳文舟.交通效率的度量方法研究[J].公路,2006(10):102-106.
[9]徐琳,钱振东.城市的摩托车交通问题与对策[J].洛阳理工学院学报:社会科学版,2005,20(2):65-67.

参 考 文 献

[1]肖华勇. 大学生数学建模竞赛指南[M]. 北京:电子工业出版社,2015.
[2]同济大学数学系. 线性代数[M]. 北京:高等教育出版社,2014.
[3]李尚志,陈发来,张韵华,等. 数学实验[M]. 北京:高等教育出版社,2004.
[4]张德峰. MTLAB 数字图像处理[M]. 北京:机械工业出版社,2009.
[5]人力资源和社会保障部职业技能鉴定中心组. 解决问题能力[M]. 北京:人民出版社,2011.
[6]袁新生,邵大宏,郁时炼. LINGO 和 EXCEL 在数学建模中的应用[M]. 8 版. 北京:科学出版社,2016.
[7]成丽波,蔡志丹,周蕊,等. 大学数学实验教程[M]. 2 版. 北京:北京理工大学出版社,2009.
[8]崔勇. 视界「互联网 + 」时代的创新与创业[M]. 北京:清华大学出版社,2016.
[9]吴伟伟,严宁宁. 大学生创新创业教育[M]. 北京:经济科学出版社,2016.
[10]蔡剑,吴戈,王陈慧子. 创新基础与创新实践[M]. 北京:北京大学出版社,2015.